第2版
クローズアップ
租税行政法

― 税務調査・税務手続を理解する ―

酒井克彦 [著]
Sakai Katsuhiko

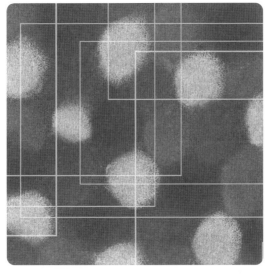

財経詳報社

はしがき（第2版）

　平成24年6月に初版が上梓されてからはや4年が経った。
　初版を世に問うた頃は，納税環境整備に関する議論がこれまでになく花盛りであった。そもそも，筆者は，租税法律関係における納税環境の整備が必ずしも十分ではないという関心をもち，私設の研究会（納税環境整備検討委員会）において勉強会を実施していた。そこでは，税務調査における法律問題や納税者情報へのアクセスなどの論点について議論を展開していた。
　折しも，税制調査会において，納税環境整備に関する議論が持ち上がり，その後国税通則法改正が国会を通過したのが，本書を世に問うたタイミングであった。
　以来，租税行政法領域では，税務調査に関する手続の部分改正に加え，種々の重要な改正がなされている。すなわち，資料情報制度の拡充が進められ，いわゆるマイナンバー制度が導入されたほか，新たな加算税制度が創設されるなど大きな変革がみられた。
　このように，租税行政法領域を巡る様々な取り上げるべきトピックスが多数ある状況になったことを受け，この機会に，最新の重要判決を盛り込み各種統計データ等の更新を行うとともに，上記の新しい議論を踏まえ本書を改訂することとした。
　本書の改訂は，財経詳報社の宮本弘明社長のご提案によるものであるが，筆者の遅筆によるご迷惑にもかかわらず全面的なご配慮いただいた。深く感謝申し上げたい。この改訂作業は，アコード租税総合研究所の佐藤総一郎事務局長と同研究所主任研究員の臼倉真純氏の尽力なかりせばなし得なかった。また，このたびも秘書の手代木しのぶさんの表紙のデザイン案を使わせていただいた。これらスタッフの皆さんにも深く御礼申し上げたい。

平成28年8月

酒井　克彦

はしがき

　租税法律関係において租税行政の果たすべき役割は大きい。
　本書は，租税法を行政的な視角から学習するために「租税行政法」として企画されたものです。筆者は，「租税行政を知らずして租税法を語るなかれ」という金言があってもおかしくないと思っています。なぜなら，納税者が主体的に納税義務を履行することをバックアップするのが行政であり，現状を前提とした場合には，かかる行政からの支援や援助が充実したものとなることが，適正公平な課税の実現に大きな意味を有すると考えるからです。
　もっとも，納税者を援助するのは税務行政側だけではありません。税理士などの租税専門家の存在は大きいものですし，今後さらにその役割は大きなものとなる必要があると考えます。
　申告納税制度の下では，第一義的には，納税者の主体的な申告によって納税額が決まりますが，その内容の適正性を担保するために実施される税務調査がいかなる法律的な根拠に基づいて行われるのか，また，そこにはいかなる法律問題が介在しているのかなどを知らずして，租税専門家を名乗ることはできません。
　近年，納税環境整備が租税法領域における最重要関心事項として取り上げられているのは周知のとおりです。
　現に，第179回国会に提出され，平成23年11月30日に成立した「経済社会の構造の変化に対応した税制の構築を図るための所得税法等の一部を改正する法律」では，納税環境整備の措置が講じられることとなりました。具体的には，更正の請求期限の延長，更正の請求範囲の拡大（当初申告要件の廃止・控除額の制限の見直し），職権による更正期限の延長，更正の理由附記などのほか，税務調査手続の明確化として，税務調査の事前通知の原則化，調査終了時の課税庁の説明義務，物件の預かり返還に関する規定などが設けられたのです。この税務調査手続の明確化は，調査手続の透明性や納税者の予測可能性を高め，調査に当たって納税者の協力を促すことで，より円滑かつ効率的な調査の実施

と，申告納税制度の一層の充実・発展に資する観点からの改正であると説明されていますが，そもそも，当初用意されていた国税通則法の法律名及び目的の改正や納税者権利憲章の策定など当初提案の一部を見送った末の政治決着であったともいえましょう。

この改正法においては，納税者の利益保護および税務行政の適正円滑な運営の観点からの検討は引き続き行われることとされており（改正法附則106），継続的な議論が要請されていることを忘れてはなりません。

本書は，このような状況を強く意識して，租税行政法という括りの中で，組織法的領域，手続法的領域を中心にまとめることといたしました。特に，実務家が押さえておかねばならない問題関心，とりわけ税務調査や租税手続などに重点をおいて構成したつもりです。なお，租税手続法としての領域のうち特に救済法的領域，例えば，租税争訟法領域については，やや専門的領域に所在しますので，これはあえて別の機会にまとめることとし，ここでは触れていないことも付言しておかねばなりません。

さて，本書は，まず，第1章「租税行政法概論」として，総論を学習することから出発しております。内容としては，租税行政組織や法律による行政についての確認が中心となります。そのあと，次のように第2章〜第5章までを各論として配置しております。

具体的に，第2章「租税確定手続」においては，申告納税制度から申告内容の是正としての更正等に係る問題点，青色申告制度，推計課税，附帯税について理解します。

第3章及び第4章は，租税確定手続後に行われる行政活動を取り上げます。第3章「税務調査」では，質問検査権，税務調査におけるプライバシー問題，修正申告の勧奨や信義則の問題，税務職員に課される守秘義務の問題，調査における立会排除といった論点を紹介し，そこに存在する法律上の諸問題について検討をします。また，第4章「滞納処分」では，納付・徴収からはじまり滞納処分までの手続論を提示しております。

第5章「納税環境整備」では，前述したような租税法の今日的関心テーマとされている納税者保護の議論，電子申告や共通番号など効率的租税行政のイン

フラ整備の議論などを理解できるように整理いたしました。

　このように概観していただけますと分かるとおり，およそ「租税行政法」という名称ではありますが，いわゆる「行政法」の教科書とは異なり，極めてユニークな内容になっているとお気づきいただけると思います。もともと，本書は，政府研修機関での講義メモなどを素材としたものでありますが，大学院を含む学生のみならず，租税専門家の仕事に活かせるように考えて再構成して書き下ろしたものです。是非関心を寄せていただければ幸いに存じます。

　なお，本書は，タイトなスケジュールのなかでの財経詳報社編集部の宮本弘明氏の多大な協力なくしては完成しませんでした。この場を借りて感謝を申し上げます。また，執筆内容のチェックや表紙の作成などに惜しまぬ協力を払ってくれた，一般社団法人ファルクラム事務局，大学院博士課程の泉絢也君を始め研究室生には心よりの感謝を申し上げます。私の書籍の全ての表紙デザインをお願いしている秘書の手代木しのぶさんには今回も素晴らしい表紙デザインをいただきました。ありがとうございました。

　最後になりましたが，これまで，公私にわたり，大変長い間お世話になってきました中央大学学長・総長の福原紀彦教授，行政法・租税法をご指導くださいました中央大学の玉國文敏教授のお力添えには改めて感謝申し上げる次第です。

　加えて，本書は，東京大学名誉教授金子宏先生のご業績のほか多くの先行業績に支えられていることも付言をしておきたいと思います。

平成24年5月

酒井　克彦

目　次

第1章　租税行政法概論

1 租税行政組織論 ··· 2
　(1) 租税行政主体　2
　(2) 国税組織　3
　　ア　国家行政組織法　3
　　イ　国税庁の組織　4
　(3) 地方税組織　6
　　ア　地方自治行政　6
　　イ　地方自治体の組織　8

2 租税行政の使命 ··· 10
　(1) 国税庁の使命　10
　(2) 実績目標　11
　　ア　納税環境の整備　11
　　イ　適正な調査・徴収等の実施および納税者の権利救済　12
　　ウ　税務行政の運営に関する共通的事項　12

3 法律による行政 ··· 18
　(1) 法律による行政の原理　18
　(2) 法律の留保　19
　(3) 行政法の一般原則　20
　　ア　一般原則　20
　　イ　適正手続の原則　20

ウ　説明責任の原則　22
　　　エ　平等原則　27
　(4)　行政手続法　29
　　　¶レベルアップ！　国家公務員に対する懲戒処分　33

第2章　租税確定手続

4　申告納税制度 ……………………………………………………… 36
　(1)　創設的制度としての申告納税制度　36
　(2)　申告行為と民主的思想　37
　(3)　申告の種類と効力　38
　　　ア　期限内申告　39
　　　イ　期限後申告　40
　　　ウ　修正申告　41
　　　¶レベルアップ１！　意思表示説と通知行為説　41
　　　¶レベルアップ２！　給与所得者の確定申告　43

5　更正・決定 ……………………………………………………… 46
　(1)　更正・決定の意義　46
　　　ア　更　正　46
　　　イ　決　定　46
　　　ウ　再更正　46
　(2)　更正・決定後の再更正　47
　(3)　修正申告後の更正処分　48
　(4)　更正または決定の手続　51
　　　¶レベルアップ１！　併存的吸収説と逆吸収説　51
　　　¶レベルアップ２！　個別救済説　52
　　　¶レベルアップ３！　更正権限の濫用　53

6 更正の請求 ……………………………………………………… 57
(1) 概　要　57
(2) 通常の更正の請求　57
(3) 後発的事由による更正の請求　58
(4) 更正の請求に関する各租税法上の取扱い　58
　ア　所得税法　58
　イ　法人税法・消費税法　59
　ウ　相続税法　59
(5) 更正の請求手続　60
　¶レベルアップ１！　馴合い訴訟の判決・和解　60
　¶レベルアップ２！　更正の請求順序　62
　¶レベルアップ３！　更正の請求の原則的排他性　63

7 理由附記 ……………………………………………………… 65
(1) 理由附記の実定法上の要請　65
　ア　平成23年度税制改正前　65
　イ　平成23年度税制改正後　66
(2) 理由附記の機能　66
(3) 理由附記の程度　67
(4) 青色申告と理由附記　68
　¶レベルアップ１！　処分理由を知り得る納税者に対する理由附記の程度　70
　¶レベルアップ２！　青色申告の「特典」としての理由附記　71

8 青色申告制度・記帳義務 ……………………………………… 74
(1) 青色申告制度の意義　74
(2) 沿　革　74
(3) 備え付けるべき帳簿　79
　ア　３種類の帳簿　79
　イ　帳簿の保存の意義　80
(4) 青色申告制度の本質　81
　ア　青色申告の特典　81

イ　特典説・権利説と申告納税制度確保説　81
　（5）青色申告承認取消し　82
　　　ア　青色申告承認取消規定　82
　　　イ　青色申告承認取消しの意義　82
　（6）記帳義務制度の充実　83
　　　　¶レベルアップ1！　青色申告制度廃止論　84
　　　　¶レベルアップ2！　消費税法と仕入税額控除の要件　85

9　推計課税　…………………………………………………… 87
　（1）推計課税規定　87
　（2）推計課税の本質　89
　　　ア　事実上推定説　89
　　　イ　補充的代替手段説　89
　（3）推計の必要性　90
　（4）推計方法　91
　（5）推計課税の合理性　92
　　　ア　要請される合理性の意味　92
　　　イ　一応の合理性　93
　　　　¶レベルアップ1！　必要性要件の法的性質　94
　　　　¶レベルアップ2！　合理性の検討　97

10　附帯税　…………………………………………………… 99
　（1）附帯税概観　99
　（2）加算税の概要　99
　（3）加算税の免除　101
　　　ア　「正当な理由」による加算税の免除　101
　　　イ　自主修正　103
　（4）重加算税の賦課　107
　　　ア　重加算税の性質　107
　　　イ　二重処罰性議論　107
　　　ウ　重加算税の賦課要件　108
　（5）延滞税および利子税　110

ア　延滞税　110
　　イ　利子税　110
　　　¶レベルアップ１！　延滞税と還付加算金　111
　　　¶レベルアップ２！　客観的確実性説　115

第3章　税務調査

11　税務調査の基礎知識　……………………………………………………118
(1)　税務調査の意義　118
(2)　税務署長の裁量権　118
　　ア　羈束裁量と自由裁量　118
　　イ　裁量に対する制約　119
(3)　調査の種類　120
　　ア　強制力に基づく分類―任意調査と強制調査　120
　　イ　調査の期間や程度に応じた分類―一般・簡易・特別調査　122
　　ウ　調査場所等による分類―内部・臨場・反面・金融機関調査等　123
　　エ　調査担当による分類―税務署・国税局調査（料調・調察部等）　124
(4)　一般調査の進行　124

12　質問検査権　………………………………………………………………126
(1)　実定法上の根拠規定　126
(2)　税務調査の法的性格　128
　　ア　３分類説と４分類説　128
　　イ　純粋な任意調査　128
(3)　即時強制説と間接強制説　129
　　ア　即時強制説　130
　　イ　間接強制説　130
(4)　調査受忍義務　131
(5)　質問検査章の提示　132
　　　¶レベルアップ１！　質問検査権規定と犯罪構成要件規定　133
　　　¶レベルアップ２！　荒川民商事件にみる一元説　134

¶レベルアップ 3 ！　行政指導と「調査」　137

13　税務調査とプライバシー問題 ………………………………………………139
(1)　税務調査と私生活の平穏　139
(2)　事業関連性領域とプライベート領域　140
(3)　明らかなプライベート領域　142
(4)　二重の承諾　147
　　　¶レベルアップ！　調査困難性と主張立証責任　148

14　修正申告の勧奨 ………………………………………………………………150
(1)　修正申告のメリット・デメリット　150
(2)　修正申告の勧奨をめぐる諸問題　152
　ア　納税者以外の者による提出をめぐる問題　152
　イ　意思と表示との間の不一致―錯誤　155
　ウ　修正申告の勧奨と教示　156

15　信義則の適用 …………………………………………………………………159
(1)　信義誠実の原則　159
(2)　代表的な裁判例　159
(3)　その他の信義則の適用領域　162
　　　¶レベルアップ！　申告行為についての信義則の適用と意思の表明　164

16　守秘義務 ………………………………………………………………………166
(1)　公務員の守秘義務　166
　ア　公務員法上の守秘義務規定　166
　イ　現行憲法下における公務員の守秘義務　167
　ウ　職務上知ることのできた秘密と職務上の秘密との関係　167
　エ　秘密事項　168
(2)　租税行政職員の守秘義務　169
　ア　租税法上の守秘義務　169
　イ　税務調査等における守秘義務の問題　169

ウ　民事訴訟法上の文書提出命令　171
　　　　¶レベルアップ！　税務職員の守秘義務と民事訴訟における証言義務
　　　　　　172

17 税務調査における立会排除 ……………………………………174
　(1)　立会いの排除と税務職員の裁量権　174
　(2)　私的利益との衡量　175
　　　ア　合理的裁量権の範囲と踰越　175
　　　イ　立会排除をめぐる2つの調査手法　176
　　　ウ　税理士以外の調査立会問題　178
　　　　¶レベルアップ！　調査努力と立会排除　179

第4章　滞納処分

18 納付・徴収 ……………………………………………………182
　(1)　国税の納付　182
　　　ア　納税義務の成立および納付すべき税額の確定　182
　　　イ　納期限　182
　　　ウ　各種国税の納付　184
　　　エ　納付方法　186
　　　オ　納期限の延長・延納　187
　　　カ　第二次納税義務者による納付　188
　　　キ　徴収納付者による納付　189
　(2)　徴　収　190
　(3)　督　促　191
　(4)　徴収の繰上・納税の猶予　192
　　　ア　徴収の繰上　192
　　　イ　納税の猶予　192
　　　　¶レベルアップ！　自動確定の租税に係る納税義務の存否等の争い
　　　　　　193

19 滞納処分 ……………………………………………………195

(1) 徴収手続　195
　　ア　自力執行権　195
　　イ　差　押　195
　　ウ　換　価　197
　　エ　配　当　197
(2) 租税優先の原則　197
　　¶レベルアップ１！　全部差押か一部差押かの決定や取立て範囲をめぐる
　　　　　　　　　　　裁判例　198
　　¶レベルアップ２！　国税徴収法26条の反復行使　200

第5章　納税環境整備

20 納税者保護論 ……………………………………………………208

(1) 納税者権利憲章　208
　　ア　平成23年度税制改正提案までの議論　208
　　イ　納税者権利憲章の制定　210
　　ウ　平成23年度税制改正　211
(2) OECD 租税委員会「納税者の権利と義務」　212

21 電子申告・電子納税 ………………………………………………217

(1) 電子申告　217
　　ア　概　要　217
　　イ　電子申告普及・進展の背景　217
(2) 電子納税　220
　　¶レベルアップ！　電子申告等の提出時期と到達主義　221
(3) 行政手続の電子化　222

22 資料情報制度 ……………………………………………………223

(1) 資料情報制度　223
　　ア　法定資料　223

イ　法定外資料　226
　(2)　国外送金等調書制度　227
　　ア　従来の国外送金等調書制度　227
　　イ　国外財産調書提出制度　228
　(3)　情報交換制度　228
　(4)　FATCA制度への協力・情報交換　229
　　　¶レベルアップ１！　高額納税者公示制度の廃止と個人情報の保護
　　　　　　　　　　　　　230
　　　¶レベルアップ２！　情報交換制度の拡充　232

23　共通番号制度（マイナンバー制度） ……………………………233
　(1)　納税者番号制度　233
　　ア　納税者番号制度の概要　233
　　イ　付番上の問題　236
　(2)　マイナンバー制度導入までの変遷　237
　(3)　マイナンバー制度　238
　　ア　マイナンバー制度の創設とスケジュール　238
　　イ　利用分野　238
　　ウ　個人番号と法人番号　239
　　エ　個人番号に係る規制・罰則等　240
　　オ　本人確認　240
　　カ　マイナンバー制度の課題　242
　　　¶レベルアップ１！　プライバシー保護とマイナンバー　242
　　　¶レベルアップ２！　マイナンバーの民間利用　244
　　　¶レベルアップ３！　国家戦略とマイナンバー　246

24　納税相談 ……………………………………………………………248
　(1)　納税相談の法的性質　248
　　ア　納税相談における発言内容の拘束力　248
　　イ　行政庁の行うサービスとしての納税相談　249
　(2)　納税相談における裁量権　251
　　ア　税務職員の公務上の職責　251

　　　　イ　納税者に有利な回答の提示　253
　　　　ウ　応答すべき法的義務としての納税相談　253
　　　　　¶レベルアップ！　納税相談と信義則　255

25 行政情報環境整備 ……………………………………………256
　(1) 広報活動の二面性　256
　　　ア　広報・広聴活動　256
　　　イ　広報活動　256
　　　ウ　広聴活動　258
　(2) 文書管理規範　258
　　　ア　文書管理規程　258
　　　イ　公文書等管理法　259
　(3) 情報公開法　260
　　　　¶レベルアップ１！　本人による自己情報の開示請求に対する不開示決定
　　　　　　261
　(4) 個人情報保護法　263
　(5) 意見募集制度（パブリック・コメント）　265
　　　　¶レベルアップ２！　パブリック・コメントの具体例　266
　(6) 文書回答制度　269
　　　　¶レベルアップ３！　関税法上の申告納税制度と事前教示制度　271
　　　　¶レベルアップ４！　文書回答手続の具体例　275

26 税理士制度 …………………………………………………………278
　(1) 税理士という租税専門家　278
　　　ア　税理士の使命　278
　　　イ　税理士の業務　278
　(2) 税理士の資格・登録　279
　(3) 税理士の義務　280
　(4) 懲戒処分　281
　　　　¶レベルアップ１！　税理士の公正な立場　281
　　　　¶レベルアップ２！　TPP問題あるいは業際問題　284

【Tax Lounge】
　●税務署と税務署長　7
　●税務職員として活躍する女性調査官　9
　●財務省組織令にいう「大学校」　31
　●私法人も「行政庁」?　55
　●税務調査における納税者の協力　86
　●慫慂と勧奨　158
　●税務職員の身分を示す証明書等　180
　●連結納税制度の適用要件と記帳義務　194
　●租税広報活動と騒音問題　257
　●行政の透明性　277
　●税理士自治　282

事項索引　287
判例・裁決索引　294

凡　例

　本書では，本文中は原則として正式名称を用い，主に（　）内において下記の略語を使用している。

　また，読者の便宜を考慮し，判決・条文や文献の引用において，漢数字等を算用数字に変え，「つ」等の促音は「っ」と小書きしている。下線部分は特に断りのない限り筆者が付したものである。なお従前，更正等の理由の「附記」と表記されていたところ，改正により法人税法では「付記」と改められているが，国税通則法や所得税法では依然として「附記」と表記されているため，本書では「附記」で統一している。

〔法令・通達〕

憲　　　　……憲法	石　油　法……石油石炭税法
民　　　　……民法	たばこ法……たばこ税法
会　　　　……会社法	登　免　法……登録免許税法
行　訴　法……行政事件訴訟法	輸　徴　法……輸入品に対する内国消費税の徴収等に関する法律
行　手　法……行政手続法	
行　　組　……国家行政組織法	関　　　法……関税法
通　　法　……国税通則法	地　自　法……地方自治法
通　　令　……国税通則法施行令	国　公　法……国家公務員法
徴　　法　……国税徴収法	税　理　士……税理士法
所　　法　……所得税法	国　犯　法……国税犯則取締法
所　　規　……所得税法施行規則	民　訴　法……民事訴訟法
法　　法　……法人税法	民　執　法……民事執行法
相　　法　……相続税法	実　特　法……租税条約等の実施に伴う所得税法，法人税法及び地方税法の特例等に関する法律
消　　法　……消費税法	
地　　法　……地方税法	
地　価　法……地価税法	情　公　法……行政機関の保有する情報の公開に関する法律
印　　法　……印紙税法	
酒　　法　……酒税法	行　個　情……行政機関の保有する個人情報の保護に関する法律
揮発油法……揮発油税法	

凡　例　xvii

行オ法……行政手続等における情報通信の技術の利用に関する法律
住基法……住民基本台帳法
番号法……行政手続における特定の個人を識別するための番号の利用等に関する法律

〔判例集・雑誌等〕
民　　集……最高裁民事判例集
刑　　集……最高裁刑事判例集
行裁例集……行政事件裁判例集
税　　資……税務訴訟資料
訟　　月……訟務月報
租　　税……租税法研究
判　　時……判例時報
判　　タ……判例タイムズ
ジュリ……ジュリスト
税大論叢……税務大学校論叢
税　　法……税法学
高刑集……高等裁判所刑事判例集

〔文　献〕
田中・租税法……田中二郎『租税法〔第3版〕』（有斐閣1990）
金子・租税法……金子宏『租税法〔第21版〕』（弘文堂2016）
金子古稀……『公法学の法と政策』〔金子宏先生古稀祝賀論文集（上・下）〕（有斐閣2000）
金子ほか・小辞典……金子宏＝新堂幸司＝平井宜雄『法律学小辞典〔第4版補訂版〕』（有斐閣2008）
清永・税　法……清永敬次『税法〔新装版〕』（ミネルヴァ書房2013）
水野・租税法……水野忠恒『大系　租税法』（中央経済社2015）
中里ほか・概説……中里実＝弘中聡浩＝渕圭吾＝伊藤剛志＝吉村政穂編『租税法概説〔第2版〕』（有斐閣2015）
松澤・実体法……松澤智『新版　租税実体法〔補正第2版〕』（中央経済社2003）
谷口・講　義……谷口勢津夫『税法基本講義〔第5版〕』（弘文堂2016）
塩野・行政法Ⅰ……塩野宏『行政法Ⅰ　行政法総論〔第6版〕』（有斐閣2015）
塩野・行政法Ⅱ……塩野宏『行政法Ⅱ　行政救済法〔第5版補訂版〕』（有斐閣2013）
塩野・行政法Ⅲ……塩野宏『行政法Ⅲ　行政組織法〔第4版〕』（有斐閣2012）
今村ほか・理論と実務……今村隆＝脇博人＝小尾仁＝有賀文宣『課税訴訟の理論と実務』（税務経理協会1998）
佐藤・行政法……佐藤立夫『行政法総論〔新版〕』（前野書店1978）
中尾・税務訴訟入門……中尾巧『税務訴訟入門〔第5版〕』（商事法務2011）
櫻井＝橋本・行政法……櫻井敬子＝橋本博之『行政法〔第5版〕』（弘文堂2016）
荒井・精　解……荒井勇代表編『国税通則法精解〔第15版〕』（大蔵財務協会2016）
酒井・行訴法……酒井克彦『行政事件訴訟法と租税争訟』（大蔵財務協会2010）
酒井・附帯税……酒井克彦『附帯税の理論と実務』（ぎょうせい2010）
酒井・ステップアップ……酒井克彦『ステップアップ租税法』（財経詳報社2010）
酒井・ブラッシュアップ……酒井克彦『ブラッシュアップ租税法』（財経詳報社2011）

第 1 章
租税行政法概論

1　租税行政組織論

(1)　租税行政主体

　租税行政主体を考えるに当たっては，行政主体に関する行政組織法（☞行政組織法とは），人的手段に関する公務員法，物的手段に関する公物法（☞公物法とは）の３つの観点からの検討が必要である。ここでは行政組織法を基礎に租税行政主体を考えてみたい。

　☞　**行政組織法**とは，行政組織（☞行政組織とは）に関する法規範をいう。広義の行政組織法には，公務員法や公物法も含まれる。

　☞　**公物法**とは，道路法や河川法等の公物管理権者および具体的な公物管理に関する定めを公物法という（金子ほか・小辞典371頁）。なお，行政主体により直接公の目的に供される個々の有体物である公物の存立を維持し，これを公の目的に共有し，できるだけ安全にその本来の目的を達成させるためにする作用を公物の管理という。

　☞　**行政組織**とは，行政主体の内部組織をいう。行政組織を構成する基礎単位が行政機関（☞行政機関とは）である。他方，国家行政組織法は，行政組織を行政上の事務配分の単位となる組織体として捉えている。前者を作用法的機関概念といい，後者を事務配分的行政機関概念という。

　☞　**行政機関**とは，作用法的機関概念に従えば，行政庁（☞行政庁とは），補助機関（☞補助機関とは），諮問機関（☞諮問機関とは），執行機関（☞執行機関とは）に分類される。他方，事務配分的行政機関概念に従えば，省・委員会・庁（行組３②）および内閣府などがこれに当たる（行組１）。

　☞　**行政庁**とは，行政主体の意思決定を外部に表明等する権限をもつ行政機関をいう。

　☞　**補助機関**とは，行政庁の行った意思決定を補助し，その意思決定の外部への表明等の任務を負う行政機関をいう。国税庁，国税局，税務署で働く職員の多くは，補助機関の職にある。

　☞　**諮問機関**とは，行政庁の諮問によって意見を述べる機関をいい，例えば，法制審議会・財政制度審議会・税制調査会などがこれに当たる。諮問機関の意見は行政庁を拘束せず，行政庁を拘束する参与機関と区別される。

　☞　**執行機関**とは，行政庁の決定した意思決定に従った実力行使を担う機関であり，例えば，租税行政庁の徴収職員はこれに該当する。

　明治憲法とは異なり，官制大権（☞官制大権とは）や任官大権（☞任官大権とは）の理論が採用されていない現行の日本国憲法下における行政組織編成権（☞行政組織編成権とは）は議会に帰属するという考え方が通説であるが，その根拠については次のいくつかの見解に分かれている。いずれの見解によるとしても，

行政組織法律主義（☞行政組織法律主義とは）に従うことになる。
　① 法治主義説…憲法上官制大権が消滅した以上は，組織規範にも法治主義が当然に当てはまり，国民に対して法律関係に影響を与えるような権限を有する行政機関の設置や廃止については行政組織法律主義が妥当するとする立場をいう（櫻井＝橋本・行政法39頁）。
　② 民主的統治構造説…憲法41条の定める国会中心主義を根拠に，行政組織編成権は国会にあり，組織規範についても原則として行政組織法律主義が妥当するという立場をいう（櫻井＝橋本・行政法39頁）。現在の通説はこの立場に立つ。
　☞ **官制大権**とは，組織規範の制定を天皇大権にあるとしていた明治憲法下における官制についての大権をいう。明治憲法10条が「天皇ハ行政各部ノ官制及文武官ノ俸給ヲ定メ及文武官ヲ任免ス但シ此ノ憲法又ハ他ノ法律ニ特例ヲ掲ケタルモノハ各々其ノ条項ニ依ル」としていたうちの，官制についての部分をいう。
　☞ **任官大権**とは，上記明治憲法10条のうちの，文武官についての天皇大権をいう。
　☞ **行政組織編成権**とは，行政組織について決定する権限のことをいう。
　☞ **行政組織法律主義**とは，行政組織の編成はすべて法律による，あるいは行政組織編成権が立法府にあるという考え方である。

> **憲法41条**
> 　国会は，国権の最高機関であって，国の唯一の立法機関である。

(2) 国税組織
ア 国家行政組織法
　行政組織に対しては，民主的な統制や柔軟性・機動性が求められている。国家行政組織は，内閣の統轄のもとに，内閣府の組織とともに，任務およびこれを達成するため必要となる明確な範囲の所掌事務を有する行政機関の全体によって，系統的に構成されなければならないと考えられている（行組2①）。そのため，内閣の統轄のもとにおいて，国の行政事務の能率的な遂行のために必要な国家行政組織を整えることを目的として，国家行政組織法が制定されている（行組1）。なお，国の行政機関は，内閣の統轄のもとに，その政策について，自ら評価し，企画および立案を行い，ならびに国の行政機関相互の調整を図るとともに，その相互の連絡を図り，すべて，一体として，行政機能を発揮するようにしなければならないとされている（行組2②）。

行政組織は，内閣法，内閣府設置法，国家行政組織法，各府省設置法などによって，その所掌事務について分担管理原則（☞分担管理原則とは）のもと，上下命令関係を有する階層的体系が構築され，組織に沿って相互不可侵的に整理されている。組織間に衝突がある場合に備え，例えば内閣の人事管理機能の強化などの総合調整機能が組み込まれている。

> ☞ **分担管理原則**とは，行政事務について各大臣が分担管理する考え方をいう。内閣は各省に対し上級庁として統轄権を有し，各省大臣は所管行政について内閣に対して責任を負うというように組織されている。

> ✎ 分担管理原則に関して省益中心主義や縦割り行政という問題が取り上げられることもある。国家公務員制度改革基本法 5 条《議院内閣制の下での国家公務員の役割等》2 項は，「政府は，縦割り行政の弊害を排除するため，内閣の人事管理機能を強化し，並びに多様な人材の登用及び弾力的な人事管理を行えるよう，次に掲げる措置を講ずるものとする。」として人事制度の構築をうたっている。

イ　国税庁の組織

　ここでは，国税庁の組織について概観しておくこととしよう。

　財務省の外局として位置付けられる国税庁は，内国税の賦課徴収を担当する行政機関であり，昭和24年に設置された。

　国税庁には，国税庁本庁のほか，全国に11の国税局，沖縄国税事務所，524の税務署が設置されている。国税庁本庁は，税務行政の執行に関する企画・立案等を行い，国税局（沖縄国税事務所を含む。以下同じ。）と税務署の事務を指導監督している。

　国税局は，国税庁の指導監督を受け，管轄区域内の税務署の賦課徴収事務について指導監督を行うとともに，大規模納税者等について，自らも賦課徴収を行う行政機関である。

　税務署は，国税庁や国税局の指導監督のもとに，国税の賦課徴収を行う第一線の執行機関であり，納税者と最も密接なつながりをもつ。

　このほか，税務職員の教育機関である税務大学校，また，特別の機関として，納税者の不服申立ての審査に当たる国税不服審判所がある。

> ✎ 税務署官轄地域の問題については，内藤晃由「税務行政における地域管轄について―納税者利便及び行政効率の観点からの考察―」税大論叢44巻259頁を参照。

1 租税行政組織論　5

図表1　国税組織の機構

国税事務を行う組織として，国税庁の下に，全国12の国税局と524の税務署があります(注1)。

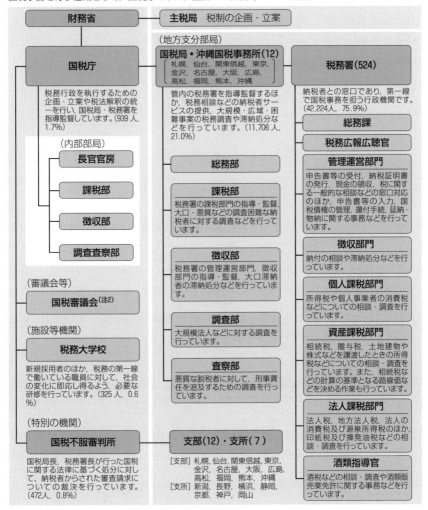

(注)　1　各部署の人数，％は，平成28年度の定員及び国税庁全体の定員に占める割合を示しています。
　　　2　国税審議会では，①国税不服審判所長が国税庁長官通達と異なる法令解釈により裁決を行うなどの場合において，国税庁長官と国税不服審判所長が意見を求めた事項，②税理士試験の執行及び税理士の懲戒処分，③酒類の表示基準の制定などを審議しています。

（「国税庁レポート2016」より）

(3) 地方税組織
ア 地方自治行政

地方自治行政には，住民自治（☞住民自治とは）と団体自治（☞団体自治とは）という2つの基本原理があり，憲法の保障する地方自治は，この2つを基本原理とする。

- ☞ **住民自治**とは，地域住民が自らの意思と責任によって行政活動を行うことをいう。
- ☞ **団体自治**とは，国から独立した地方公共団体が自らの事務を自らの責任で行うことをいう。

> **憲法92条**
> 地方公共団体の組織及び運営に関する事項は，地方自治の本旨に基いて，法律でこれを定める。

憲法は，地方公共団体（☞地方公共団体とは）が国の法律に規律されることを認めつつ，法律によっても侵すことのできない「地方自治の本質的内容」が存在するとして，地方自治につき法律による国家の介入から守られる領域を保障する（櫻井＝橋本・行政法47頁）。

- ☞ **地方公共団体**とは，地域における行政を行う統治主体をいう。地方公共団体は，普通地方公共団体と特別地方公共団体に分かれる。
- ✍ 普通地方公共団体には，都道府県・市町村が，特別地方公共団体には，特別区・特別地方公共団体の組合・財産区が含まれる（地自法1の3）。

> **憲法94条**
> 地方公共団体は，その財産を管理し，事務を処理し，及び行政を執行する機能を有し，法律の範囲内で条例を制定することができる。

地方公共団体は，行政を執行する機能を有する権力的・統治的作用を行う機関である。この機関の事務は，自治事務（☞自治事務とは）と法定受託事務（☞法定受託事務とは）に区分される。

- ☞ **自治事務**とは，「地方公共団体が処理する事務のうち，法定受託事務以外のもの」をいう（地自法2⑧）。
- ☞ **法定受託事務**とは，法律またはこれに基づく政令により都道府県，市町村または特別区が処理することとされる事務のうち，国が本来果たすべき役割に係るもの（第1号法定受託事務）と，法律またはこれに基づく政令により市町村または特別区が処理することとされる事務のうち，都道府県が本来果たすべき役割に係るもの（第2号法定受託事務）をいう（地自法2⑨）。
- ✍ 国と地方公共団体の役割分担として，地方自治法1条の2は，国と地方公共団体の役

割分担の原則を定め，地方自治の理念を示している。

🔖 **地方法人特別税**
　我が国における地方団体間の税源の偏在と税収格差（住民1人当たりの税収の格差）はきわめて大きく，これをいかにして縮小するかは，地方税制の最大の課題の1つである。特に事業税は，大都市圏に税収が偏在していることから，平成20年度改正で地方法人特別税等に関する暫定措置法（平成20年法律第25号）が制定され，地方税制の抜本的改革までの間の暫定措置として法人事業税の税率を引き下げ（地法税措置法2），法人事業税に対する附加税として地方法人特別税を創設し（地法税措置法3～9），都道府県が事業税とあわせてこれを徴収し，その税収を国に払い込み（地法税措置法10～12），国は払込みを受けた税収を一定の基準に従って地方に譲与する（地方税措置法32以下）こととなっている（金子・租税法590頁）。
　なお，平成26年度税制改正による地方法人税（☞地方法人税とは）の創設にあわせ，地方法人特別税は引き下げられたが，平成28年度改正によって地方法人税の税率が引き上げられることに伴い，地方法人特別税は廃止され法人事業税に復元することとされている。同様に，地方法人特別譲与税も平成30年8月譲与分をもって廃止予定である（金子・租税法591頁）。

☞ **地方法人税**とは，地方団体間の財政力較差の縮減を目的として，平成26年度税制改正により制定された地方法人税法（法律第11号）により創設された国税である（金子・租税法100，472頁）。税率は現行4.4%であるが，平成28年度税制改正により平成29年4月1日以後に開始する事業年度から10.3%に引き上げられることとなった（同法10①）。

> **Tax Lounge　税務署と税務署長**
>
> 　税務署と税務署長のいずれかは国家機関である。さて，どちらが国家機関であろうか。
> 　答えは，「税務署長」である。税務署長は，所管の事務につき国の意思を決定し，これを外部に表示する権限を与えられた国の機関であり，官庁である。
> 　つまり，税務署長は官庁として自ら国家の意思を決定し，その決定を表示するために，これらを行うための準備的調査を行うのであるが，各種の事務に従事する多くの補助機関や物的設備が必要となる。ここにいう補助機関や物的設備を総じて「税務署」と指称しているのである。
> 　鳥取地裁昭和24年6月8日判決（税資1号10頁）が，「税務署は国家の機関として所管の国家事務につき国家の意思を決定しこれを表示し得る権限を與えられているから官庁であり行政庁であると言うべきであるけれども税務署そのものは国家事務を行うに必要な一つの人的及び物的の設備の全体であっていわゆる官署に過ぎないから国家の機関でもなく又右のような権限を何等有していないので官庁でも行政庁でもあり得ない。」と説示しているとおりである。すなわち，「税務署長」が官庁であり行政庁でもあるのに対して，「税務署」は，官庁でもなければ行政庁でもないのである。

イ 地方自治体の組織

　地方当局における租税行政庁の仕組みはさまざまであるが，例えば，東京都の場合には，税務を担当する主税局があり，そこには，総務部，税制立案等を担当する税制部（税制課，税制調査課，歳入課，システム管理課，評価審理室等），課税指導等を行う課税部（計画課，課税指導課，法人課税指導課，軽油調査課，査察課等），固定資産などの管理等を行う資産税部（計画課，固定資産課，固定資産評価課等），徴収指導等を行う徴収部（計画課，徴収指導課，納税推進課，個人都民税対策室，機動整理課等）がある。そのほか主税局の管轄として，25か所の都税事務所があり，さらに4か所の都税支所がある。他方，都税総合事務センターのもと，5か所の自動車税事務所が設置されている。

　また，市町村レベルでは，例えば，税務課のもと，市民税，国民健康保険税，軽自動車税などを担当する住民税係，固定資産税，保有税，土地台帳，公図管理などを担当する固定資産税係，徴収，滞納処分，納税組合関係などを担当する特別徴収対策係などが用意されていたりする。

Tax Lounge 　**税務職員として活躍する女性調査官**

　幸田真音『タックスシェルター』の一節に，東京国税局調査部外国法人部門で活躍する女性調査官どうしの会話がある。
　「以前はね，女に本格的な調査ができるわけがないなんて，聞こえよがしに言う男性もいたものよ。女は，おとなしく事務職的な仕事だけやっていればいいんだよねって。ここには，まだまだ長い間の男たちの偏見がはびこっているから」
　「そうそう。そのくせ，私たちが丁寧に事案を調べていると，『女がする調査は，重箱の隅を突くみたいな作業で嫌だねえ』，なんて，身内のはずなのに平気で言う人もいたりしてね」
　最近は，国税職員の女性採用率が格段に上がり，現場における女性の数も増えた。平成17年において，国税庁の職員約5万6,000人のうち，約13％は女性職員であり，また，平成16年度における女性の新規採用職員の割合は約3割を占めている。国税庁における女性職員の在職割合は年々増加しているのだ（「国税庁レポート2005」より）。
　割合だけで見れば，たしかに今でも女性職員は少ないように思われるかもしれない。しかしながら，国税庁は「女性職員の採用・登用拡大計画」をうたい，同庁HPでは「女性職員の活躍」というページも設けられ，実際に国税庁で働く女性の声を発表するなど，男女雇用の均等化を目指し，女性にとって働きやすい職場作りを推進しているように見受けられる。今後，国税庁において女性が活躍する機会が一層増えていくことが期待される（国税庁HP：http://www.nta.go.jp/soshiki/saiyo/woman/（平成28年5月27日アクセス））。

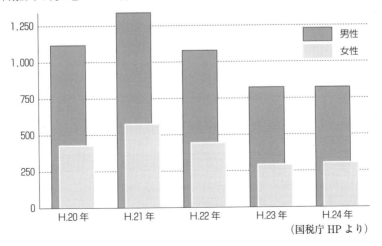

（国税庁HPより）

2　租税行政の使命

(1) 国税庁の使命

国税の賦課徴収を所掌する行政機関は国税庁である。ここでは，その国税庁の任務について確認しておきたい。

> **財務省設置法19条《任務》**
> 　国税庁は，内国税の適正かつ公平な賦課及び徴収の実現，酒類業の健全な発達及び税理士業務の適正な運営の確保を図ることを任務とする。

> **国税庁の事務の実施基準及び準則に関する訓令3条《事務の実施基準》**
> 　国税庁は，その所掌する事務の実施に当たり，納税者の自発的な納税義務の履行を適正かつ円滑に実現するため，納税環境を整備し，適正かつ公平な税務行政を推進することにより，内国税の適正かつ公平な賦課及び徴収の実現を図るとともに，酒類業の健全な発達及び税理士業務の適正な運営の確保を図ることを基準とする。

国税庁の事務の実施基準及び準則に関する訓令4条《準則》は，「国税庁は，前条の基準にのっとり，次の各号に掲げる事項を準則とし，透明性と効率性に配意しつつ事務を行うものとする。」とし，具体的に各号において次のように定める。

> 一　内国税の適正かつ公平な賦課及び徴収の実現を図ることについては，次に掲げるところによる。
> 　イ　納税環境の整備
> 　　(イ)　申告及び納税に関する法令解釈及び事務手続等について，納税者に分かりやすく的確に周知すること。
> 　　(ロ)　納税者からの問い合わせ及び相談に対して，迅速かつ的確に対応すること。
> 　　(ハ)　租税の役割及び税務行政について幅広い理解及び協力を得るため，関係省庁等及び国民各層からの幅広い協力及び参加の確保に努めていくこと。
> 　ロ　適正かつ公平な税務行政の推進
> 　　(イ)　関係法令を適正に適用すること。
> 　　(ロ)　適正申告の実現に努めるとともに，申告が適正でないと認められる納税者に対しては的確な調査及び指導を実施することにより誤りを確実に是正すること。

(ハ)　期限内収納の実現に努めるとともに，期限内に納付を行わない納税者に対して滞納処分を執行するなどにより確実に徴収すること。
　　　(ニ)　納税者の正当な権利利益の救済を図るため，不服申立て等に適正かつ迅速に対応すること。
　二　酒類業の健全な発達を図ることについては，次に掲げるところによる。
　　イ　酒類業の経営基盤の安定を図るとともに，醸造技術の研究及び開発並びに酒類の品質及び安全性の確保を図ること。
　　ロ　酒類に係る資源の有効な利用の確保を図ること。
　三　税理士業務の正当な運営の確保を図ることについては，次に掲げるところによる。
　　　税理士は，税務に関する専門家として，独立した公正な立場において，申告納税制度の理念に沿って，納税義務者の信頼にこたえ，租税に関する法令に規定された納税義務の適正な実現を図るという使命を負っている。これを踏まえ，税理士が申告納税制度の適正かつ円滑な運営に重要な役割を果たすよう，その業務の適正な運営の確保に努めること。

(2)　実績目標

　国税庁は，上記3つの観点，すなわち「適正・公平な賦課徴収」，「酒類業の健全な発達の促進」，「税理士業務の適正な運営の確保」についてそれぞれ重点的な施策を考えているようであるが，ここでは，「適正・公平な賦課徴収」の観点について焦点を当ててみたい。
　国税庁は，「適正かつ公平な賦課及び徴収」のために，①税務行政の適正な執行，②納税者サービスの充実，③適正な調査・徴収等の実施および納税者の権利救済，④国際化への取組みの4つの実績目標を掲げている。以下では，②納税者サービスの充実および③適正な調査・徴収等の実施および納税者の権利救済について業績目標を確認してみたい。

ア　納税者サービスの充実

　申告納税制度が適正かつ円滑に機能するためには，納税者に納税意識をもたせることが重要であり，納税者が法律に定められた納税義務を自発的かつ適正に履行することが必要となる。このため，租税の意義や租税法の知識，手続などについて納税者に正しく理解させるよう，国税庁は努力をする必要がある。また，納税者の視点に立った広報・広聴，相談等に努め，申告・納税の際の納税者の負担の軽減を図ることが肝要である。
　そこで，国税庁では，納税者サービスの充実に関して，そのための実績目標の細目として，3つの業績目標を設定している。

✎ 3つの業績目標
① 納税者の視点に立った情報の提供に努めるとともに、租税の役割、納税意識の重要性や租税行政について、広く国民各層から理解・協力を求めます。また、国民の意見・要望等を聴取し事務の改善に努めます。
② 問合せや相談に対して迅速かつ的確に対応するとともに、納税者の満足度が向上するよう努めます。
③ 電子申告等のICTを活用した申告・納税の推進を図ることにより、申告・納税の際の納税者の負担を軽減し、納税者満足度を高めます。

イ 適正な調査・徴収等の実施および納税者の権利救済

　申告納税制度のもとにおいて、適正な申告と納税が確保されるためには、納税者の間で課税が適正・公平に行われているという信頼が確保され、正しい申告と納税を行う意欲が堅持されていくことが不可欠となる。そこで、税務行政においては、適正・公平な課税の実現に向け、関係法令を適正に適用するとともに、正しい申告を行わない納税者や期限内に納付しない納税者に対して、的確な調査や滞納処分等を行うこととする。加えて、納税者の正当な権利利益の救済を図るため、不服申立て等に適正・迅速に対応することとしている。
　そして、適正な調査・徴収等の実施及び納税者の権利救済に関しては、実績目標の細目として3つの業績目標を設定している。

✎ 3つの業績目標
① 適正申告の実現に努めるとともに、申告が適正でないと認められる納税者に対しては、的確な調査・行政指導を実施することにより誤りを是正します。
② 期限内収納の実現に努めるとともに、期限内に納付を行わない納税者に対して滞納処分を執行するなどにより徴収します。
③ 不服申立てに適正・迅速に対応し、納税者の正当な権利利益の救済を図ります。

ウ 税務行政の運営に関する共通的事項

(ア) 基本的な考え方

　国税庁の使命は、「納税者の自発的な納税義務の履行を適正かつ円滑に実現する」ことであるため、国税庁に対する納税者・国民からの「理解・信頼」を得ることが重要であるとして、その使命を果たすため、税務行政の運営に当たり以下の諸点を基本的な考え方として確認している。
① 納税者が、申告・納税を「簡単・便利・スムーズ」に行うことができるように、サービスの向上を図る。
② 納税者・国民の権利利益の保護を図りつつ、適正な調査・徴収を行う。

③ 国税庁のさまざまな取組みを国民に分かりやすく知らせるとともに，各種施策の実施結果の評価・検証を踏まえ，税務行政を改善する。

また，国税庁が取り組むべき課題や取組方針，各種施策についての実効性のある計画の策定とその実施，実施結果の評価・検証について，国民に分かりやすく知らせるとともに，これらを踏まえ，税務行政の改善に取り組むこととしている。

なお，①経済取引の一層の複雑化・広域化や経済社会の国際化・高度情報化の急速な進展により，所得・資産の把握が一層困難となっていること，②多数の所得税，法人税の確定申告書が提出されていること，③現下の厳しい行財政事情のもと，国税庁の定員は平成22年度は5万6,261人，平成23年度は5万6,263人（＋2人）とほぼ横ばいになっていたが，平成27年度の定員は5万5,703人とやや減少傾向にある。予算（経費）については，「既存の事業を抜本的に見直し，大胆に予算を組み替えていくことが不可欠である。」との政府の基本方針に基づき，一般経費について平成15年度以降減少傾向となっていることなどから，創意工夫しながら，職場環境の整備にも配意することを強調している。

他方，納税者に対して誠実に対応するほか，国民の信頼を損なうことのないよう，規律の厳正な保持に努めることや，日常の職務および職場の改善を通じて，適正な事務の管理，効率的な税務行政の推進および納税者利便の向上等を図るため，職員による提案制度の充実に努めることも述べている。

(イ) **業務・システム最適化の推進**

平成15年7月各府省情報化統括責任者（CIO）連絡会議決定の「電子政府構築計画」に基づき，平成18年3月に策定された「国税関係業務の業務・システム最適化計画」（以下「最適化計画」という。）は，次のような点を基本理念と

図表1　納税者満足度

（平成24年度）

項　目	上位評価割合
職員の応接態度の好感度	84.3％
税務署内の案内表示，受付・窓口の利用満足度	77.6
税務署内の設備の利用満足度	67.0
国税の広報に関する評価	75.4
電話相談センターにおける相談満足度	94.5

※「上位評価割合」とは，アンケート調査において，「良い」から「悪い」の5段階評価で上位評価（「良い」と「やや良い」）を得た回答の割合を示しています。　　（「国税庁レポート2014」より）

している。
① 業務を的確に実施するための事務処理の簡素化・効率化
② IT活用による納税者利便性の向上等
③ IT活用による調査・滞納整理に関するシステムの高度化
④ システムの安定性・信頼性および情報セキュリティの確保
⑤ システム関係経費の削減および調達の透明性の確保

これまで，最適化計画に沿って，国税総合管理（KSK）システム（☞国税総合管理（KSK）システムとは）を互換性の高いシステムに移行するオープンシステム化やバックアップセンターの設置，複数の部門で処理していた内部事務（申告書の情報の入力等）と債権管理事務（収納・還付事務等）を一体的に処理する内部事務の一元化，国税のコンビニエンスストアでの納付およびインターネットバンキングを経由しない電子的な納付（ダイレクト納付）を可能とする措置，電話相談事務の集中化，所得税確定申告書の地方公共団体へのデータ送信（従来は書面で交付）などを実施しているが，今後も引き続き，贈与税について電子申告を導入するなど国税関係業務の見直しを適切に実施するとともに，業務に関連する国税総合管理（KSK）システム等の各システムの見直しに確実に取り組むとしている。なお，平成28年度税制改正により，国税のクレジットカード納付制度が創設され，クレジットカードによる納税が可能となるなど，近年も業務・システム最適化に関係すると思われる改正が進んでいる。

☞ **国税総合管理（KSK）システム**とは，国税庁内部のコンピュータシステムをいい，全国の国税局，税務署における電磁的処理の一元管理を可能とする巨大なシステムである。

(ウ) 内部事務の一元化

国税庁では，平成21年7月から内部事務の一元化（☞内部事務の一元化とは）を進め，ワンストップサービス（☞ワンストップサービスとは）の観点からもその円滑な定着に取り組み，事務の効率化と納税者の利便性の向上に努めるとしている。

☞ **内部事務の一元化**とは，全国の税務署で実施している内部事務の改革である。これは，これまで税目等が異なるということで税務署内の別々の部署で処理していた申告書の情報の入力事務や収納・還付事務などの内部事務について，1つの部署で一体的に処理することにより，事務の効率化を目指すものである。また，個別事案に関するもの以外の質問や，納税証明書発行等も行われている。

☞ **ワンストップサービス**とは，いわゆるたらい回し行政を回避することを目的とする行

政サービスをいい，例えば，税務署内の複数の部署で行っていた納税証明書の交付などの事務について，窓口を一本化することにより，納税者の利便性の向上を図ることなどの取組みがある。

(エ) 透明性の確保および個人情報の適切な取扱い等

租税行政庁における業務の遂行に当たっては，情報公開に適切に対応し，税務行政の透明性を確保するとともに，行政機関個人情報保護法等の趣旨や，いわゆるマイナンバー制度の運用開始を踏まえ，個人の権利利益を保護するため，税務行政には個人情報の取扱いを適切に行うことが要請される。特に，個人情報の取扱いについて，国税庁は，引き続き，全職員を対象とした個人情報の保護に関する研修，管理の状況についての点検等を通じて，国税庁が保有する個人情報を適切に取り扱うための留意事項を職員に周知徹底し，職員の意識向上と納税者に関する情報の厳正な管理に努めると宣言している。

(オ) 職員研修の充実

税務行政を取り巻く環境の変化に適切に対応し，納税者の信頼と期待に応えるためには，職員の職務執行能力の維持・向上を図ることが必要である。専門的知識の修得にとどまらず，見識を高め，教養を身につけ，良識を涵養することも重要である。

税務職員については高度の専門的知識が要求されていることから，国税庁では，職務遂行に必要な専門的知識・技能等を付与し，職員の能力・資質の一層の向上を図るほか，職場の研修ニーズ等も踏まえながら，研修内容の見直しを行い職員研修の充実に努めているとしている。

　🖉　**国税庁は重点的に進める施策を以下のように表明している。**
　① 納税者の負担軽減，電子申告等ITを活用した申告・納税の推進
　　　「関係国税電子申告・納税システム（e-Tax）や国税庁ホームページの『確定申告書等作成コーナー』などITを活用した申告・納税の一層の普及を図り，納税者の皆様の負担を軽減し，納税者満足度を高めることに努めます。特に，e-Taxについては，税務署に赴くことなく国税関係手続を行うことが可能になるなど納税者の皆様の利便性が向上します。また，申告書の入力事務を削減するなど税務行政の効率化にも寄与するものです。
　　　国税庁では，電子行政推進に関する政府全体の方針に基づき，利用環境の改善のため，関係府省と緊密な連携を図りつつ，各種施策を強力に推し進めるとともに，引き続き積極的な広報・周知に取り組み，一層の普及拡大に努めます。このため，『電子申告等ITを活用した申告・納税の推進』に重点的に取り組みます。」
　② 国際化時代に対応した税務行政の推進

「経済取引の国際化が進展する中、国際的な取引に関わる納税者のコンプライアンス（法令遵守）の維持・向上を図るには、各国間の課税ルールの違いによる二重課税リスクを排除するなどの対応が必要であることから、国際取引について各国税務当局間の協力の促進や経験の共有を図ることが重要です。また、各国の税制や租税条約の違いを巧みに利用した国際的租税回避スキームは、一層複雑・巧妙化し、どこの国からも課税を受けない『課税の空白』等が問題となっています。

このため、『租税条約等に基づく情報交換』、『相互協議事案の適切・迅速な処理』、『各国共通の執行上の指針の整備と各国税務当局との経験の共有』及び『開発途上国に対する技術協力』に重点的に取り組みます。」

図表2 我が国の租税条約ネットワーク

(65条約、96か国・地域適用／平成28年5月1日現在)

(注) 1 多国間条約である税務行政執行共助条約、及び、旧ソ連・旧チェコスロバキアとの条約の複数国への承継のため、条約数と国・地域数が一致しない。

2 条約数、国・地域数の内訳は以下のとおり
・二重課税の回避、脱税及び租税回避等への対応を主たる内容とする条約（いわゆる租税条約）：54条約、65か国・地域
・租税に関する情報交換を主たる内容とする条約（いわゆる情報交換協定）：10条約、10か国・地域（図中、（※）で表示）
・税務行政執行共助条約（締約国は我が国を除いて全59か国（図中、国名に下線）、うち我が国と二国間条約を締結していない国は21か国）

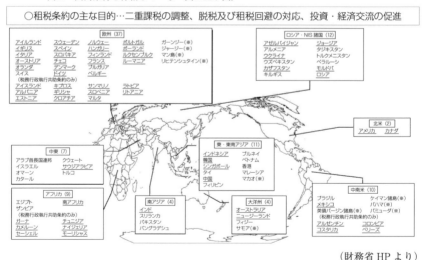

（財務省HPより）

図表3　相互協議事案の発生件数

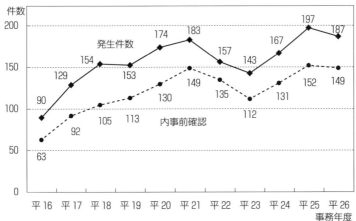

○　平成26事務年度は187件の相互協議事案が発生し，そのうち事前確認に係るものは149件でした。
○　相互協議事案の発生件数は平成25事務年度に比べ，若干減少しました。
○　相互協議事案全体の発生件数のうち，約80％を事前確認に係るものが占めています。

(注)　1　事務年度は7月1日から翌年6月30日までです。
　　　2　発生件数は，納税者からの相互協議の申立て又は相手国税務当局からの相互協議の申入れがあった件数です。

（国税庁HPより）

図表4

海外取引の把握状況

（平成26事務年度）

海外取引法人等調査件数	12,957件
海外取引等に係る申告漏れ件数	3,430件
うち海外不正計算のあった件数	418件
海外取引等に係る申告漏れ所得金額	2,206億円
うち海外不正所得金額	393億円

移転価格課税の状況

（平成26事務年度）

申告漏れ件数	240件
申告漏れ所得金額	178億円

移転価格税制に係る事前確認の状況

（平成26事務年度）

申出件数	121件
処理件数	100件

（「国税庁レポート2016」より）

3 法律による行政

(1) 法律による行政の原理

　行政法において最も重要な基本原則が「法律による行政の原理」である。この原理は，行政活動が「法律に基づき」，「法律に則して」行われなくてはならないことをいう。これを「法治主義」と言い換えることもできる。

　法律による行政の原理は，行政権が国民の自由や財産を侵害することを防止するという近代自由主義の思想から生まれ，国家は無制限な権力を有するものではなく，法律によらずしては国民の自由や財産を侵すことはできないとするものである。この点は，憲法84条の要請する租税法律主義に大きな関わりをもつ。この考え方は，権力分立主義と民主主義の結合によって成立したといわれている。

　✍ 旭川市国民健康保険条例事件の最高裁平成18年3月1日大法廷判決（民集60巻2号587頁）は，「憲法84条は…国民に対して義務を課し又は権利を制限するには法律の根拠を要するという法原則を租税について厳格化した形で明文化したものというべき」と説示している。このように，同最高裁は，租税法律主義は，法律によらずして国民の財産を侵すことができないとする考え方を租税について厳格化したものとしての意味を有すると解するのである。

　✍ 権力分立主義の見地からは，立法が一般的内容をもった法規を定め，行政により法規を具体的事実に適用し執行するものとして行われ，立法，行政両機関が互いにその権限を守って侵さないことにより，初めて立法は恣意的でなくなり，行政は予測可能なものとなる（佐藤・行政法5頁）。

図表1

　✍ 民主主義の見地からは，国民代表機関により定立される法律に従って行政が行われることになって，初めて，治者と被治者の同一性が期待され得ることになる（佐藤・行政法5頁）。

　法律による行政の原理の内容としては，①法律の法規創造力（☞法律の法規創

造力とは），②法律の優位（☞法律の優位とは），③法律の留保（☞法律の留保とは）の3つが挙げられる。

- ☞ **法律の法規創造力**とは，法律によってのみ法規を創造することができるということを意味し，憲法41条の実質的内容に関わる重要な原理である。
- ☞ **法律の優位**とは，国の立法機関によって定立される法律が行政機関の命令，規則または処分に優位することをいう。
- ☞ **法律の留保**とは，国民の自由権や財産権への干渉については必ず立法事項とするというように，特定の事項については憲法は必ず法律によって規律せられるべきことを明らかにしているということをいう（以下を参照）。

(2) 法律の留保

　法律の法規創造力や法律の優位については目立った争いはさほどないが，法律の留保については学説上の大きな論争がある。すなわち，いかなる性質の行政活動について法律の根拠が必要とされるべきかという点についての議論であるが，ここでは，代表的な①侵害留保説，②全部留保説，③権力留保説，④重要事項留保説について概観しておくこととしよう。

① 　**侵害留保説**…侵害行政についてのみ法律の根拠を要するとし，侵害行政以外の給付行政については法律の根拠を要しないとする考え方である。そもそも，自由主義的見地から法律の根拠を必要とすると考えると，便益を与える行政活動についてまで法律でしばる必要はないとするものであり，通説および実務はこの考え方に従っている。

② 　**全部留保説**…憲法が国民主権主義を採用している以上（憲法前文, 1），あらゆる行政活動は民主的正当性をもたなければならないのであるから，行政活動のすべてについて法律の根拠が必要と考えるのを相当とするという立場である。行政活動の自由度がなくなるため，すべての行政活動に法律的手当てが必要となると，現実問題としては，国民の要求に行政が迅速かつ柔軟に対応することができないという点が弊害として指摘されることになる。

③ 　**権力留保説**…侵害留保説と全部留保説との間の中間説ともいうべき立場であり，権力的な行政活動については法律の根拠が必要と考えるものの，権力的でない場合には法律の根拠を要しないと考える立場である。したがって，この立場に従えば，給付行政かどうかというよりも，権力的行為である限り補助金交付のような場合でも法律的根拠を必要とすることになる。

④ 重要事項留保説…権力留保説と同様，いわば中間説に位置付けられる考え方であるが，重要な事項あるいは本質的な事項については法律の根拠を要するという考え方である。

(3) 行政法の一般原則
ア 一般原則

法律による行政の原理が行政法においてもっとも重要な一般原則であるが，それ以外にも，重要な一般原則がある。例えば，信義則の原則や権利濫用の禁止原則といったものは，民法上の原則にとどまることなく，およそ法律全般に適用されるべき考え方であるということもできよう。また，適正手続の原則，説明責任の原則，平等原則，比例原則（☞比例原則とは），補完性の原則（☞補完性の原則とは），効率性の原則（☞効率性の原則とは）などが重要である。ここでは，租税法領域に関係を有するいくかの諸原則について確認しておくこととしよう。なお，その他，公正性・透明性の原則や国民参加原則という一般原則もしばしば取り上げられるところであるが，これらは前述の諸原則に内包されるものといえよう。

☞ **比例原則**とは，必要性の原則（☞必要性の原則とは）と過剰規制の禁止（☞過剰規制の禁止とは）の両面から成り立ち，目的と手段のバランスを要請する原則である。警察行政は目的のための必要な最小の限度で用いられるべきとの考え方に由来している。
☞ **必要性の原則**とは，警察作用の発動は目的達成のために必要な場合でなければならないとする考え方をいう。
☞ **過剰規制の禁止**とは，警察作用の発動につき必要性が認められたとしても，その目的と手段とが均衡している必要があり，これを逸脱した過剰な規制は許容されないとする考え方である。
☞ **補完性の原則**とは，自由主義思想や行政経費の削減という視角から，小さな政府を指向する立場からは「民間でできることは民間で」というフレーズのもと，行政の役割を最小限にすべきとする考え方である。
☞ **効率性の原則**とは，行政費用は目的達成のための最少の費用で賄われなければならないとする考え方をいう。

イ 適正手続の原則

行政活動は，内容的な適正性だけではなく，その手続面においても，適正なプロセスを経たものでなければならないという適正手続（デュープロセス）の考え方が妥当であると考えられる。かような原則を適正手続の原則という。もっとも，この根拠法は憲法31条に求められるところ，同条は刑事手続を中心に考

えられてきたため，行政手続にこの条文の適用はないのではないかとする見解も有力であった。

ところが，新東京国際空港の規制区域内に所在する通称「横堀要塞」につき成田国際空港の安全確保に関する緊急措置法3条1項1号または2号の用に供することを禁止した運輸大臣の処分が，違憲無効とはいえないとされたいわゆる成田新法事件上告審最高裁平成4年7月1日大法廷判決（民集46巻5号437頁）は，憲法31条の規定は必ずしも刑事手続にのみ適用されるものではないと論じたのである。

> 「憲法31条の定める法定手続の保障は，直接には刑事手続に関するものであるが，行政手続については，それが刑事手続ではないとの理由のみで，そのすべてが当然に同条による保障の枠外にあると判断することは相当ではない。
> しかしながら，同条による保障が及ぶと解すべき場合であっても，一般に，行政手続は，刑事手続とその性質においておのずから差異があり，また，行政目的に応じて多種多様であるから，行政処分の相手方に事前の告知，弁解，防御の機会を与えるかどうかは，行政処分により制限を受ける権利利益の内容，性質，制限の程度，行政処分により達成しようとする公益の内容，程度，緊急性等を総合較量して決定されるべきものであって，常に必ずそのような機会を与えることを必要とするものではないと解するのが相当である。」

このように，最高裁は制約を設けながらも憲法31条の適用が完全に排除されると考えるべきではないとしたのである。

行政手続が適正であるべきことは，すでに行政手続法1条において明文化されている。

> **行政手続法1条《目的等》**
> この法律は，処分，行政指導及び届出に関する手続並びに命令等を定める手続に関し，共通する事項を定めることによって，行政運営における公正の確保と透明性…の向上を図り，もって国民の権利利益の保護に資することを目的とする。
> 2　処分，行政指導及び届出に関する手続並びに命令等を定める手続に関しこの法律に規定する事項について，他の法律に特別の定めがある場合は，その定めるところによる。

国税通則法74条の14《行政手続法の適用除外》は，行政手続法3条1項《適用除外》に定めるもののほか，国税に関する法律に基づき行われる処分その他公権力の行使に当たる行為については，行政手続法第2章《申請に対する処分》（第8

条《理由の提示》を除く。）および第3章《不利益処分》（第14条《不利益処分の理由の提示》を除く。）の規定は，適用しないとするだけであるから，同法1条の規定の適用はあると考えられる。

すなわち，国税に関する法律に基づき行われる処分その他公権力の行使に当たる行為についても，適正手続の原則は適用されると解されよう。

ウ 説明責任の原則
㋐ 周知徹底義務

児童扶養手当法7条《支給期間及び支払期月》は，手当の支給期間および支払期月について規定をし，手当の支給は認定請求した月の翌月から始めるとする非遡及主義を採用している。そこで，同法4条《支給要件》1項に該当する児童を監護しているにもかかわらず，手当制度を知らなかったために一定期間分の手当を受給できないのは，かかる非遡及主義と行政庁による周知徹底義務の懈怠の結果であるとして国家賠償請求が争われた事例として，いわゆる永井事件がある。

第一審京都地裁平成3年2月5日判決（判時1387号43頁）は，次のように説示している。

「手当法〔筆者注：児童扶養手当法〕4条1項の支給要件に該当する者に，児童扶養手当を支給すると規定しつつ，同法7条1項は，その支給は受給資格者が同法6条の認定を請求した日の属する月の翌月から始める旨を定め，同条2項は受給資格者が災害その他やむを得ない理由により，認定の請求ができなくなった場合において，その理由のやんだ後15日以内にその請求をしたときは，手当の支給は，受給資格者がやむを得ない理由により認定の請求をすることができなくなった日の属する月の翌月から始める旨を規定している。このように，受給資格者の請求時以後のみに支給をする認定請求主義ないし非遡及主義をとる法律の下において，もし，所管行政庁がその法律により創設された社会手当制度を周知する義務を怠り受給資格者にこれを知らせないまま放置すれば，受給資格者はこれを受給することができず，社会福祉手当は単なる飾り物となり画餅に帰するであろう。行政庁は，多くの受給資格者の無知，あるいは抜け目なさの欠如と認定請求主義の建前を利用して給付や手数を節約する権利もないし，その義務もないのであり，むしろ憲法25条が宣明する福祉国家の理念や，これに立脚した立法者の意思は，保護対象者に認められた給付が，飾り物に終わらず実際にもすべてに給付されることを期待しており，受給資格者が洩れなく給付を受けることこそが，基本的に公益にかなうと考えられる。…そして，行政庁が情報活動や相談活動などを通じて，できる限りの情報を提供し，すべての関係者に制度を知る機会を与えることに努めることにより，社会給付の目的，…同法1条の給付を必要とする受給資格者の生活の改善を通じて，児童の福祉を増進するという目的をよく達成するこ

とができるのである。」と述べる。

そして,「手当法のように右の認定請求主義（非遡及主義）をとる社会保障について, 担当行政庁の周知徹底等の広報義務は,…憲法25条の理念に即した手当法1条, 7条1，2項の解釈から導き出されるものであって, 社会保障ないし社会福祉制度の実効を確保するためのものであり, また, 社会保障ないし公的扶助は単なる慈善や施しではなく, 社会一般の福祉を促進し, すべての国民とその子孫がひとしく欠乏から免れ, 自由と生存を享受するという基本的権利を実質的に保障するためのものであるから, <u>右の広報は被告国が主張するように, 通常の法令の公布のとおりこれを官報に掲載しておけば足るものではないし, 一般の法制度などの各種の広報と異なり, 単なる恩恵的なサービスや行政上の便宜に基づく, してもしなくてもよい全くの自由裁量に過ぎないものではなく, 法的な義務であると解すべきである。〔下線筆者〕</u>」として, 児童扶養手当制度を広報し, 周知徹底させることは国の法的義務であると判示している。さらに, 判決は,「社会保障の受給者は, 主として社会的弱者であり, とくに, 本件原告らのように障害者家庭にある者に対して, 抜け目のなさや注意深さを求める期待可能性がないから, 通常の受給者, 本件の場合には障害者家庭にある者が, 相応の注意をもって普通の努力をすれば制度を知りうる程度に, 周知徹底することを要する。」

この事件は控訴され, 控訴審大阪高裁平成5年10月5日判決（訟月40巻8号1927頁）は, 児童扶養手当制度を広報し, 周知徹底させることは国の法的義務ではなく, 法的強制を伴わない責務にとどまるところ, 京都府の行った児童扶養手当制度の広報, 周知徹底の方法, 範囲が裁量の範囲を著しく逸脱した違法なものとは認められないとした。

>「被告国による手当制度の広報, 周知徹底は国の法的義務ではなく, 法的強制の伴わない責務にとどまるものであるから, どのような内容の広報をいかなる方法で行うかは国の裁量に委ねられており, その責務を果さなかったからといって直ちに損害賠償義務等の法的効果が発生するものではない」としつつも,「官報への掲載のほか一切の広報活動を行わなかったり, 市民が役所の担当窓口で制度について具体的に質問し相談しているのにこれに的確に答えないで誤った教示をするなど, 広報, 周知徹底に関する国等の対応がその裁量の範囲を著しく逸脱したような場合には, これを違法として損害賠償義務を肯定することができないわけではな〔い〕」

もっとも, 周知徹底義務が措定されるとはいっても, その周知徹底の程度が問題となろう。単に周知義務とはせず, 徹底させることが要請されるとすれば, 相当の広報活動が求められるようにも思われるが, この事件の第一審判決が示すように,「右の受給者が相応の注意をもって普通の努力をすれば制度を知り得る程度の周知徹底がなされている限り, 個々の受給者が制度を知っていたか,

否かを問うものではないし，どのような方法で周知徹底させるかというその具体的方法の決定は，その時々における情報機関の整備状況，情報の受け手である受給資格者の状況，国民の制度の理解程度と制度周知に対する協力の期待度や，国の財政事情とも関連するから，これを専門に担当する行政庁の裁量に委ねられている」ということになるのではなかろうか。

保証金債務の評価に関する租税事件において，大阪地裁平成19年11月14日判決（判タ1282号111頁）は，「評価通達の上記基準年利率に関する定めを債務の評価にも適用するのであれば，少なくともその旨を評価通達自体又はこれに準ずる基本的な通達等において明確に規定することによりこれを周知すべき」とする。

また，米国親会社の付与するストック・オプションに係る権利行使益が所得税法上の給与所得であるとしても，それまでの経緯などにかんがみれば一時所得として申告することに無理からぬ点があったなどとし，国税通則法65条《過少申告加算税》4項にいう加算税の免除要件としての「正当な理由」に該当するとする判断が最高裁判決において示されている。

すなわち，最高裁平成18年10月24日第三小法廷判決（民集60巻8号3128頁）は，次のように判示している。

「外国法人である親会社から日本法人である子会社の従業員等に付与されたストックオプションに係る課税上の取扱いに関しては，現在に至るまで法令上特別の定めは置かれていないところ，課税庁においては，上記ストックオプションの権利行使益の所得税法上の所得区分に関して，かつてはこれを一時所得として取り扱う例が多かったが，平成10年ころから，その取扱いを変更し，給与所得として統一的に取り扱うようになったものである。この所得区分に関する所得税法の解釈問題については，一時所得とする見解にも相応の論拠があり，最高裁平成16年（行ヒ）第141号同17年1月25日第三小法廷判決・民集59巻1号64頁によってこれを給与所得とする当審の判断が示されるまでは，下級審の裁判例においてその判断が分かれていたのである。このような問題について，課税庁が従来の取扱いを変更しようとする場合には，法令の改正によることが望ましく，仮に法令の改正によらないとしても，通達を発するなどして変更後の取扱いを納税者に周知させ，これが定着するよう必要な措置を講ずべきものである。ところが，前記事実関係等によれば，課税庁は，上記のとおり課税上の取扱いを変更したにもかかわらず，その変更をした時点では通達によりこれを明示することなく，平成14年6月の所得税基本通達の改正によって初めて変更後の取扱いを通達に明記したというのである。そうであるとすれば，少なくともそれまでの間は，納税者において，外国法人である親会社から日本法人である子会社の従業員等に付与されたストックオプションの権利行使益が一時所得に当たるものと解し，その見解に従っ

> て上記権利行使益を一時所得として申告したとしても，それには無理からぬ面があり，それをもって納税者の主観的な事情に基づく単なる法律解釈の誤りにすぎないものということはできない。」

　通達は租税行政庁内部での命令手段であるから，通達の発遣によって納税者に周知させるべきというのは，通達の本質論としては妥当しないはずである。通達の果たす機能として納税者への周知の機能があるとしても，本来的な納税者への周知方法は別のところにあるはずである。最高裁はいかなる理由で，「通達を発する・・などして変更後の取扱いを納税者に周知させ，これが定着するよう必要な措置を講ずべき〔傍点筆者〕」としたのであろうか。

　いずれにしても，周知の措置を講ずべきと論じており，これが課税庁に課された義務なのかあるいは責務のレベルにとどまるものであるのかについては，その法的根拠が明確ではないことを考えると後者といわざるを得ないと考える。

　国税不服審判所裁決の中には，平成16年9月15日裁決（裁決事例集68号276頁）の事例のように，課税庁側の主張に，消費税制度についての周知義務があることを前提としたものがある。すなわち，同事例において，原処分庁は，「消費税制度について，原処分庁は，消費税導入当初から各種広報等を行っており周知義務を怠っていたということはない。請求人が簡易課税制度について知識を有していなかったことは，納税者の税法の不知といわざるを得ず，簡易課税制度選択届出書を提出できなかったことについて消費税法第37条第7項に規定する『やむを得ない事情』があったとは認められない。」と主張するなど，周知義務があることを前提とした主張を展開している。もっとも，この事例の判断において，国税不服審判所は，「税務署長が所轄する納税地の納税者に対して，簡易課税制度について周知をしなければならないとする法令上の規定はな〔い〕」としている。

　このように，上記裁決では，法令上の規定なくして周知義務は認識し得ないとするが，そうであるとすれば，租税法上に周知義務を規定する条文がない限り，周知は責務のレベルにとどまると理解すべきであろう。

　ところで，税制改革法11条《消費税の円滑かつ適正な転嫁》2項は，「国は，消費税の円滑かつ適正な転嫁に寄与するため，前項の規定を踏まえ，消費税の仕組み等の周知徹底を図る等必要な施策を講ずるものとする。」と規定している。この規定は具体的に周知義務とまでは規定していないが，課税上の信義則違反

をもたらす一要素となるとの判断もある。

この点，東京高裁平成12年3月30日判決（判時1715号156頁）では，税制改革法11条2項の「周知徹底を図る等必要な施策」が講じられていたかどうかも論じられている。同判決は，税制改革法11条2項のほか，同法17条2項が，「国税当局においては，昭和64年（平成元年）9月30日までは，消費税になじみの薄い我が国の現状を踏まえ，その執行に当たり，広報，相談及び指導を中心として弾力的運営を行うものとする。」と規定していることを法的根拠として，次のように判示している。

> 「国税当局には，法施行に当たり，右の各規定に即して，消費税の仕組み等の周知徹底を図るべく，一定期間は広報，相談及び指導を中心としてその執行の弾力的運営を行うべき行政上の責務があると解することができ，周知義務の履行，広報，相談及び指導に関する国税当局の対応措置のいかんが，個々の国民の納税申告に影響を及ぼし，課税処分上の不利益を招いた一因となっている場合は，課税上の信義則違反をもたらす一要素となるものと解すべきである。」

ここでは，「行政上の責務」といいつつも，周知義務の履行次第によっては課税上の信義則違反をもたらす要因となるとし，説明義務違反が信義則違反になるとする民事法の法律構成に類似した判断が展開されているのである。

(イ) 周知責任と説明責任

国は，国民一般に対して説明責任を負うと考える。すなわち，国が制度説明等を行うのは，国民に対するものであって，納税者に対するものではないという考え方があり得る。納税をしている者か納税をしていない者か，あるいは納税が予定されている者であるかどうかということは，国が行うべき説明責任の所在の有無を判断するメルクマールとはなり得ない。このことは，租税が反対給付としての性質を有さないこととも関係を有すると思われる。納税者は，租

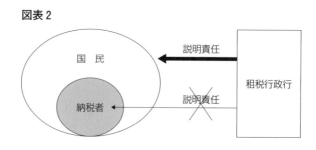

図表2

税負担をしているからその反対給付として説明を受ける権利が生じるという文脈で説明責任を語ることは適切ではなかろう。

しかしながら、これは、税務調査等の際に個別具体的な場面での説明責任を否定する論拠とはならない。例えば、行政活動を行うに当たって、国民に対して行政庁は説明責任を果たす必要があるが、それが税務調査の場面で免責されるわけではない。税務調査の場面では、行政活動に関する説明責任が求められるのであって、行政活動をなすに当たって、例えば、所得税法150条《青色申告の承認の取消し》がどのように適用されるのかという点での説明がなされなければならない。もっとも、この場合、被調査者以外に関係者と称する者（立会者）がいたとしても、その者に説明を行うことは原則として問題とはなり得ない。問題となるのは、納税者や取引先等に関する個別問題に立ち入って説明をせざるを得ない場面での「秘密」の取扱いについてである。それは、立会者に、当該納税者の取引関係者の情報などが漏れると税務職員に課された守秘義務に反することとなるという問題であるにとどまるから、立会者に対する説明責任がないということではないはずである。

税務職員に課される説明責任について、税制改革法のような根拠法があれば、周知義務と措定されることも考えられるが、根拠法がない限り、それは責務のレベルにとどまることになる。通常、租税法上の取扱いに係る周知や説明の妥当性については、周知責任と説明責任の両面が問題となると理解すべきであろう。

エ　平等原則

清永敬次教授は、「通達に反する課税処分がそのことの故に直ちに違法となるわけではない」とした上で、「しかし、課税処分が通達に反するときは、平等原則又は信義則などの観点から、その課税処分の違法性が問題とされることがあることに注意しておく必要がある」と論じられる（清永・税法22頁）。また、塩野宏教授も、「裁量権の公正な行使の確保、平等取扱いの原則、相手方の信頼保護といった要請からすると、準則と異なった判断をするには、そのための合理的理由が必要であると解される」とされる（塩野・行政法Ⅰ118頁）。これらの指摘のように、平等原則や信義則の観点から、通達に反する課税処分が問題となる場面はあろう。

出入国管理及び難民認定法24条《退去強制》につき主任審査官には退去強制

令書を発布するか否か（効果裁量），発布するとしていつ発布するか（時の裁量）につき裁量がないとの主張を斥け，主任審査官にはこれらの裁量が認められるものとした事例として，東京地裁平成15年9月19日判決（判時1836号46頁）がある。同地裁は，「主任審査官が本件各退令発付処分に当たり，いかなる事項を重視すべきであり，いかなる事項を重視すべきでないかについては，本来法の趣旨に基づいて決すべきものであるが，外国人に有利に考慮すべき事項について，実務上，明示的又は黙示的に基準が設けられ，それに基づく運用がされているときは，平等原則の要請からして，特段の事情がない限り，その基準を無視することは許されないのであり，当該基準において当然考慮すべきものとされている事情を考慮せずにされた処分については，特段の事情がない限り，本来重視すべき事項を不当に軽視したものと評価せざるを得ない。」としており，上記学説と同じ立場に立っているといえよう。

　🔍　スコッチライト事件が参考となると思われる。同事件において大阪高裁昭和44年9月30日判決（判時606号19頁。🔍酒井・ブラッシュアップ80頁参照）は，「憲法84条は租税法律主義を規定し，租税法律主義の当然の帰結である課・徴税平等の原則は，憲法14条の課・徴税の面における発現であると言うことができる。みぎ租税法律主義ないし課・徴税平等の原則に鑑みると，特定時期における特定種類の課税物件に対する税率は日本全国を通して均一であるべきであって，同一の時期に同一種類の課税物件に対して賦課・徴収された租税の税率が処分庁によって異なるときには，少くともみぎ課・徴税処分のいづれか一方は誤った税率による課・徴税をした違法な処分であると言うことができる。けだし，収税官庁は厳格に法規を執行する義務を負っていて，法律に別段の規定がある場合を除いて，法律の規定する課・徴税の要件が存在する場合には必ず法律の規定する課・徴税をすべき義務がある反面，法律の規定する課・徴税要件が存在しない場合には，その課・徴税処分をしてはならないのであるから同一時期における同一種類の課税物件に対する2個以上の課・徴税処分の税率が互に異なるときは，みぎ2個以上の課・徴税処分が共に正当であることはあり得ないことであるからである。そしてみぎ課税物件に対する課・徴税処分に関与する全国の税務官庁の大多数が法律の誤解その他の理由によって，事実上，特定の期間特定の課税物件について，法定の課税標準ないし税率より軽減された課税標準ないし税率で課・徴税処分をして，しかも，その後，法定の税率による税金とみぎのように軽減された税率による税金の差額を，実際に追徴したことがなく且つ追徴する見込みもない状況にあるときには，租税法律主義ないし課・徴税平等の原則により，みぎ状態の継続した期間中は，法律の規定に反して多数の税務官庁が採用した軽減された課税標準ないし税率の方が，実定法上正当なものとされ，却って法定の課税標準，税率に従った課・徴税処分は，実定法に反する処分として，みぎ軽減された課税標準ないし税率を超過する部分については違法処分と解するのが相当である。したがって，このような場合について，課税平等の原則は，みぎ法定の課税標準ないし税率による課・徴税処分を，でき得る限り，軽減された全国通用の課税標準および税率

による課・徴税処分に一致するように訂正し，これによって両者間の平等をもたらすように処置することを要請しているものと解しなければならない。」と判示する。

(4) 行政手続法

　行政手続の法的仕組みは，適正手続の原則によって支えられている。すなわち，現代の行政法は法律による行政と適正手続という２つの原理・原則を「車の両輪」としているのである（櫻井＝橋本・行政法192頁）。

　適正手続の原則は，アメリカで発達した基本思想であり，行政作用に利害関係を有する国民にとっての，自由主義的側面（☞自由主義的側面とは）と民主主義的側面（☞民主主義的側面とは）の両方を担保するための考え方であるといえよう（租税法律主義についても，自由主義的側面と民主主義的側面がある点については，例えば，増井良啓『租税法入門』９頁（有斐閣2014），酒井克彦「我が国における租税回避編」フィナンシャルレビュー126号155-158頁）。

- ☞ **自由主義的側面**とは，国民が自己の権利の侵害を手続的に防御する手続的保障原則の側面をいう。
- ☞ **民主主義的側面**とは，多数の国民の意見形成を通じた行政作用の現れを前提とした合意形成手続の保障という側面をいう。

　そして，これら適正手続の保障への国民の側からのアプローチのルール，とりわけ事前手続（☞事前手続とは）を法的に可能とさせる一般法として平成５年に行政手続法が成立した。

- ☞ **事前手続**とは，行政の意思決定が行われるまでのプロセスについて，公正性・適正性の観点から仕組まれた手続的規律をいう（櫻井＝橋本・行政法193頁）。

　そもそも，行政指導については法律の根拠は不要であると考えられている。
　このことを論じた判例として，最高裁平成５年２月18日第一小法廷判決（民集47巻２号574頁）がある。ここでは，市がマンションを建築しようとする事業主に対して指導要綱に基づき教育施設負担金の寄附を求めた行為が違法な公権力の行使に当たるとされた。同最高裁は，次のように説示している。

> 「指導要綱制度に至る背景，制定の手続，被上告人が当面していた問題等を考慮すると，行政指導として教育施設の充実に充てるために事業主に対して寄付金の納付を求めること自体は，強制にわたるなど事業主の任意性を損うことがない限り，違法ということはできない。」

しかしながら，これは，行政指導が任意的手段であるから，行政指導をするための根拠規範を必要としないとしているだけであるから，行政指導をするためには，行政手続法は規制規範として守らなければならないと考えるべきであろう（阿部泰隆『行政法解釈学〈1〉』143頁（有斐閣2008））。

もっとも，租税法領域における，行政手続法の規定の適用については大きく適用除外として扱われている（🔍21頁も参照）。

> **国税通則法74条の14《行政手続法の適用除外》**
> 　行政手続法（平成5年法律第88号）第3条第1項《適用除外》に定めるもののほか，国税に関する法律に基づき行われる処分その他公権力の行使に当たる行為（酒税法第2章《酒類の製造免許及び酒類の販売業免許等》の規定に基づくものを除く。）については，行政手続法第2章《申請に対する処分》（第8条《理由の提示》を除く。）及び第3章《不利益処分》（第14条《不利益処分の理由の提示》を除く。）の規定は，適用しない。

このように国税通則法では，行政手続法が独自に適用除外としているもののほか，酒税免許関係規定を除き，行政手続法第2章（8条以外）および第3章（14条以外）の規定の適用はないとしているのである。なお，これらの規定の適用が排除されているのは，国税に関する法律に基づき行われる処分その他公権力の行使に当たる行為である。すると，国税に関する法律を根拠とするものではない行政機関個人情報保護法に基づく開示請求（🔍㉕―264頁参照）などについては，行政手続法の適用対象となるから，かかる手続には審査基準や標準処理期間の設定がなされている。

　　✍ 行政手続法第2章《申請に対する処分》および第3章《不利益処分》とは次のようなものである。
　　　・行政手続法第2章…5条《審査基準》，6条《標準処理期間》，7条《申請に対する審査，応答》，9条《情報の提供》，10条《公聴会の開催等》など
　　　・行政手続法第3章…12条《処分の基準》，13条《不利益処分をしようとする場合の手続》，15条〜28条《聴聞》，29条〜31条《弁明の機会の付与》

このように国税通則法74条の14第1項は，行政手続法の適用を除外しているが，この除外規定の根拠について，当時の国会答弁では，①金銭に関する処分に関しては，処分内容を確定した上で，事後的手続で処理するということが適当であること，②大量・反覆して行われる処分であり，これを限られた人員を

もって執行していること，③完結した独自の手続体系が国税通則法および各個別税法に用意されており，すでに納税者の保護は図られていること，が挙げられている。

　📖 平成5年10月19日衆議院内閣委員会において，大蔵省（当時）説明者は，弘友和夫委員の質問に対して，次のように答弁している。すなわち，「国税に関する法律に基づく処分につきまして，その性格を見てまいりますと，まず第一に金銭に関する処分であるということで，そういう意味では処分内容をまず確定いたしまして，その適否についてはむしろ事後的な手続で処理をするということが適切なものであるというふうに考えておりますし，また，主として申告納税制度のもとで各年あるいはまた各月ごとに反復して大量に行われる処分であるという特殊性を持っているところでございます。そしてこれに加えまして，限られた人員をもって税法を適正に執行し公平な課税を実現する必要があるということを勘案いたしますと，その手続は全体としていかにあるべきかという観点から国税通則法及び各税法におきまして必要な範囲の手続を規定いたしまして，完結した独自の手続体系が形成されているところでございます。これによりまして行政運営の公正と透明性は十分確保されているところでございまして，国税に関する法律については新たに整備の必要はないというふうに認識しているところでございます。」と述べている。

　📖 南博方教授は，「書面を交付しなければならない，という規定がなぜ適用除外されているかということで，これはおそらく税務官庁の立場からしますと，やはり集団的・大量的であって，しかも迅速に処理しなければいけないという要請，もう一つは，やはり書面によりますと，どうしても責任がかかってまいりますので，そういう意味で，なるべくそういう責任のかからないようにというような配慮があるのかも知れません。それ

> **Tax Lounge**　　財務省組織令にいう「大学校」
>
> 　「大学」と「大学校」とでは何が違うのであろうか。大学校というと，古くは陸軍大学校，海軍大学校などがあったが，現在も，税務大学校のほか，警察大学校，消防大学校，防衛大学校，防衛医科大学校，自治大学校，航空大学校，海上保安大学校などさまざまなものがある。学校教育法52条によると，大学とは，「学術の中心として，広く知識を授けるとともに，深く専門の学芸を教授研究し，知的，道徳的及び応用的能力を展開させることを目的とする」ものとされている。
>
> 　これに対して，税務大学校は，財務省組織令95条《税務大学校》において，国税庁に従事するための必要な研修などを司ることとされているが，その実体は，一種の職員のための研修施設というべきものである。そうすると，大学校は前述の大学とは異なるものとなり，大学以外の教育施設に「大学」という名称を用いてはならないという学校教育法に抵触しないことになる（同法135①）。
>
> 　そこで，大学校については，「官僚の小細工，猿知恵」などとの批判もあるのである（林修三『法令用語の常識［第3版］』115頁（日本評論社1975））。
>
> 　税務大学校では，大学に遜色のないレベルの高度な教育・研究も行われており，その内実は大学に匹敵するといえよう。

は，私は無理はないと思っているわけです。

　修正申告の指導の段階においては，必ずしも証拠そのものが相当に固まっているというわけではありません。これが更正処分ということになりますと，かなり調査もいたしまして，しかも証拠も固めた上で行うわけですが，修正申告の場合については，更正処分に比べて証拠が乏しい場合もあり得るのではないか。要するに，相手方との協議を通じて，例えば所得であるとか，あるいは経費というものの額が決まってくるということもありますので，なかなか書面によって『こうしなさい』というようなことは，しにくいという感じがするのです。

　もう一つは，もし書面を義務づけるということになりますと，相手方の利益のための行政指導も行わなくなるという可能性が多分にあります。例えば，『こういうふうにすれば経費として認められますよ』とか，あるいは『控除されますよ』というようなことがありますが，それすら行わなくなるという可能性がありますので，私は，この点は適用除外にするのは無理はないかな，という感想を抱いております。」と述べられている（シンポジウム「租税手続改革の方向」〔南発言〕租税22号73頁）。

　ところで，行政手続法の適用除外の対象外とされている，すなわち，国税通則法において行政手続法が適用されるとする同法8条および14条は次のような規定である。

行政手続法 8 条《理由の提示》
　　行政庁は，申請により求められた許認可等を拒否する処分をする場合は，申請者に対し，同時に，当該処分の理由を示さなければならない。ただし，法令に定められた許認可等の要件又は公にされた審査基準が数量的指標その他の客観的指標により明確に定められている場合であって，当該申請がこれらに適合しないことが申請書の記載又は添付書類その他の申請の内容から明らかであるときは，申請者の求めがあったときにこれを示せば足りる。
2　前項本文に規定する処分を書面でするときは，同項の理由は，書面により示さなければならない。

行政手続法14条《不利益処分の理由の提示》
　　行政庁は，不利益処分をする場合には，その名あて人に対し，同時に，当該不利益処分の理由を示さなければならない。ただし，当該理由を示さないで処分をすべき差し迫った必要がある場合は，この限りでない。
2　行政庁は，前項ただし書の場合においては，当該名あて人の所在が判明しなくなったときその他処分後において理由を示すことが困難な事情があるときを除き，処分後相当の期間内に，同項の理由を示さなければならない。
3　不利益処分を書面でするときは，前二項の理由は，書面により示さなければならない。

　換言すれば，行政手続法の適用により，不利益理由を提示することが要求されていることから，更正処分や決定処分等の行政処分においても理由の附記が

法的に要求されることになる。これは，平成23年度税制改正によって設けられた措置であり，それ以前は，例えば，青色申告者以外の者（いわゆる白色申告者）に対して行う更正処分には理由の附記が要請されていなかったのである（🔍**7**―68頁参照）。

　理由の附記には，一般に行政処分の恣意性を排除する機能や争点を明確化する機能があるといわれている。これらの機能を青色申告の特典とすることに疑問が指摘されてきたところ，前述の改正において，記帳義務制度の導入とあわせて見直しがなされたのである。

¶レベルアップ！　国家公務員に対する懲戒処分

　国家公務員に対する懲戒処分については，行政手続法3条《適用除外》1項9号により，同法29条《弁明の機会の付与の方式》以下の弁明の機会の付与に関する規定を適用除外としている。したがって，国家公務員に対する懲戒処分については，弁明の機会を与えなければならない法文上の根拠は認められない。

　国税調査官である原告が，納税者等に対して税務相談および申告書の作成を行い報酬を受領したことが，税理士法に違反し，国家公務員法82条1項1号および3号に該当するとして，処分行政庁が懲戒免職処分をしたことにつき，事実誤認，懲戒権の濫用，手続違反などの違法があるとして，その取消しを求めた事案として，東京地裁平成27年12月14日判決（判例集未登載）がある。同地裁は，「懲戒免職処分とする場合には，被懲戒者に与える不利益は重大であるのに対し，弁明の機会を付与できないほど緊急性は高くない場合も考えられるから，弁明の機会付与の趣旨を可能な限り確保するのが相当である。」として，行政手続法の条文とは異なる説示をする。ただし，「もっとも，行政手続法29条以下に定める形式にのっとって手続を履践する必要があるとはいえず，実質的に弁明の機会が与えられていれば足りるというべきである。」としており，その内容については実質的な弁明機会の保障でたりるとしている。

第2章
租税確定手続

4 申告納税制度

(1) 創設的制度としての申告納税制度

　第二次世界大戦後の我が国の租税法は，納税義務の確定手続として，納税者自らが租税法に従って課税基準と税額を計算して国に申告し，これを納付することを建前とする申告納税制度（☞申告納税制度とは）を導入している。申告納税制度に基づく申告納税方式は，戦前の賦課課税方式（☞賦課課税方式とは）に代わり，納税者によって第一義的に税額を確定し，必要に応じて，第二義的に税務当局による是正の機会を予定する制度であり，国税通則法16条（国税についての納付すべき税額の確定の方式）によって創設された制度である。なお，予定納税に係る所得税や源泉徴収等による国税などのような自動確定方式（☞自動確定方式とは）とも異なる。

　☞ **申告納税制度**とは，課税要件の充足によって成立している納税義務に係る情報を納税者が自ら申告し，それに伴う税金を納付する制度をいい，そのやり方を申告納税方式という。戦前は賦課課税方式によっていたが，アメリカの制度にならってこの方式が導入され，現在では国税一般に採用されている。なお，地方税においては類似制度として申告納付制度がある（地法317の2，53①②）。

　☞ **賦課課税方式**とは，納付しなければならない税額を，もっぱら租税行政庁の処分（賦課決定）により確定する方式をいう（通法16①二）。国税についていえば，加算税，過怠税および若干の間接税について例外的に行われているのに対し，地方税においてはこの方式が一般的である（普通徴収）。

　☞ **自動確定方式**とは，特別の手続を要しないで納付すべき税額が確定する方式をいう（通法15③）。上記のほか，自動車重量税，印紙税，登録免許税，延滞税および利子税などがある。

　申告納税制度のもと，納税者は自己の納税義務の実現を主体的に企図するものであって，納税者はこの申告行為により具体的な租税債務を負担するにいたるのであり，換言すれば，この申告行為は納税義務者と国との間の具体的な租税債権債務関係（☞租税債権債務関係とは）を発生させるための法律要件をなす前提事実と理解されている（東京高裁昭和40年9月30日判決・訟月12巻2号275頁）。

　☞ **租税債権債務関係**とは，租税法律関係（国家と国民との間の租税をめぐる関係）を権力関係として捉える（権力関係説）のではなく，国家が納税者に対して租税債務の履行

を請求する関係として捉え，国家と納税者とが法律のもとにおいて債権者・債務者として対立しあう公法上の債務関係として性質付ける考え方（債務関係説）に立つ関係をいう（金子・租税法25頁）。

(2) 申告行為と民主的思想

　申告行為が納税者自らの手によって行われることの理由として，さまざまな事情の異なる納税者について適正・公平な課税が行われるためには，自己の所得等の内容をもっともよく知る納税者本人による税額確定がなされるべきという考え方が背後にある。さらに，納税義務の履行を国民自ら進んで遂行すべき義務と観念させることによって，その申告をできるだけ正しいものとし，同時に，その申告行為自体に納税義務の確定の効果を付与することが現代国家における民主的思想にも合致してふさわしいものといえよう。シャウプ勧告（☞シャウプ勧告とは）も指摘するように，申告納税方式は，納税者をして，国家が当面している行政上の諸課題を自主的・民主的に分担させる機能を有するものである。このようにみてくると，申告納税方式は賦課課税方式に比べ，より高い倫理性を要求する方式であるということができる（田中・租税法186頁以下）。

　　☞ **シャウプ勧告**（Report On Japanese Taxation By the Shoup Mission）とは，シャウプ使節団による2度にわたって行われた税制勧告（第1次勧告昭和24年8月27日・第2次勧告昭和25年9月21日）のことをいう（本書では，特に断りのない限り「シャウプ勧告」と表記した場合第1次勧告のことを指す。）。同勧告は，「所得税，および法人税の執行面の成功は全く納税者の自発的協力にかかっている。納税者は，自分の課税されるべき事情，また自分の所得額を最もよく知っている。このある納税者の所得を算定するに必要な資料が自発的に提出されることを申告納税という。源泉徴収の行われない分野においては，かかる申告納税は満足な税務行政にとって極めて大切である。営業者，農業者，高額給与所得者，法人―すなわち申告書を提出しなければならない全ての納税者は，この申告納税によって自分等の所得を政府に報告している。このように報告している各人は，国家が当面している行政上の事務の一端を負担しているのである。もし税務行政が成功することを望むならば，このような納税者の大多数が自発的にその仕事の正当な分け前を担当しなければならない。同時に，政府はその信頼を裏切り，虚偽あるいは不正な申告をした納税者に対しては厳重に法律を適用することをこのような大多数のものに保証しなければならない。」としている（付録D4款）。

　このように，申告納税制度は，納税者に対して高い倫理性と租税法についての十分な知識を要求している。そこで，租税行政庁には，納税者が主体的に行う申告納税が適正になされているかどうかという点についてのチェック機能が期待されている。この点，中川一郎教授は，「申告納税方式は，納税義務の確定

について納税義務者に主たる第一次的責任を課し，納税義務者がこの第一次的責任を履行しない場合に，初めて税務官庁が納税義務の確定について補充的な役割を果たすのである。従って，申告納税方式のもとでは，納税義務者はその納税義務の内容を定める税法について十分な知識を有することが要請され，税務官庁は納税義務者が適正に申告し，納税義務を履行することについて補助すべき職責を有しているといわなければならない。」と論じられる（中川『税法学体系〔全訂版〕』149頁（三晃社1976））。

  ✎ 納税者は申告を通じて自己の租税負担を認識し，その内容を分析し，さらに租税の使われ方や歳入・歳出の決定機構のあり方にまで自己の関心を高めていくことができる。申告納税方式こそ，国民主権のもとにおける税額確定方式としてもっとも望ましいものであるといえよう（畠山武道＝渡辺充『新版　租税法』295頁（青林書院2000））。

  ✎ 明治憲法が，臣民権利義務につき，兵役の義務と並べて「日本臣民ハ法理ノ定ムル所ニ従ヒ納税ノ義務ヲ有ス」（21条）と規定したものを，現行憲法30条が「国民は，法律の定めるところにより，納税の義務を負ふ」としたことは一見すると変わりがないように思われるが，この点については，「統治者たる日本臣民の義務を，主権者たる天皇が宣示したものであった」ものを「みずから主権者である国民が制定した新憲法において宣言せられた国民の義務は，自律的に国家を構成し，国家生活を営もうとする国民の，積極的な決意の表現にほかならない。」とする田中二郎教授の見解が参考となろう。同教授は，「われわれは，類似の文言の裏にひそむ精神の根本的相違，なかんずく本条の納税の義務のもつ積極的内容を見逃してはならない。昭和22年の税法改正以来，多くの国税において，賦課徴収主義（租税債権の内容を，政府が行政行為によって一方的に確定する方法）より申告納税主義（租税債権の内容を納税義務者の申告を中心として，必要に応じこれを更正決定する方法）への転換が行われたことは，この一つの現れとみることができるであろう。」とされるのである（田中・租税法86頁）。

(3)　申告の種類と効力

租税法に規定されている課税要件の充足があると租税債務は当然に成立する。「当然に」というのは，租税行政庁の介入を待たずに，という意味である。ここで成立した租税債務はあくまでも抽象的なものであって，具体的に納税義務として納付対象となるためには「確定」手続が必要となる。自動確定方式による租税を除き，抽象的な租税債務を確定させるためには，前述の申告納税方式と賦課課税方式がある。

  ✎ 納税義務の成立の時期について，国税通則法は次のように定めている（通法15②）。
   ①　所得税…申告納税方式による所得税は暦年終了の時，源泉徴収による所得税は支払の時等

図表1 確定申告書の提出状況

＝提出人員は2,139万人で，平成23年分からほぼ横ばいで推移＝

提出人員
(単位：千人)

凡例：
- 申告納税額のあるもの
- 還付申告
- 上記以外

対前年比 99.8％

年分	17	18	19	20	21	22	23	24	25	26
合計	23,181	23,494	23,616	23,693	23,674	23,150	21,853	21,525	21,434	21,391
申告納税額のあるもの	8,294	8,233	7,769	7,523	7,176	7,021	6,071	6,088	6,218	6,120
還付申告	11,963	12,253	12,692	12,836	12,993	12,673	12,792	12,573	12,403	12,487
上記以外	2,924	3,009	3,156	3,334	3,505	3,456	2,990	2,864	2,813	2,784

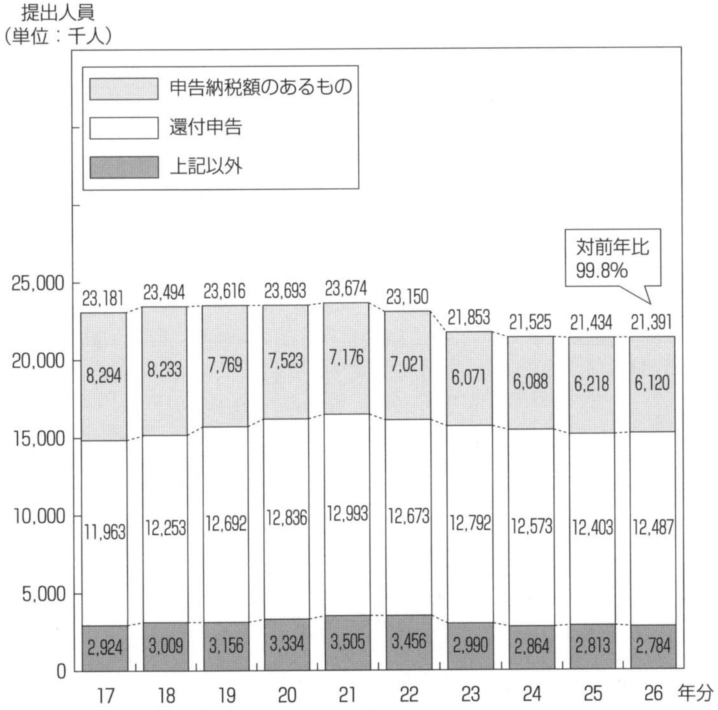

(注) 翌年3月末日までに提出された申告書の計数である。
平成26年分所得税及び復興特別所得税の確定申告書を提出した人員は2,139万1千人で，平成23年分からほぼ横ばいで推移しています。

(国税庁HPより)

② 法人税…事業年度終了の時
③ 相続税…相続または遺贈による財産の取得の時
④ 贈与税…贈与による財産の取得の時
⑤ 消費税…課税資産の譲渡等をした時
⑥ 印紙税…課税文書作成の時
⑦ 登録免許税…登記，登録，特許，許可，認可，指定または技能証明の時

ア 期限内申告

　期限内申告とは，法定申告期限（☞法定申告期限とは）までに税務署長に提出することを義務付けられている納税申告書のうち，その期限までに行う申告をい

図表2　個人事業者の消費税の申告状況

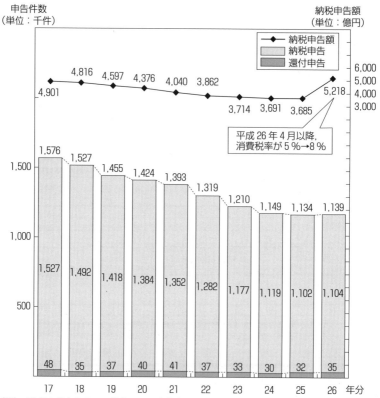

（国税庁HPより）

う（通法17）。期限内申告をすることによって税額が確定する。

☞ **法定申告期限**とは，納税申告書の提出期限のことをいい，個別租税法ごとに定められている。例えば，所得税は翌年の3月15日（所法120①），法人税は各事業年度終了の日の翌日から2月を経過する日（法法74①）とされている。

イ　期限後申告

期限後申告とは，期限内申告書を提出すべきである者がその提出期限後に税

務署長による決定処分があるまでの間に行う申告をいう（通法18①）。なお，決定処分の行われた後に行った申告は期限後申告ではなく，修正申告になる。期限後申告がなされることは税額の確定を意味するが，租税債務についての時効中断の効力も有する。

ウ 修正申告

修正申告とは，納税申告書を提出した者および（再）更正・決定を受けた者が行う申告書ないし更正・決定通知書に記載された課税標準等や税額等を，納税者自らが是正する申告をいう（通法19①〜③）。修正申告により新たに納付することとなる税額が確定し，租税債務についての時効中断の効力を有する。修正申告によって確定する課税標準等や税額等は，修正後の課税標準等や税額等の総額となる。しかし，修正申告の効力はあくまでも増加あるいは減少した部分である。

修正申告書を提出することができるのは，納税申告書や更正・決定通知書に記載されたものに以下のような事由がある場合である。

① 納付すべき税額に不足があるとき
② 純損失等の金額が過大であるとき
③ 還付金の額に相当する税額が過大であるとき
④ 納付すべき税額がないとされている場合に納付すべき税額があるとき

　✍ なお，ここにいう「申告書ないし更正・決定通知書に記載された課税標準等や税額等」のうち，課税標準等とは，①課税標準，②課税標準から控除する金額，③純損失等の金額をいい，税額等とは，①納付すべき税額，②還付金の額に相当する税額，③納付すべき税額の計算上控除する金額等をいう（通法2六，19①）。

¶レベルアップ1！　意思表示説と通知行為説

申告行為の法的性質については，意思表示説（☞意思表示説とは）と通知行為説（☞通知行為説とは）に分かれる。申告行為を意思の表示として捉えるべきか，あるいは通知行為として捉えるべきかは議論のあるところである。申告行為を意思表示として捉えると，例えば，申告内容についての錯誤無効（民95）や表見代理（民110）を認めるなど，意思の欠缺の場面での民法の適用を認めやすくなる。

　☞ **意思表示説**とは，申告を，課税要件事実によって成立する客観的な租税債務を当然に反映するというものとは異なり，納税者の効果意思によって定まるものと捉え，課税標

準や税額に関する納税者の意思表示行為であるとする見解である。
☞ **通知行為説**とは，申告の主な内容である課税標準や税額は，基礎となる課税要件事実について，租税法を適用することによって客観的に定まるものであって意思の反映されたものではなく，単に納税義務者がこれを認識して通知する行為であるとする見解である。

この点，最高裁昭和39年10月22日第一小法廷判決（民集18巻8号1762頁）は，次のように判示して民法95条《錯誤》の類推適用を原則として許さないという態度を示している。

> 「そもそも所得税法が…，申告納税制度を採用し，確定申告書記載事項の過誤の是正につき特別の規定を設けた所以は，所得税の課税標準等の決定については最もその間の事情に通じている納税義務者自身の申告に基づくものとし，その過誤の是正は法律が特に認めた場合に限る建前とすることが，租税債務を可及的速かに確定せしむべき国家財政上の要請に応ずるものであり，納税義務者に対しても過当な不利益を強いる虞れがないと認めたからにほかならない。従って，確定申告書の記載内容の過誤の是正については，その錯誤が客観的に明白且つ重大であって，前記所得税法の定めた方法以外にその是正を許さないならば，納税義務者の利益を著しく害すると認められる特段の事情がある場合でなければ，所論のように法定の方法によらないで記載内容の錯誤を主張することは，許されないものといわなければならない。」

この判例をいかに理解するかは意見の分かれるところかもしれないが，少なくとも，民法にいう錯誤規定以上に厳しい要件が示されているのは明らかである（酒井克彦「判解」『租税判例百選〔第6版〕』198頁）。すなわち，「所得税法の定めた方法以外にその是正を許さないならば，納税義務者の利益を著しく害すると認められる特段の事情」のある場合にのみ錯誤の主張が許されるというのである。このような，きわめて例外的にしか民法上の錯誤を認めない態度は，その後の裁判例にも承継されている。この考え方からすると，通知行為説が妥当するということになるが，判例は民法の規定の適用をまったく排除するとはしていない。

🔁 このようなことから，園部逸夫教授は，「民法の錯誤の規定による無効主張の場合は，理論構成としては，申告はそれ自体意思表示であるか，あるいは意思の通知としての性格を有するのに対し，修正申告，更正の請求によらなければならないという原則的な事案については，観念の通知の性格が濃いと見るべきであって，ここにも，申告という私人の公法行為の特殊混合的性格を看取することができる。」と論じられる（金子宏ほか編『租税法講座〔第3巻〕租税行政法』〔園部逸夫執筆部分〕30頁（ぎょうせい1975））。

政府税制調査会は，通知行為説に立っているように思われる。すなわち，

「この申告の主要な内容をなすものは課税標準と税額であるが，その課税標準と税額が租税法の規定により，すでに客観的な存在として定まっている限り，納税者が申告するということは，これらの基礎となる要件事実を納税者が確認し，定められた方法で数額を確定してそれを政府に通知するにすぎない性質のものと考えられるから，それを一種の通知行為と解することが適当であろう。もとより，申告の性格をこのように解釈するとしても，そのことは，刑事的な側面等から申告を眺めた場合に，過少申告に租税回避の意思を認め，脱税犯の構成要件としての詐偽その他不正の行為による租税回避の事実やほ脱の犯意を認めることを妨げるものではない。」と答申している（昭和36年7月付け「国税通則法の制定に関する答申」4章2節）。

🔖 意思表示説と通知行為説の折衷的見解も有力である。この見解は，例えば，神戸地裁昭和37年10月19日判決（訟月8巻11号1701頁）が，「納税申告行為は課税庁の賦課処分と並んで，前者が私人の公法上の行為であり，後者が行政処分であるという差異はあっても，ともに本来，課税要件の充足を確認し，課税標準を決定し，税額を算出するという確認的判断作用的性質を有する行為であって，法がこれに具体的納税義務を発生せしめるという効力を与えているものである。しかし，賦課処分は課税庁がする固有の確認的判断作用的行為であって，実体上の課税要件が充足しないときはそれだけで瑕疵あるものとされるべきであるのに対し，納税申告行為は，同じく確認的判断作用的行為であるといっても，それは私人によって自発的に行われる行為であり，かかる意味において私人の自由な意思の発現（準意思表示）としての性質をも具備し，またその反面として私人の自己責任に基く自己賦課という内容をもち，租税債権関係の法的安定性の見地から原則として申告者に対し申告の外観に従った責任が負担させられるものと解する。従って実体上の課税要件の充足は，申告者が申告意思を決する際にその前提として認識すべき対象であるというにすぎないものであって，自由な意思によって納税申告行為がなされた以上，実体上の課税要件の充足の有無は直ちに右行為の効力に消長を来たすものではない。」と判示するところと通じる考え方である。

¶ レベルアップ2！　給与所得者の確定申告

　給与所得者は，一般的に源泉徴収制度と年末調整制度の両面により税額の確定および納税が完了してしまうことから，特段申告の必要な場面を除けば確定申告をする機会がない。

　この点について，平成17年6月付け政府税制調査会基礎問題小委員会「個人所得課税に関する論点整理」は，「給与所得者が自ら確定申告を行うことは，社会共通の費用を分かち合う意識向上の観点からは重要である。税務執行面にも配慮しつつ，こうした機会を拡大していくことが望ましい。給与所得控除の

見直しとあわせ，特定支出控除の範囲が拡大されることとなれば，こうした機会は増大すると見込まれる。…確定申告を求める機会を拡大していくのであれば，申告を行うメリットとして，適切な源泉徴収と組み合わせて，確定申告にあたって還付を受けられるといった仕組みとすることも考えられよう。」と答申している。この視角は，すでに，平成14年6月付け政府税制調査会答申「あるべき税制の構築に向けた基本方針」が，「源泉徴収及び年末調整は，適正かつ確実な課税の担保，納税者の手続きの簡便化等の観点から今後とも基本的に存置させるべきである。」としつつも，「しかし，給与所得者が自ら確定申告を行うことは，社会共通の費用を分かち合っていく意識を高める観点から見れば重要である。」としたところの延長線上にあるといえよう。

前述の平成17年6月付け「個人所得課税に関する論点整理」は，「年末調整のあり方についても，諸控除の適用のために必要となる個人情報の取扱いとの関係にも留意しつつ，引き続き議論を行っていく必要がある。」ともしている。ここで指摘されるのは，源泉徴収義務者に対する個人情報の提供があってこそ年末調整が維持されていることに対する懸念である。源泉徴収義務者に対する格別の守秘義務規定などの法整備なくして，さまざまな個人情報が提供されることに対する疑問が給与所得者に対する確定申告の途を拓く議論においても展開されているのである（酒井克彦「申告納税制度の意義と展望（下）」税務事例41巻6号64頁）。

> 平成12年8月付け政府税制調査会答申「わが国税制の現状と課題—21世紀に向けた国民の参加と選択—」においても，「サラリーマン自らが年末調整の代わりに申告によって税額の精算，確定を行うことは，社会の構成員として社会共通の費用を分かち合っていく意識を高める観点から重要であると指摘されています。」とし，「仮に，選択肢として，現行の給与所得控除を勤務費用の概算控除としての性格をより重視する方向で見直すこととなれば，特定支出控除の選択的適用が増加し，確定申告により自ら税額の確定を行う途を広げることとなります。」とする。

図表3
所得税の課税状況

(平成27年分)

				万人
総人口				12,708
就業者数				6,351
確定申告者数				2,151
	還付申告			1,247
	納税申告			632
	所得区分別内訳	事業所得者		170
		その他所得者		462
			不動産所得者	109
			給与所得者	243
			雑所得者	77
			上記以外	33

※「総人口」及び「就業者数」は，平成26年の計数です。

相続税の課税状況

(平成26年分)

死亡者の数	1,273,004人
課税対象となった被相続人の数	56,239人
納税者数（相続人の数）	155,889人
課税価格	114,881億円
税額	13,904億円

贈与税の課税状況

(平成26年分)

課税人員	437,217人
取得財産価額	21,604億円
税額	2,784億円

※相続時精算課税分を含みます。

消費税の課税状況

(平成26年度)

区分		納付	還付
申告件数	個人	千件 1,127	千件 36
	法人	1,835	124
	合計	2,962	159
税額		135,045億円	36,200億円

源泉徴収義務者の状況・源泉所得税の課税状況

(平成26事務年度)

所得等区分	源泉徴収義務者数	税額
	千件	億円
給与所得	3,543	99,233
退職所得	—	2,197
利子所得等	40	4,557
配当所得	135	39,408
特定口座内保管上場株式等の譲渡所得等	11	4,356
報酬料金等所得	2,825	11,749
非居住者等所得	30	5,370
合計	—	166,870

※1 源泉徴収義務者数は，平成27年6月末現在の計数です。
※2 平成25年1月1日以後生ずる所得に係る税額から復興特別所得税が含まれています。

法人数の状況・法人税の申告状況

(平成26事務年度)

法人数	3,019千法人
申告件数	2,794千件
申告割合	90.1%
黒字申告割合	30.6%
申告所得金額	584,433億円
申告欠損金額	144,553億円
申告税額	111,694億円

※法人数は，平成26年6月末現在の計数です。　（「国税庁レポート2016」より）

5 更正・決定

(1) 更正・決定の意義
ア　更　正

　税務署長は，納税申告書の提出があった場合において，その納税申告書に記載された課税標準等または税額等の計算が国税に関する法律の規定に従っていなかったとき，その他当該課税標準等または税額等がその調査したところと異なるときは，「その調査により」，当該申告書に係る課税標準等または税額等を「更正」する（通法24）。このように更正は，その調査（☞調査とは）によりなされなければならない。この点は決定や再更正においても同様である。

> ☞　**調査**とは，課税標準等または税額等を認定するに至る一連の判断過程の一切を意味すると解される。すなわち，租税行政庁の証拠資料の収集，証拠の評価あるいは経験則を通じての要件事実の認定，租税法その他の法令の解釈適用を経て更正処分に至るまでの思考，判断を含むきわめて包括的な概念である（大阪地裁昭和45年9月22日判決・行裁例集21巻9号1148頁）。

> 🔖　調査が実質的に不十分であったとしても，かかる事由は更正処分の違法事由とはならないものと解される。仮に調査が不十分であったために更正された所得金額ないし税額が不当であった場合には，これを理由として更正処分の取消しを求めれば足りるのである。もっとも，更正処分をなすに当たり，調査のための質問検査権の行使が社会通念上相当と認められる裁量の限度を超えて濫用にわたった場合など調査手続に重大な違法があり，しかもその違法な調査のみに基づいて更正がなされたような場合には，当該更正は違法として取り消され得るものと解すべきである（名古屋地裁昭和53年1月23日判決・税資97号17頁）。

イ　決　定

　税務署長は，納税申告書を提出する義務があると認められる者が当該申告書を提出しなかった場合には，「その調査により」，当該申告書に係る課税標準等及び税額等を「決定」する。ただし，決定により納付すべき税額および還付金の額に相当する税額が生じないときは，この限りでない（通法25）。

ウ　再更正

　税務署長は，更正または決定をした後，その更正または決定をした課税標準等または税額等が過大または過少であることを知ったときは，「その調査により」，当該更正または決定に係る課税標準等または税額等を「再更正」するこ

とができる（通法26）。

(2) 更正・決定後の再更正

　税務署長は更正・決定の後に再更正をすることができるが（通法26），更正・決定後に増額再更正がなされた場合の両者の関係については，併存説（☞併存説とは）と吸収説（☞吸収説とは）の対立がある。

☞　**併存説**とは，更正・決定と増額再更正とはそれぞれ別個独立の行為として併存し，増額更正・決定によって確定した税額に一定額を追加するものにすぎず，更正・決定と増額再更正の両者で一個の納税義務を確定させるとする考え方である。

☞　**吸収説**とは，増額更正は更正・決定に係る税額の脱漏部分のみを追加認識する処分ではなく，当該納税者の納付すべき税額を全面的に見直し，更正・決定に係る税額を含めて全体としての税額を確定する処分であり，当初の更正・決定は増額再更正の処分内容としてこれに吸収されて一体となりその外形が消滅するという考え方である。

　この点について，例えば，東京地裁昭和43年6月27日判決（行裁例集19巻6号1103頁）は，再更正権の性質にかんがみ，増額再更正の処分内容そのものは，あくまでも税務署長の税額全体に対するいわば最終的な，かつ，統一的な認識ないし確認として把握すべきものであり，したがって，再更正が有効になされると，更正は再更正と矛盾する内容をもつ処分として存続することが許されなくなるものと解せざるを得ないという観点から，「増額再更正がなされた場合には，更正及び再更正の瑕疵はすべて当該再更正に対する取消訴訟においてこれを主張することができ，かつ，それによって目的を達することができるのであるから，それ以外に当初の更正を独立の対象としてその取消しを求める利益はないというべきである。」と判示して，吸収説を採用している。

　この両説の対立については，最高裁昭和55年11月20日第一小法廷判決（訟月27巻3号597頁）が，更正処分がされた後にこれを増額する再更正処分がされたことにより，当初の更正処分の取消しを求める訴えの利益が失われたとしてこれを却下した原審東京高裁昭和53年1月31日判決（行裁例集29巻1号71頁）の判断を正当と判示している。

　国税通則法29条《更正等の効力》1項は，「第24条《更正》又は第26条《再更正》の規定による更正…で既に確定した納付すべき税額を増加させるものは，既に確定した納付すべき税額に係る部分の国税についての納税義務に影響を及ぼさない。」と規定している。さらに2項では，減額更正について，3項では，更正

または決定を取り消す処分または判決について，既に確定した納付すべき税額に係る部分の国税についての納税義務に影響を及ぼさない旨規定している。これらの条項は，前述の併存説と吸収説との問題に関連して，更正および更正・決定を取り消す処分または判決が前の申告等に及ぼす影響について規定し，「この面に関する問題の立法的解決を図ったもの」と説明されている（荒井・精解392頁）。しかしながら，この規定があるからといって，法が併存説に立っていると論定することもできそうにない（加藤幸嗣「更正・再更正の法構造について」金子古稀（下）34頁）。

いずれにしても，吸収説も併存説も正解を導出できないように思われる。結論的には，更正処分の問題と更正の効力の問題とを別個に理解する「併存的吸収説」あるいは「逆吸収説」（🔍レベルアップ！1―51頁参照）が解決策を提示しているように思われる。

> ✍ 更正処分に係る納付すべき税額を上回る税額の修正申告がなされた場合の，その更正処分の取消しを求める訴えの利益の有無についてはどのように考えるべきであろうか。この点についても，併存説と吸収説の対立がある。
> 　東京高裁昭和61年5月28日判決（判タ639号148頁）は，原審横浜地裁昭和58年4月27日判決（行裁例集34巻9号1573頁）の判断を維持した。すなわち，同地裁は，「申告納税方式をとる所得税にあっては，納付すべき税額は，納税者の申告があれば，特に税務署長において更正する場合を除き，その申告によって確定し，納税者は申告に係る税額を納付すべき義務を負担するものであり，この理は，先になされた申告又は更正に係る税額を増額してなされる修正申告にもそのまま妥当するものということができる。」とし，「したがって，修正申告がなされた場合，納税すべき税額は増額された部分を含む全額が即時確定するということができ，その限りで先になされた申告又は更正は修正申告に吸収されて消滅し，その存在意義を失うというべきである。」という。このように，更正の後に修正申告がなされた場合，先になされた申告は修正申告に吸収されて消滅するとし，ここでも吸収説が採用されているのである。

(3) 修正申告後の更正処分

前述のとおり，修正申告と更正との関係においても吸収説と併存説の対立がある。

売上金額の計上漏れ300万円についての修正申告の慫慂を受け，これを納税者が納得した上で修正申告を提出した後に，本来の売上計上漏れは200万円であったことが判明した。その後，その後課税当局から，別の売上計上漏れがあるとして，更正を受けたとすれば，かかる更正処分の違法性を巡って修正申告で過大に申告してしまった100万円（300万円－200万円）の取消しを主張し得るか

という問題がある。この点，水戸地裁昭和51年4月22日判決（税資88号377頁）は，更正処分に係る課税所得金額および法人税額のうち，確定申告に係る課税所得金額および法人税額については，更正処分により納税義務に何らの変動を及ぼすものではないのであるから，この部分につき更正処分の取消しを求める法律上の利益がないことは明らかであって，この部分については取消訴訟の対象を欠くものといわなければならない旨判示をして，増額更正処分の取消しを求める訴えにおいて申告額を超えない部分の取消しを求めることは不適法であるとしている。次の名古屋高裁昭和44年6月16日判決（税資57号1頁）も同旨である。

図表

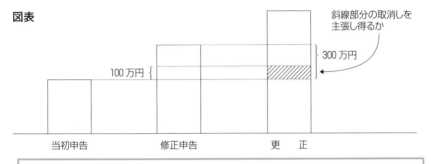

併存説：「X〔筆者注：納税者〕は，確定申告は徴税機関による更正又は決定処分による変更あることを前提として税額が確定されるものであるから，更正処分があれば，既に申告は消滅に帰したと解すべきである旨主張する。しかし，申告納税方式をとる所得税については，第一次的に納税者のした申告により納付すべき税額が具体的に確定する。この申告税額を税務官庁が正当でないと認めたときは，これを更正して，追加的に税額を具体的に確定する。また，申告がないときは税務官庁が決定を行い税額を具体化する。更に，納税者又は税務官庁がこれらの税額をなお正当な金額でないと認めたときは修正申告又は再更正等が行われるものである。従って，納税申告に対し，税務署長による更正処分等が後に行われても，更正前に納税者がなした公法行為たる申告の効力が消滅に帰するものではない。すなわち，納税者が行なう申告および税務署長が行なう更正又は決定処分等は，それぞれ別個独立の行為として行われるものであり，税務署長のする増額更正処分のごときはこれにより追加的に確定される納付税額（増差税額）に関する部分についてのみ効力を生じ，後の更正等の処分は前の申告等とは別個の行為として併存するものである。ただ両者は，一個の納付税額の内容を具体化するための行為であるから，後の更正等により前の申告等はこれに包摂されて一体的となり密接な関係を有するが，更正等が後日取消された場合でも申告は依然としてその効力を持続し，その範囲内における納税義務には何らの影響を及ぼさないものと解すべきである…。したがって，…Xのした申告は，後に更正又は再更正がなされたことにより消滅に帰したものとはいえないから，Xの右主張は採用できない。」

名古屋高裁は併存説に立った上で納税者の主張を排斥したものである。

そして，この判断を上告審最高裁昭和49年7月11日第一小法廷判決（税資76号36頁）も是認しているのである。

このような事例をみると，併存説によると納税者の救済は難しい。

では，併存説によらず，吸収説によれば救済されることになるのであろうか。すなわち，吸収説は，増額更正処分は修正申告に係る税額をも含めて全体としての税額を確定するものと解するのであるから，増額更正処分の取消しを求める訴訟により申告額を超えない部分の取消請求も可能なのではあるまいか。

この点，学説は冷淡である。例えば，松澤智教授は，「取消訴訟において納税者が自己の申告所得金額より低い所得金額を主張し，それを超える部分についてその更正処分の取消しを求める場合は，少なくとも更正処分のうち納税者の申告所得金額を超えない部分は，その範囲においては所得のあることを納税者が自認するものであるから，その範囲につき取消しを求める訴えの利益はない」とされる（松澤『新版　租税争訟法』321頁（中央経済社2001））。このように，通説は，申告書を提出すればそれによって納税義務が確定することから（通法16），申告書の記載金額を下回る金額を主張するためには，更正の請求ないし申告書の記載の錯誤による無効の主張によることでしかその申告書に記載された金額についての訂正の手続がとれないとの立場に立っている。

吸収説に立つ裁判例として，東京地裁昭和48年3月22日判決（行裁例集24巻3号177頁）は，次のように説示している。

> **吸収説**：「原告は，本件更正処分全部の取消を求めている。しかし，本件ごとき増額更正処分は，課税標準またはこれに基づく税額を全体として確認する処分であって，更正にかかる税額等の脱漏部分を追加確認する処分でないとはいえ，更正に伴う法律効果の点からいうと，申告による税額等の確定の効力を全面的に失なわせて新規に納税義務の範囲を確定する効力を生ぜしめるものではなく増差額に関する部分についてのみ右のような効力が生ずるものであるから，本件更正処分は，原告の申告にかかる課税総所得金額および税額をこえる限度においてこれを取り消せば足り，その余の部分については，原告にその取消しを求める法律上の利益がないものというべきである。」

このように，上記のような問題を解決するための素材としての修正申告と更正との関係論は，結局において，自認に基づく訴えの利益の問題や更正の請求の原則的排他性（⚅─57, 63頁参照）の問題に収斂され，吸収説か併存説かは実

際上それのみ独立した議論としては構成されていないように思われる。修正申告後の更正については，国税通則法29条や訴えの利益の理論構成からして，修正申告によって確定した自認範囲の部分にまで後の更正処分の取消請求で訴えることはできないと理解しておきたい。

(4) 更正または決定の手続

更正または決定は，税務署長が更正通知書または決定通知書を送達して行う。「更正通知書」には，次に掲げる事項を記載しなければならない。この場合において，増額更正がなされるときは，その旨を附記しなければならない（通法28②）（🔍 **7**—65頁参照）。

> **国税通則法28条《更正又は決定の手続》**
> 2　更正通知書には，次に掲げる事項を記載しなければならない。この場合において，その更正が前条の調査に基づくものであるときは，その旨を附記しなければならない。
> 　一　その更正前の課税標準等及び税額等
> 　二　その更正後の課税標準等及び税額等
> 　三　その更正に係る次に掲げる金額
> 　　イ　更正前の納付すべき税額が更正により増加するときは，増加する部分の税額
> 　　ロ　更正前の還付金の額に相当する税額が更正により減少するときは，減少する部分の税額
> 　　ハ　純損失の繰戻し等による還付金額に係る還付加算金があるときは，その還付加算金のうちロに掲げる税額に対応する部分の金額
> 　　ニ　更正前の納付すべき税額が更正により減少するときは，減少する部分の税額
> 　　ホ　更正前の還付金の額に相当する税額が更正により増加するときは，増加する部分の税額

「決定通知書」には，決定に係る課税標準等および税額等を記載しなければならない。この場合，その旨を附記しなければならない（通法28③）。

¶レベルアップ１！　併存的吸収説と逆吸収説

前掲東京地裁昭和48年３月22日判決は，「増額更正処分は，課税標準またはこれに基づく税額を全体として確認する処分であって，更正にかかる税額等の脱漏部分を追加確認する処分ではないとはいえ，更正に伴う法律効果の点からいうと，申告による税額等の確定の効力を全体的に失なわせて新規に納税義務の範囲を確定する効力を生ぜしめるものではなく増差額に関する部分について

のみ右のような効力が生ずるものであるから，本件更正処分は，原告の申告にかかる課税総所得金額および税額をこえる限度においてこれを取り消せば足り，その余の部分については，原告にその取消しを求める法律上の利益がないというべきである。」と判示している。ここでは，追加確認処分ではないとしながら，増差額に関する部分についてのみ再更正の効力が生ずるとしている。このようにみると，吸収説のようでありながら，併存説のようにもみえる。

　また，吸収説を採用したものとして紹介されることの多い最高裁昭和32年9月19日第一小法廷決定（民集11巻9号1608頁）をみてみたい。同最高裁は，「原判決は『…再びなされた課税価格の更正によって当初なされた更正は…再更正によって当然消滅に帰したものであるから，前示更正の取消を求める訴はその対象を欠くもので不適法として却下せられなければならない。』と判示しているのであり，所論のように，<u>181,605円の課税の効力が，後の235,820円の課税によって取り消され消滅したというのではなく，財産税賦課の基準となる課税価格につきなされた当初の更正決定が，後の更正決定によって消滅に帰したという趣旨のものであることは判文上明瞭であって，右原審の判断は当審においてもこれを是認することができる。</u>〔傍点筆者〕」としている。

　南博方教授は，この最高裁判決について，「判旨は，再更正によって当初更正の効力が取り消され消滅するのではなく，再更正によって当初更正処分は消滅するが，当初更正の効力は消滅することなく併存すると考えているように解され〔る〕」と述べられる（南『租税争訟の理論と実際』122頁（弘文堂1975））。このような考え方を「併存的吸収説」といい，更正処分と効力との分離を図ることによって整理を試みる画期的な見解である。

　このような考え方の延長線上に，南教授が指摘される「逆吸収説」が位置する。これは，通常の吸収説のように当初更正が再更正の方に吸収されるというのではなく，発想を転換して，逆に再更正が当初更正の方に吸収され，再更正によって当初の更正が増大または減少すると考える構成である。

¶ レベルアップ2！　　個別救済説

　第一次更正処分の取消しを求める訴訟の係属中に，係争年度の所得金額を確定申告書記載の金額に減額する旨の第二次更正処分および更正の具体的根拠を明示して申告に係る課税標準および税額を第一次更正処分のとおりに更正する

旨の第三次更正処分とが同日付で行われた場合，これらの各更正処分はそれぞれ独立の行政処分であって，第一次更正処分は第二次更正処分により取り消され，第三次更正処分は第一次更正処分とは別個にされた新たな行政処分であると解されると判断された事例として，まからずや事件上告審最高裁昭和42年9月19日第三小法廷判決（民集21巻7号1828頁）がある。同事件において田中二郎裁判官（当時）は，次のような反対意見を示された。すなわち，「最後に，一言つけ加えておきたいことは，若し，多数意見の認めるように，被告行政庁の側で，自由に，第二次，第三次の更正処分を行なうことができ，しかも，原告側で，これに応じて，訴の追加的併合（又は訴の変更）をしない以上，その主張がすべて排斥されざるを得ないことになれば，原告側の煩は堪えがたく，殊に，訴訟法に精通しない原告側は，被告行政庁側の措置にふり廻わされることになって，救済制度として重要な役割を果すべき取消訴訟の目的は達せられないことになることをおそれざるを得ない。」と述べている。

　前述のとおり，吸収説や併存説の対立があるが，いずれの説によっても，それぞれ実際の適用において問題が生ずる場面がないわけではなく，その場合には，納税者の不利益とならないよう争訟上の技術的配慮を行う必要があるとする見解である。上記の田中二郎裁判官の反対意見は，この点から「個別救済説」に立ったものということもできる。

¶レベルアップ3！　更正権限の濫用

　原告Xの確定申告に対して，被告税務署長Yは，「借地権売却額過少計上」を附記理由として，第一次更正処分を行った後，「更正理由の附記に一部脱漏があると認められる」との理由で，第一次更正処分を取り消す旨の第二次更正処分をなし，さらに，その翌日，第一次更正処分とほぼ同一内容の第三次更正処分を行った事例において，Xは，第三次更正処分は第一次更正処分が理由附記を欠く瑕疵を有することを認めて，その附記理由を追完したものにすぎず，このようなYの行為は更正権限の濫用に該当し，取り消されるべきと主張した。

　第一審静岡地裁昭和45年10月13日判決（行裁例集22巻10号1704頁）は，この点につき，次のように説示して，Xの主張を認容した。

>　「第三次更正処分の内容およびそれにいたるまでの経過に照らすと，第三次更正処分は，実質的には第一次更正処分の附記理由を追完する目的のみでなされたことは明

> 白であり，このことはYも自認するところである。第一次更正処分の附記理由として借地権売却額過少計上とあるだけでは更正決定に理由の附記を要求した法の趣旨に反し，したがって右更正処分はそのことだけで取消の事由を包蔵していることはX主張のとおりである。しかも第三次更正処分は前記のように第一次更正処分の取消訴訟が係属中になされているのである。それは特に新たな調査にもとづいたわけでもない。そうすると右第三次更正処分はYが第一次更正処分の理由附記の不備のため敗訴するのに免れるために意識的になした行為であり，行政庁の処分としては極めて公正さを欠く行為であるといわざるをえない。さらにまた，もし税務行政の運用においてこのようなYの行為が認容されるならば，第一次更正決定には法の要求をみたさない簡単な理由を附記し，審査請求あるいは行政訴訟におよんだものに対してのみ法の要求をみたす程度の理由を示すというような税務行政が行なわれてもこれを否定できないこととなり，青色申告に対する更正決定に理由附記を要求する法人税法の趣旨が損われることになってしまうといわざるをえない…。以上の理由により本件第三次更正処分はYが更正権を濫用してなした違法な処分である。」

この事件は控訴されたところ，控訴審東京高裁昭和46年10月29日判決（行裁例集22巻10号1692頁）は，第一審判断を完全に否定した。

> 「一般に行政処分の取消訴訟係属中においても，処分行政庁は，相手方当事者の主張する違法事由を全面的に認めて，当該行政処分を取り消して，要件を充足すればあらためて行政処分をすることは，何ら差支えがない。けだし相手方当事者としては，あえて勝訴判決を受けなくとも自己の主張が全面的に認められ，この面においては実質的には勝訴したと同様で，なんら不利益を受けることがないからである。これに反して，処分行政庁が相手方当事者の主張する違法事由の一部のみを認めて当該処分を取り消し，当該瑕疵を追完して新たな行政処分をした場合においては，相手方当事者としては，行政庁の取消しにより全面的に勝訴判決を受けたと同一の結果というわけにはいかず，残余の違法事由に基づいて裁判上の救済をうるためには，訴えの変更あるいは新処分取消請求の追加的併合等の手続をとらなければならなくなる。かゝる場合に処分行政庁としては，判決の趣旨に従ってあらためて行政処分をなすにつき期間の制限等の制約を受けないときは，訴訟係属中に当該処分を取り消すことなく，判決をまつことが公正の見地からして相当である場合のあることも考えられるであろう。しかしながら，本件の課税処分におけるが如く，税務署長が判決の趣旨に従って瑕疵を補正して新たな処分をしようとしても…，除斥期間の制約を受けてもはや不可能となるおそれのある場合には，判決をまつことなく，一部違法事由を認めて，処分を取り消し，瑕疵を補正して新たな処分をすることは，処分の取消しと新たな処分とを繰り返すことにより訴訟手続上相手方当事者をして対応措置をとるに苦しめよう等との特別の意図をもってなされたものでないかぎり，課税の公平の見地よりして当然の権限の行使として許されて然るべきものと考える。けだし，相手方当事者に前記訴訟手続上の対応措置をとる煩を免れさせるために，他方課税庁をして課税権行使の機会を失わせることは，両者の均衡を失する結果となるからである。」「〔Yの〕第三次更正処分をなした行為をもって更正権の濫用ということはできない。」

なお，上告審最高裁昭和48年12月14日第二小法廷判決（訟月20巻6号146頁）においても控訴審の判断は維持されている。

この事件の第一審において，Xは，第一次更正処分と第三次更正処分との間には実質上の差異はなく，第一次更正処分の取消訴訟係属中に，第一次更正処分の附記理由を追完した第三次更正処分をなすことは，敗訴を免れるため意識的にされた行為というべきと主張したが，静岡地裁もこのような認定を前提として，上記のような判断が示されたものといえよう。仮に，この事案のようなことが許容されるとすると，税務行政の運用において，第一次更正処分には法の要求を満たさない簡単な理由を附記し，審査請求あるいは行政訴訟に及んだものに対してのみ法の要求を満たす程度の理由を示すというようなことが行われてもこれを否定できないことになるというXの主張については，同地裁は，これを許容することになれば，「青色申告に対する更正決定に理由附記を要求する法人税法の趣旨が損なわれる」として，Xの主張を認めている。

これに対して，東京高裁は，Xの上記主張は「単なる憶測」にすぎず，本件におけるYの行為を認容した場合に，Xの主張するごとき税務行政の運用が行われるおそれがあると認めることはできないとして排斥している。

この仮定こそが更正権限の濫用に該当すると思われるが，実際にこのような

Tax Lounge　私法人も「行政庁」？

　行政事件訴訟法によると取消訴訟などの抗告訴訟とは，「行政庁の公権力の行使に関する不服の訴訟」をいうとされている（行訴法3①）。
　したがって，行政庁が行った処分に不服がある場合には，抗告訴訟を提起することができるのであるが，ここにいう「行政庁」とは何を指すのであろうか。
　「行政庁」というからには，行政機関としての，国や地方公共団体のことを指すように思えるが，それだけであろうか。一般に行政庁とは，「国又は公共団体の意思を決定し，これを外部に表示する権限を有する行政機関」と説明されている（金子ほか・小辞典229頁）。
　いわゆる赤ちゃん斡旋をした医師に対して人工妊娠中絶を行うことができる医師の指定を取り消した都道府県医師会の行った処分が，「行政庁の行った行政処分」に当たるかどうかが争われた事例において，裁判所は，「国又は公共団体から公権力の行使の権限を与えられている機関」であれば，私法人であっても「行政庁」に当たるとして，医師会を「行政庁」と判断している（最高裁昭和63年6月17日第二小法廷判決・訟月35巻3号504頁参照）。
　このように私法人であっても「行政庁」に当たることがあるのである。

執行がなされた場合には，更正処分の違法性が権限の濫用という文脈で肯定されることもあり得ると考えるべきではないかと思われる。この点，横浜地裁昭和45年8月27日判決（訟月16巻12号1521頁）が，「一般に行政庁の再更正等が，当初更正の適否を廻って争われている訴訟において行政庁が敗訴することを免れるために意識的になされたようなときには，更正権の乱用としてその効力が否定される場合があることはいうまでもない。」と判示していることを想起したい（ただし，この事例に関しては，同地裁判決，控訴審東京高裁昭和46年4月27日判決（訟月17巻9号1438頁）及び上告審最高裁昭和50年9月11日第一小法廷判決（訟月21巻10号2130頁）のいずれにおいても更正権濫用の主張は排斥されている。）。

 📖 刑法193条《公務員職権濫用》は，「公務員がその職権を濫用して，人に義務のないことを行わせ，又は権利の行使を妨害したときは，2年以下の懲役又は禁錮に処する。」と規定するが，ここにいう「職権濫用」について，最高裁昭和57年1月28日第二小法廷判決（刑集36巻1号1頁）は，「刑法193条にいう『職権の濫用』とは，公務員が，その一般的職務権限に属する事項につき，職権の行使に仮託して実質的，具体的に違法，不当な行為をすることを指称するが，右一般的職務権限は，必ずしも法律上の強制力を伴うものであることを要せず，それが濫用された場合，職権行使の相手方をして事実上義務なきことを行わせ又は行うべき権利を妨害するに足りる権限であれば，これに含まれるものと解すべきである。」とする。

6 更正の請求

(1) 概　要

確定申告書の提出後に，確定申告の内容を是正する方法として，税額等を増額する場合には，修正申告の方法があるが，減額をする場合には，納税者の側に直接的な手立てがない。国税通則法が認めているのは，税務署長に対する更正の請求である。同法23条《更正の請求》において，通常の更正の請求と後発的事由に基づく更正の請求というルートを用意している。

更正の請求は，このように申告内容を自己の利益に有利に変更しようとする場合のために設けられた手続である。法がわざわざ更正の請求の手続を設けた趣旨にかんがみると，申告が過大である場合には，原則として，他の救済手段によることは許されず，更正の請求の手続によらなければならないと解すべきである。このような観念は，「更正の請求の原則的排他性」と呼ばれている（金子・租税法839頁。レベルアップ３！―63頁参照）。

(2) 通常の更正の請求

納税申告書を提出した者は，次のいずれかに該当する場合には，当該申告書に係る国税の法定申告期限から５年（以下の②の場合の法人税については，９年。なお，平成27年度税制改正により，かかる場合の法人税について，平成29年４月１日以後に開始する事業年度においては10年間となる。）以内に限り，税務署長に対し，その申告に係る課税標準等または税額等につき「更正をすべき旨の請求」をすることができる（通法23①）。ここにいう「更正をすべき旨の請求」を一般に「更正の請求」という。

① 　当該申告書に記載した課税標準等もしくは税額等の計算が国税に関する法律の規定に従っていなかったことまたは当該計算に誤りがあったことにより，当該申告書の提出により納付すべき税額が過大であるとき。

② 　①の理由により，当該申告書に記載した純損失等の金額が過少であるとき，または当該申告書に純損失等の金額の記載がなかったとき。

③ 　①の理由により，当該申告書に記載した還付金の額に相当する税額が過

少であるとき，または当該申告書に還付金の額に相当する税額の記載がなかったとき。

(3) 後発的事由による更正の請求
納税申告書を提出した者または決定を受けた者は，次のいずれかに該当する場合には，以下に示す期間において，その該当することを理由として更正の請求をすることができる（通法23②）。
① 申告，更正または決定に係る課税標準等または税額等の計算の基礎となった事実に関する訴えについての判決（判決と同一の効力を有する和解その他の行為を含む。）により，その事実が当該計算の基礎としたところと異なることが確定したとき…その確定した日の翌日から起算して2月以内
② 申告，更正または決定に係る課税標準等または税額等の計算に当たってその申告をし，または決定を受けた者に帰属するものとされていた所得その他課税物件が他の者に帰属するものとする当該他の者に係る国税の更正または決定があったとき…当該更正または決定があった日の翌日から起算して2月以内
③ その他当該国税の法定申告期限後に生じた①②に類する政令で定めるやむを得ない理由があるとき…当該理由が生じた日の翌日から起算して2月以内

(4) 更正の請求に関する各租税法上の取扱い
ア 所得税法
①所得税法63条《事業を廃止した場合の必要経費の特例》または②同法64条《資産の譲渡代金が回収不能となった場合等の所得計算の特例》に規定する事実その他これに準ずる政令で定める事実が生じたことにより，国税通則法23条1項に定める通常の更正の請求の事由（上記(2)①～③）が生じたときは，当該事実が生じた日の翌日から2月以内に限り更正の請求をすることができる（所法152，167）。

また，前年分の所得税額等につき修正申告書の提出，更正または決定により，税額等に異動が生じたときは，申告書を提出した日または更正もしくは決定通知書を受けた日の翌日から2月以内に更正の請求をすることができる（所法153，167）。

イ　法人税法・消費税法

修正申告書の提出，更正または決定により，税額等に異動が生じたときは，申告書を提出した日または更正もしくは決定通知書を受けた日の翌日から2月以内に更正の請求をすることができる（法法82，145，消法56，145）。

ウ　相続税法

申告書を提出した者または決定を受けた者は，次のいずれかに該当する事由により，申告または決定に係る課税価格および相続税額等が過大となったときは，以下に示す事由が生じたことを知った日の翌日から4月以内に限り，更正の請求をすることができる（相法32）。また，未分割遺産に対する課税に係る更正の請求の特例もある（相法55）。

① 分割されていない財産について民法による相続分または包括遺贈の割合に従って課税価格が計算されていた場合において，その後財産分割が行われ，共同相続人または包括受遺者が当該分割により取得した財産に係る課税価格が当該相続分または包括遺贈の割合に従って計算された課税価格と異なることとなったこと。

② 民法の認知，相続人の廃除またはその取消しに関する裁判の確定，相続の回復，相続の放棄の取消しその他の事由により相続人に異動を生じたこと。

③ 遺留分による減殺の請求に基づき返還すべき，または弁償すべき額が確定したこと。

④ 遺贈に係る遺言書が発見され，または遺贈の放棄があったこと。

⑤ 条件を付して物納の許可がされた場合において，当該条件に係る物納に充てた財産の性質その他の事情に関し政令で定めるものが生じたこと。

⑥ ①～⑤に規定する事由に準ずるものとして政令で定める事由が生じたこと。

⑦ 相続税法4条《遺贈により取得したものとみなす場合》に規定する事由が生じたこと。

⑧ 相続税法19条の2《配偶者に対する相続税額の軽減》2項ただし書の分割が行われた時以後において同条1項の規定を適用して計算した相続税額がその時前において同項により計算した相続税額と異なることとなったこと。

⑨ 次に掲げる事由が生じたこと。

イ 所得税法第137条の2《国外転出をする場合の譲渡所得等の特例の適用がある場合の納税猶予》13項の規定により国外転出をした者に係る納税猶予分の所得税額の納付義務を承継した相続人が当該猶予分の所得税を納付することとなったこと。
ロ 所得税法第137条の3《贈与等により非居住者に資産が移転した場合の譲渡所得等の特例の適用がある場合の納税猶予》15項の規定により適用贈与者等に係る納税猶予分の所得税額の納付義務を承継した相続人が当該猶予分の所得税を納付することとなったこと。
ハ イ及びロに類する事由として政令で定める事由
⑩ 贈与税の課税価格計算の基礎に算入した財産のうちに相続税法21条の2《贈与税の課税価格》4項の規定に該当するものがあったこと。

(5) 更正の請求手続

　更正の請求をしようとする者は，その請求に係る更正前の課税標準等または税額等，更正後の課税標準等または税額等，請求の理由，請求するに至った事情の詳細その他参考となるべき事項を記載した更正の請求書を税務署長等に提出しなければならない（通法23③⑥）。

> 宇都宮地裁昭和57年3月4日判決（税資122号478頁）は，「更正の請求は，一定の事項を記載した書面を提出してすべきものである（国税通則法23条3項）から，仮に原告主張のように所定の期間内に口頭で更正の請求をしたとしても，同条にいう更正の請求があったものと解することはできない。」とする。

¶レベルアップ1！　馴合い訴訟の判決・和解

　国税通則法23条2項1号は，「その申告，更正又は決定に係る課税標準等又は税額等の計算の基礎となった事実に関する訴えについての判決（判決と同一の効力を有する和解その他の行為を含む。）により，その事実が当該計算の基礎としたところと異なることが確定したとき」に後発的事由に基づく更正の請求を認めている。
　ところで，ここにいう「判決」にはどのような判決であっても含まれるのであろうか。
　熊本地裁平成12年3月22日判決（税資246号1333頁）は，「本件条項は，訴訟手続においては，一般に攻撃防禦が尽くされ，そのため，納税者において判決の

結果を予測し難いことに鑑み，計算の基礎となった事実に関する訴えについての判決があったことを，納税者において申告当時に予想できなかった事由の一類型として定めたと解される。しかも，判決によって確定された事実は一般に客観的，合理的根拠を有するといえるのであるから，右事実に基づいて算定された税額等が当初の基礎となった事実に基づく税額に比し適正であることは言うを俟たない。そうであれば，本件条項にいう『判決』も，計算の基礎となる事実に関する訴えについての判決であっても，当事者が専ら納税を免れる目的で，馴れ合いによって得たなど，その確定判決として有する効力にかかわらず，その実質において客観的，合理的根拠を欠くものであるときには，右『判決』には当たらないと解すべきであるが（かく解さないと不当な租税回避を容認しかねない。），このような客観的，合理的根拠を欠如しているといえない判決であれば，本件条項にいう『判決』に当たるというべきであって，計算の基礎となった事実についての事実変動につき納税者側に帰責事由があるか否かは，右判断を左右しないと解するのが相当である。」とした。

　これを受けて，福岡高裁平成13年4月12日判決（訟月50巻7号2228頁）は，「規定の趣旨と各列挙事由の内容に照らすと，同項1号の『判決』に基づいて更正を請求するためには，当該訴訟が基礎事実の存否，効力等を直接，審判の対象とし，判決により基礎事実と異なることが確定されるとともに，申告時，納税者が，基礎事実と異なることを知らなかったことが必要であると解される。けだし，納税者が，申告時に基礎事実と異なることを知っていたならば，当該認識に従って，申告を行うことは可能であったのであるし，かえって，認識に反して申告を行うことは，虚偽の申告を行ったことにもなるから，後に基礎事実と異なることが判決で確定されたからといって，申告期限後において，なお，その権利を救済する必要はないといわざるを得ないからである。」とする。上告審最高裁平成14年4月25日第二小法廷判決（訟月50巻7号2221頁）もこの判断を維持している。

　また，「和解」についても同様の判断が示されている。

　仙台地裁昭和51年10月18日判決（訟月22巻12号2870頁）は，「右規定は，申告時には予知し得なかった事態その他やむを得ない事由がその後において生じたことにより，さかのぼって税額の減額等をなすべきこととなった場合に，これを税務署側の一方的な更正の処分に委ねることなく，納税者側からもその更正を

請求し得ることとして，納税者の権利救済の途を拡充したものであり，ここに言う『判決と同一の効力を有する和解』には，起訴前の和解も原則として含まれると解すべきである。ただ右条項にいう『和解』とは，その立法趣旨に照らして，当事者間に権利関係についての争いがあり，確定申告当時その権利関係の帰属が明確となっていなかった場合に，その後当事者間の互譲の結果権利関係が明確となり，確定申告当時の権利関係と異なった権利関係が生じたような場合になされた和解を指すと解すべきであるから，起訴前の和解の場合にも右と同様に解するのが相当である。したがって，右のような場合ではなく，専ら当事者間で税金を免れる目的のもとに馴れ合いでなされた和解など客観的・合理的根拠を欠くものは右条項にいう『和解』には含まれないものと解すべきである。」としている。

¶レベルアップ2！　更正の請求順序

　繰越欠損金額の是正において，いかなる更正の請求手続がなされるべきかについては議論のあるところであり，国税通則法23条順次適用説（☞国税通則法23条順次適用説とは），国税通則法23条独自適用説（☞国税通則法23条独自適用説とは），法人税法57条適用説（☞法人税法57条適用説とは）などの見解がある。

　　☞　**国税通則法23条順次適用説**とは，青色申告者がある事業年度において申告した欠損金額に誤りがあったとして，後にこれを増加させるには，更正の請求をしなければならず，しかも，これを是正する順序としては，誤りがあった事業年度の欠損金額をまず是正し，ついでその後の事業年度の欠損金額を順次是正することが必要であるという見解である（占部裕典『租税債務確定手続』85頁（信山社出版1998））。

　　☞　**国税通則法23条独自適用説**とは，欠損金額または繰越欠損金額の是正については更正の請求が必要であるが，順次更正の請求をすることによりその是正を図る必要はなく，特定の事業年度の欠損金額のみを独自に是正することが可能であるとする見解である（同書85頁）。

　　☞　**法人税法57条適用説**とは，法人税法57条《青色申告書を提出した事業年度の欠損金の繰戻し》における欠損金額の繰越しという，いわゆる連動所得項目に係る更正の請求については，誤りがあった事業年度の欠損金額について更正の請求が行われていれば，係争事業年度にいたるまで必ずしも順次更正の請求が行われなくとも，かような課税要件法の規定の仕方とその趣旨から考えて，特定の事業年度の欠損金額の繰越しは許されるとする見解である（同書85頁）。

　前事業年度以前の法人の欠損金額に誤りがあった場合における是正方法と順序が争点となった事例として，東京高裁平成3年1月24日判決（税資182号55頁）

がある。同高裁は次のように判示している。

> 「税務署長たる被控訴人は，職権により，納税申告書に係る国税の法定申告期限から5年以内に限り，当該申告書に記載した翌期繰越欠損金額を増額するための更正決定をすることができ，前示認定のとおり，控訴人は，被控訴人が右職権の発動をすることが可能な期間内に職権発動を求め，関係書類を被控訴人の担当官に手交したことが認められるが，仮に，当該関係書類が被控訴人において右職権の発動をする契機とするに足りるものであったとしても，なお，被控訴人が控訴人に対し減額更正をすることを約束した等の特段の事情のない限り，更正決定をするかどうかは，被控訴人の裁量に属することに変りがないものというべきである。けだし，同法23条1項によれば，納税申告をした者は，一定の事由がある場合には，当該申告書に係る国税の法定申告期限から1年以内に限り，更正の請求をすることができるものとされ，これによれば，当該申告書に記載した翌期繰越欠損金額を増額するための更正の請求も，その期限内に限って可能であることが明らかであるところ，右期限が経過した後に，右の点について職権の発動を求められた場合においても，常に更正決定を義務づけられるものと解することは，更正の請求について設けられた期間の制限を実質上無意義なものとすることになるからである。」

このように，同判決は，国税通則法23条順次適用説を採用し，更正の請求の原則的排他性を全面に打ち出している。したがって，租税手続法による実体的真実主義についての修正を肯定する立場であるといえよう。なお，この事件は上告されたが，最高裁平成3年9月27日第二小法廷判決（税資186号693頁）においても判断は維持されている。

¶レベルアップ3！　更正の請求の原則的排他性

平成16年に行政事件訴訟法が改正され，義務付け訴訟（☞義務付け訴訟とは）が法定化された。しかし，過大な課税標準等または税額等を申告してしまった納税者を義務付け訴訟によって救済すべきか，それとも更正の請求という救済手段のみを認めるべきかは，申告納税制度のもとにおける更正の請求という制度の趣旨をどのように捉えるかにも依存する。

> ☞ **義務付け訴訟**とは，行政事件訴訟法における抗告訴訟の1つで，一定の行政処分や裁決の発動を行政庁に命ずることを求める訴訟をいう（行訴法3⑥）。

更正の請求の原則的排他性があまりにも強調されているという主張はあるものの，これまでの通説・判例はかかる原則的排他性を肯定している。

例えば，大阪地裁平成11年8月24日判決（税資244号378頁）は，「納付すべき相続税額の減額を求めるには，更正の請求の手続が法定されており（国税通則法23条，相続税法32条），右手続によらないで右税額の減額を求めることは原則としてできないというべきである」として，更正の請求の原則的排他性を判示している。

金子宏教授は，「法がわざわざ更正の請求の手続を設けた趣旨にかんがみると，申告が過大である場合には，原則として，他の救済手段によることは許されず，更正の請求の手続によらなければならないと解すべきであろう。」とされる（金子・租税法839頁）。

これまで，納税者が更正の請求の方法によらずに申告の過大であることを主張することが許されるかについては，民法95条による錯誤無効の類推適用を認める判決と，更正の請求による以外には申告の誤りを主張し得ないとする判決が対立していたが，最高裁昭和39年10月22日第一小法廷判決（民集18巻8号1762頁）において，かかる対立には終止符が打たれた（酒井克彦・租税判例百選〔第6版〕198頁）。すなわち，同最高裁は次のように判示している。

> 「そもそも所得税法が…申告納税制度を採用し，確定申告書記載事項の過誤の是正につき特別の規定を設けた所以は，所得税の課税標準等の決定については最もその間の事情に通じている納税義務者自身の申告に基づくものとし，その過誤の是正は法律が特に認めた場合に限る建前とすることが，租税債務を可及的速かに確定せしむべき国家財政上の要請に応ずるものであり，納税義務者に対しても過酷な不利益を強いる虞れがないと認めたからにほかならない。従って，確定申告書の記載内容の過誤の是正については，その錯誤が客観的に明白且つ重大であって，前記所得税法の定めた方法以外にその是正を許さないならば，納税義務者の利益を著しく害すると認められる特段の事情がある場合でなければ，所論のように法定の方法によらないで記載内容の錯誤を主張することは，許されないものといわなければならない」

もっとも，最高裁は一定の留保を付している。すなわち，「特段の事情がある場合」には，かかる更正の請求の原則的排他性がその妥当性をもち得ないという点である。かかる「特段の事情」とは，申告の瑕疵の態様に応じて考えるべき問題であって，申告の違法原因がいかなるものであるときに申告を無効と解すべきかの問題であるともいえる。この問題解決は，更正の請求の原則的排他性が制度上承認されている根拠との関係で決せられるべきであろう。

7　理由附記

(1)　理由附記の実定法上の要請
ア　平成23年度税制改正前
　税務署長は，所得税において，青色申告書に係る総所得金額，退職所得金額もしくは山林所得金額または純損失の金額の更正をする場合には，更正通知書にその更正の理由を附記しなければならない（所法155②）。同様に，青色申告書等に係る法人税の課税標準または欠損金額等の更正をする場合にもその理由を附記しなければならないこととされている（法法130②）。また，税務署長は，青色申告承認取消しの処分をする場合の通知書には，その取消しの処分の基因となった事実が所得税法150条《青色申告の承認の取消し》1項あるいは法人税法127条《青色申告の承認の取消し》1項所定の取消事由のいずれに該当するかを附記しなければならない（所法150②，法法127②）。加えて，異議申立てを棄却する場合は，異議決定書に原処分を正当とする理由を附記することが要求されていた（改正前通法84④⑤）。
　このような実定法上の規定があり，さらに，平成23年改正前の旧国税通則法74条の2が，更正処分等に関して行政手続法の適用除外を規定していたことから（🔍**3**—29頁参照），上記の場面のみで理由附記が要求されていると理解されてきた。

① 青色申告に関する更正通知書
② 青色申告承認取消処分の通知書
③ 異議決定における棄却通知

　🖉　理由附記とはおよそ公法一般に認められるべきものである。休職処分取消請求事件千葉地裁昭和29年11月16日判決（行裁例集5巻11号2794頁）は，「行政処分は法律を根拠としてなされるのであって，行政庁が或る処分をするためには法律がありその法律に該当する事実があることが欠くべからざる要件である。そしてその事実がその法律に包摂せられることによって法律効果としての行政処分が生れるのである。従って法律効果としての行政処分には根拠となる法律とその法律に該当する事実を示さなければならない。行政処分においては主文とともに法律と事実とから成り立つ理由を必要とするといわれる所以である。本件処分は主文と法律とを示したのみであってその法律に該当する事実を示していない。このような処分は処分としては瑕疵があり，その瑕疵は取消原因とな

るものである。」としている。公法一般に共通の要請であるとする立場からは，白色申告については理由の附記が必要ないとすることには疑問が呈されてもいた。

📝　シャウプ勧告は，「更正決定に対する異議が納税者の不利に決定されるときは，その理由をできるだけ詳しく納税者に示すべきである。理由は，青色申告書の場合は文書で，白色申告書の場合は口頭で示される。いずれの場合にも，税務署の保存する書類の中には，決定の理由を述べた文書を含むことにする。」と提案していた（第2次シャウプ勧告付録B「納税者の所得と税額の決定に関する諸手続」）。ここでは，白色申告者に対しても理由が説明されることになっていたのである。

イ　平成23年度税制改正後

平成23年度税制改正により，旧国税通則法74条の2が改正され，現行74条の14《行政手続法の適用除外》において「国税に関する法律に基づき行われる処分その他公権力の行使に当たる行為…については，行政手続法…第3章《不利益処分》（第14条《不利益処分の理由の提示》を除く。）の規定は，適用しない。」と，行政手続法の適用除外の対象から不利益処分の理由の提示が除かれたことから，青色申告に限らず不利益処分の理由が要請されることとなった。

また，平成26年度税制改正により不服申立制度の見直しがされたことに伴い，再調査の請求についての決定においては，主文および理由を記載することとされ，当該請求に係る処分の全部または一部を維持する場合には，その維持される処分を正当とする理由を明らかにしなければならないこととされた（平成28年4月以降の処分より適用：改正通法84⑦⑧）。

(2)　理由附記の機能

法が理由を附記することが要求しているのは，税務署長の判断の慎重・合理性を担保してその恣意を抑制するとともに（処分適正化機能），処分の理由を相手方に知らせて不服の申立てに便宜を与えるため（争点明確化機能）であると解されている（金子・租税法848頁，965頁）。

この点は，最高裁昭和38年5月31日第二小法廷判決（民集17巻4号617頁）が，「一般に，法が行政処分に理由を附記すべきものとしているのは，処分庁の判断の慎重・合理性を担保してその恣意を抑制するとともに，処分の理由を相手方に知らせて不服の申立に便宜を与える趣旨に出たものであるから，その記載を欠くにおいては処分自体の取消を免れないものといわなければならない。」とするとおりである。そのような点からみれば，白色申告者についても理由が

附記されるべきとの改正には理解を寄せることができよう。

> 🖉 主に，処分適正化機能は租税行政庁側に働き，争点明確化機能は納税者側に働くものであるとみることができそうである。すなわち，前者は行政庁における自浄作用として意味を有するものであり，後者は納税者の権利救済や争点主義的な争訟に役立つものであるといえよう。これらは，租税法律主義の内容である手続的保障原則に由来する機能である。この原則は，租税の賦課に係る公権力の行使は適正な手続で行われなければならず，またそれに対する争訟は公正な手続で解決されなければならないという考え方である。適正手続保障という視角は，租税法領域のみならず，およそ行政法一般との関連においても当然ながら重要な意義を有するものであるといえよう。すなわち，行政庁が国民に対して不利益処分をなす場合には，不利益を受ける者に事前に反論の機会を与えるのは不可欠のものであり，かつ，この反論が的確になされるためには不利益処分の理由が明確になされていなければならない。特に後者の観点ではこの点が強調される。

(3) 理由附記の程度

理由附記の程度について，2つの重要な判例を示しておきたい。

1つは，前述の最高裁昭和38年5月31日第二小法廷判決であり，同最高裁はこの点につき次のように判示する。

> 「どの程度の記載をなすべきかは処分の性質と理由附記を命じた各法律の規定の趣旨・目的に照らしてこれを決定すべきであるが，所得税法〔筆者注：昭和37年改正前所得税法〕45条1項の規定は，申告にかかる所得の計算が法定の帳簿組織による正当な記載に基づくものである以上，その帳簿の記載を無視して更正されることがない旨を納税者に保障したものであるから，同条2項が附記すべきものとしている理由には，特に帳簿書類の記載以上に信憑力のある資料を摘示して処分の具体的根拠を明らかにすることを必要とすると解するのが相当である。」

もう1つは最高裁昭和38年12月27日第二小法廷判決（民集17巻12号1871頁）であり，同最高裁は次のように判示する。

> 「〔筆者注：前述の最高裁昭和38年5月31日判決は，〕青色申告の更正の理由附記について，特に帳簿書類の記載以上に信憑力のある資料を摘示して処分の具体的根拠を明らかにすることを必要とする旨を判示しており，そして，その理由として，青色申告制度は，納税義務者に対し一定の帳簿書類の備付，記帳を義務付けており，その帳簿を無視して更正されることがないことを納税者に保障したものと解すべき旨を判示しているのである。およそ，納税義務者の申告に対し更正するについては，申告を正当でないとする何らかの理由がなければならないが，青色申告でない場合には，納税義務者は上述のような記帳義務を負わず，従って申告の計算の基礎が明らかでない場合もあるべく，更正も政府の推計によるよりほかはなく，その理由を明記し難い場合もあるのであろう。しかし，青色申告の場合において，若しその帳簿の全体について

> 真実を疑うに足りる不実の記載等があって，青色申告の承認を取り消す場合は格別，そのようなことのない以上，更正は，帳簿との関連において，いかなる理由によって更正するかを明記することを要するものと解するのが相当である。かく解しなければ，法律が特に青色申告の制度を設け，その更正について理由を附記せしめることにしている趣旨は，全く没却されることになるであろう。そして，かかる理由を附記せしめることは，単に相手方納税義務者に更正の理由を示すために止まらず，漫然たる更正のないよう更正の妥当公正を担保する趣旨をも含むものと解すべく，従って，更正の理由附記は，その理由を納税義務者が推知できると否とにかかわりのない問題といわなければならない。」

　これらの判決では，「申告にかかる所得の計算が法定の帳簿組織による正当な記載に基づくものである以上，その帳簿の記載を無視して更正されることがない旨を納税者に保障したもの」とし，青色申告の承認とは帳簿の記載を無視して更正されることのないことを税務当局が納税者に保障したものと位置付けている。もっとも，このことは，納税者に対するその保障が，「法定の帳簿組織による正当な記載」があってのものであるから，そのような帳簿記載がない限り，かかる保障は崩される場合があることを前提としている。そこで，かかる保障が崩される場合とは，記載された帳簿書類が正当なものとして信憑性のあるものとはいえないことを説明する必要があるのであるから，そこでは，税務当局が「帳簿書類の記載以上に信憑力のある資料を摘示」する必要があるというのである。

(4) 青色申告と理由附記

　青色申告制度を，納税者に対して，帳簿書類の信憑性を崩した上でなければ更正されないという保障を与えたものと捉える立場は沿革的にみても理解できる。

　△　青色申告の特典については，「青色申告制度の創設当初，最大の特典といわれたものは『更正の制限と更正理由の付記』である。更正決定の際，青色申告者に対しては，その帳簿の調査を行い，その調査によって記載したところが誤りであることを発見しない限り，更正決定を行ってはならないとした。また更正決定をする場合には，その理由を更正通知書に付記しなければならないとした。これは…更正決定の乱発，一方的な税務行政をチェックするもので，まじめな青色申告者をずさんな更正決定から解放する保護規定であり，まじめな納税者に精神的な安心感を与えようとしたものであった。」と説明されている（全国青色申告会総連合編『青色申告会50年のあゆみ』12頁（全国青色申告会総連合2000））。

もっとも，青色申告については，単に，白色申告との対比において，特典が与えられているとみるべきではなく，帳簿を備え付け記帳している納税者に対して，その記帳を否定し得るほどの信憑力のある証拠書類なくしては更正されないという点から導出されるいわゆる防御権にこそより重い意味があるとする考え方も成り立つ。
　このような考え方は，次の判例（最高裁昭和60年4月23日第三小法廷判決・民集39巻3号850頁）の考え方にも通じる。

> 「法人税法130条2項が青色申告にかかる法人税について更正をする場合には更正通知書に更正の理由を附記すべきものとしているのは，法が，青色申告制度を採用し，青色申告にかかる所得の計算については，それが法定の帳簿組織による正当な記載に基づくものである以上，その帳簿の記載を無視して更正されることがないことを納税者に保障した趣旨にかんがみ，更正処分庁の判断の慎重，合理性を担保してその恣意を抑制するとともに，更正の理由を相手方に知らせて不服申立ての便宜を与える趣旨に出たものというべき」

　さらに，この立場は，上記判決が更正の理由附記の程度の問題に関して，①「帳簿書類の記載自体を否認して更正をする場合において更正通知書に附記すべき理由としては，単に更正にかかる勘定科目とその金額を示すだけではなく，そのような更正をした根拠を帳簿記載以上に信憑力のある資料を摘示することによって具体的に明示することを要する」という基準性と，②「帳簿書類の記載自体を否認することなしに更正をする場合においては，右の更正は納税者による帳簿の記載を覆すものではないから，更正通知書記載の更正の理由が，そのような更正をした根拠について帳簿記載以上に信憑力のある資料を摘示するものでないとしても，更正の根拠を前記の更正処分庁の恣意抑制及び不服申立ての便宜という理由附記制度の趣旨目的を充足する程度に具体的に明示する」ことを要するという基準性の2つのスタンダードを表明していることとも符合する。
　すなわち，この判決は，前述した最高裁昭和38年5月31日判決以来示されてきた「帳簿書類の記載以上に信憑力のある資料を摘示」する必要があるとの法理の射程範囲を，「帳簿書類の記載自体を否認して更正する場合」に限定したのであるが，この理論的根拠は，青色申告制度が信憑性のある帳簿の記帳を前提として，納税者に本来認められるべき防御権の行使を認めているからと解す

るところに求めることができるのである。むしろ，帳簿書類の記載以上に信憑力のある資料を摘示すべきとの法理が，帳簿書類の記載自体を否認して更正する場合に関わるものであることは，論理上，当然のことといってもよかろう。

¶レベルアップ１！　処分理由を知り得る納税者に対する理由附記の程度

　納税者の防御権という観点を強調していくと，処分の理由を告知されなくとも被処分者がその処分理由を知り得る場合には，客観的には理由附記自体が不備であったとしても，被処分者が主観的には理由を認識し得る場合にまで，理由の不備を問題とする必要はないということにもなる。

　この点，例えば，広島高裁昭和47年７月10日判決（民集30巻２号75頁）は，「青色申告の更正通知書に附記すべき理由は，単に納税義務者に更正の理由を示すためだけでなく，更正処分の妥当公正を期する上からも，できるだけ具体的，詳細且つ明確に記載されることの望ましいことはいうまでもないが，更正通知書における附記理由の記載すべき限度について別段の規定があるわけではないし，更正に対する不服申立の制度もあることを考慮すれば，更正の附記理由の記載は，納税義務者にどのような点において，いかなる金額の更正処分がなされたかを知らせ，これに対する不服の申立をすべきかどうかの判断の資料を与え得る程度をもって足り，それ以上詳細な記載は必要ではないと解するのを相当とする。」と判示しており，不服申立てをすべきかどうかの判断資料を与え得る程度の理由の附記でたりるとしているのである。

　しかしながら，このような態度は，前述した最高裁昭和38年５月31日判決や同38年12月27日判決以降の判例の採用してきた理由附記の趣旨に必ずしも合致するものではない。判例は，これまで，処分の理由を相手方に知らせて不服申立ての便宜を与えるという趣旨とは別に，課税庁の判断を慎重ならしめ，恣意性を排除するところにも理由附記の趣旨を求めていたはずである。

　審査決定の理由附記についてではあるが，最高裁昭和37年12月26日第二小法廷判決（民集16巻12号2557頁）は，「審査決定の書面に理由を附記すべきものとしているのは，訴願法や行政不服審査法による裁決の理由附記と同様に，決定機関の判断を慎重ならしめるとともに，審査決定が審査機関の恣意に流れることのないように，その公正を保障するためと解されるから，その理由としては，請求人の不服の事由に対応してその結論に到達した過程を明かにしなければな

らない。」としており，一般的な理由附記の趣旨としては，行政庁の恣意性排除という要請が強調されるところである。理由附記の制度の問題は，処分の性質と理由附記を命じた各法律の規定の趣旨・目的に照らして決すべきであろう。

> 旅券発給拒否処分における理由附記の事案においても，これまでの租税判例が示してきた2つの理由附記の趣旨が踏襲されている（最高裁昭和60年1月22日第三小法廷判決・民集39巻1号1頁など）。この点については，租税法の領域で展開された理由附記の法理が旅券法の分野においても妥当することを結果的に確認した判決なのか，あるいは当該行政処分が基本的人権の制限に関わる場合にまで従来の租税法判例の法理が妥当することを示したのかについては議論のあるところと思われるが，上記判決は，憲法の保障する基本的人権の制約と深く関連する行政処分でありながら，その根拠規定が概括的，抽象的内容であるような場合には，従来の理由附記の法理が妥当することを示したものと指摘されている（東平好史・昭和60年度重要判例解説〔ジュリ臨増〕42頁）。

¶レベルアップ2！　青色申告の「特典」としての理由附記

　青色申告書以外の更正通知書に理由の附記を要求していない所得税法が憲法14条，29条，31条に違反するかどうかが争われた事例がある。広島高裁昭和61年11月21日判決（税資154号606頁）には「控訴人は，青色申告書に係る以外の更正通知書に理由の記載を要求していない所得税法は憲法14条，29条，31条に違反すると主張するが，理由の記載を更正処分の手続上の要件とするかどうかは立法府の決定に委ねられているものと解すべきであるから，憲法違反の問題を生じない。」と判示している。

　これまでの判例は青色申告制度との関係で理由附記の趣旨を論じている。例えば，最高裁昭和54年4月19日第一小法廷判決（民集33巻3号379頁）は次のように判示している。

> 「法人税法130条2項は青色申告にかかる法人税について更正をする場合には，更正通知書に更正の理由を附記すべき旨を定めているが，右のように法が更正通知書に更正の理由を附記すべきものとしているのは，法が青色申告制度を採用して，青色申告にかかる所得の計算については，それが法定の帳簿組織による正当な記載に基づくものである以上，その帳簿の記載を無視して更正されることがないことを納税者に保障した趣旨にかんがみ，更正処分庁の判断の慎重，合理性を担保してその恣意を抑制するとともに，更正の理由を相手方に知らせて不服申立ての便宜を与える趣旨に出たものというべきであり，したがって，帳簿書類の記載を否認して更正をする場合において更正通知書に附記すべき理由としては，単に更正にかかる勘定科目とその金額を示すだけではなく，そのような更正をした根拠を帳簿記載以上に信憑力のある資料を摘示することによって具体的に明示することを要するものであることは，当裁判所の判例とするところである」

しかし，青色申告制度が帳簿記載を無視して更正されることのないことを保障しているということが，なぜ，青色申告の更正の場合にのみ理由附記が要請されることにつながるのかについて，この判示文は明解に示しているといえるであろうか。

この点，最高裁昭和42年9月12日第三小法廷判決（訟月13巻11号1418頁）は，次のように判示しているのである。

> 「白色申告と青色申告とによって取扱上の差異を認めているのは，同法が青色申告書提出承認のあった所得については，その計算を法定の帳簿書類に基づいて行なわせ，<u>その帳簿書類に基づく実額調査によらないで更正されることのないよう保障している関係上</u>（同法〔筆者注：旧所得税法〕26条の3，46条の2第1項），その更正にあたっては，特にそれが帳簿書類に基づいていること，あるいは帳簿書類の記載を否定できるほどの信憑力のある資料によったという処分の具体的根拠を明確にする必要があり，かつ，それが妥当であるとしたからにほかならない（最高裁判所昭和36年(オ)第84号同38年5月31日第二小法廷判決，民集17巻4号617頁参照）。」
> 「右理由の附記は，法定の帳簿書類の記載に基づいて計上されるところの青色申告書提出承認のあった所得について更正のあった場合に限られるべきは当然であって，青色申告に対する更正であっても，それ以外の部分に関する場合には，白色申告に対する更正と同様に処理されれば足りるものと解するのを相当とする。」

前述の最高裁昭和54年4月19日判決は「それが法定の帳簿組織による正当な記載に基づくものである以上，その帳簿の記載を無視して更正されることがないことを納税者に保障した」青色申告制度の趣旨から理由附記が青色申告の更正処分についてのみ要請されている理由を導き出していたのであるが，この点は，最高裁昭和42年9月12日判決によって，さらに明らかにすることができる。すなわち，同判決の説示に従えば，青色申告者には，およそ組織的な帳簿書類が用意されていることからすれば，第一義的には実額計算が正確に反映されているであろう当該帳簿の記載を否定できるほどの理由があるということを明らかにした上でしか更正ができないということである。

判例の論旨に従って考えると，青色申告が要請する帳簿書類調査を前提とした場合に理由附記が要請されることには積極的な理由を発見することができるが，さりとて，白色申告に係る更正処分について理由附記を排除する積極的な理由は必ずしも明確ではなかったように思われる。

白色申告についてのみ理由附記による処分庁の恣意の抑制と納税者の防御権の保障が必要ないとするには，上記判例の趣意のみでは明らかではないように

思われる。白色申告が所得税法に違反する申告形態ではなく、適法な申告形態として認められている以上、適正手続の保障の範囲の外に置いてきた従来の取扱いには問題があったといえよう。

✏ 理由附記を行政庁の「説明義務」という観点から説明することができるであろうか。
　名古屋地裁平成14年5月10日判決（裁判所HP）は、「そのような義務〔筆者注：説明義務〕を被告に課する根拠となる法令は存在しないし、物納が不可能となったのは、…その対象財産に内在する事情によるものである」とする。説明義務や説明責任を、慣習法や判例法理あるいは条理などで根拠付けられるのであれば格別、そうでない限り租税法律主義の下、根拠法令が存在しないところで説明責任ないし説明義務を措定した上で理由附記を説明する構成を採用することは難しいといわざるを得ない。

✏ では、「知る権利」から理由附記を説明することは可能であろうか。
　相続税法上に更正の理由附記の規定がないものの、当然に更正の理由附記がなされるべきとの主張がなされた事例において、大阪地裁平成3年3月15日判決（税資182号627頁）は、「国民が当然に更正の理由を知る権利を有するとすることはできず、相続税の更正に理由の附記を要しないと解することにより、手続の適正が害されるとすることもできない。」としている。

8 青色申告制度・記帳義務

(1) 青色申告制度の意義

青色申告制度とは，一定の帳簿書類を備え付けた納税者が所轄税務署長の青色申告の承認（☞青色申告の承認とは）を受けて，所得税または法人税の申告に当たり，青色の申告書（所法2①四十，法法2四十）を提出する制度であり，この承認を受けた青色申告者にはさまざまな特典が認められている（所法143，法法121）。

> ☞ **青色申告の承認**とは，法人あるいは不動産所得，事業所得または山林所得を生ずべき業務を行う個人が，税務署長に対して申請書を提出することでなされる。なお，申請書の提出後に何らの連絡も税務署長からない場合には承認したものとみなされる（みなし承認）。なお，承認申請手続を必要とする理由として，①申請書を提出することにより，申請の趣旨を明確ならしめることと，②申請書の提出により租税債権債務の具体的実現の前提を明確にしておくことにあるとされている。

> 最高裁昭和62年10月30日第三小法廷判決（訟月34巻4号853頁）は，「青色申告の承認は，課税手続上及び実体上種々の特典（租税優遇措置）を伴う特別の青色申告書により申告することのできる法的地位ないし資格を納税者に付与する設権的処分の性質を有することが明らかである。そのうえ，所得税法は，税務署長が青色申告の承認申請を却下するについては申請者につき一定の事実がある場合に限られるものとし（145条），かつ，みなし承認の規定を設け（147条），同法所定の要件を具備する納税者が青色申告の承認申請書を提出するならば，遅滞なく青色申告の承認を受けられる仕組みを設けている。」と説示している。

(2) 沿　革

青色申告制度はシャウプ勧告によって導入された制度であり，納税者に誠実かつ信頼性のある記帳を宣言させる意味合いを有するものである。

昭和24年8月に提出された第1次シャウプ勧告は，「農業以外の個人事業者には…『青色申告用紙』の方法で帳簿を記帳することを奨励すべきである。大蔵省は納税者が『青色申告用紙』で申告することを認められる場合記帳を必要とする帳簿の見本を公にし，この見本を広く配付すべきである。『青色申告用紙』で申告する納税者はその帳簿を検査しないでは更正決定をされないであろう。また，他の個人納税者と違って彼は純益を計算するにあたって減価償却を許されるであろう。」として，青色申告制度を提唱した（同第2編14章「会計の役割」）。そして，青色申告制度への誘因として，教育と道具（様式の作成等）の提示

のみならず、「このような道具を納税者が利用できるように積極的に奨励する報酬を与えねばならない。」とし、「一つの可能性は、帳簿記録をつける納税者には特別な行政上の取扱いを規定することである。かくして、このような特別取扱いを希望する納税者は正確な帳簿記録をつける意図があることを税務署に登録する。」と勧告したのである（同第4編付録D、E節付帯問題2「帳簿と記録」）。

　第1次シャウプ勧告に基づいてGHQの命を受けた政府が原案を作り、昭和24年12月15日に「所得税法の臨時特例等に関する法律」が国会を通過し、青色申告制度が誕生したのである。

> 🖉 なお、法人には商法上の記帳義務が明文化されていることから、青色申告制度を用意する必要性についての議論があったものの、昭和24年当時20万社の法人のうちには依然として、個人と同様に帳簿の不備な同族会社が多かったことから、法人税法にも青色申告制度を設けることになった。

　シャウプ勧告は、大企業に対する帳簿記帳については困難な問題はないとし、とりわけ中小企業に問題があると指摘した上で、教育面や記帳の模範的な様式の作成を指摘する。それに続く部分は長文に及ぶが、重要な指摘箇所でもあるので、引用することとする（同2「帳簿と記録」c(3)「正しい記録をつけるための誘引策─税務署の態度」）。

> 「教育と道具〔筆者注：青色申告制度〕の提示だけでは、おそらく不十分であろう。このような道具を納税者が利用するように積極的に奨励する報酬を与えねばならない。一つの可能性は、帳簿書類をつける納税者には特別な行政上の取扱いを規定することである。かくして、このような特別取扱いを希望する納税者は正確な帳簿記録をつける意図があることを税務署に登録する。これらの帳簿は税務署で認可された様式を用いてつけられる。それは先に述べた各種の発達した様式の中の一つであろう。このように帳簿記録をつけている納税者は、他の納税者と区別されるように異なった色の申告書を提出することを認められる。税務署は、このような納税者がもしそのような帳簿記録をつけ、申告をこの特別用紙ですれば、その年の所得を実地調査しない限り、更正決定を行わないことを保証する。また、更正決定を行ったらその明確な理由を表示しなければならない。他方、このような帳簿記録をつけない納税者は更正決定前に調査することが保証されず、標準率によって更正決定される。その上、後者に属する納税者は国税局に控訴することは許されない。
> 　帳簿をつけることを申し出た納税者に対して、税務署は、ある場合には、その年の中途に予備調査を実施して記帳を照査し、納税者が正直にやっている場合にはこれを援助し、必要な水準までに帳簿をつけていない場合には特別申告の特権を取り消すことができる。もちろん、申告書のいかなる調査も帳簿を最終的なものとする必要はな

い。しかし調査は更正決定の前に行わなければならない。そして，帳簿が不正確であることが明確に指摘されない限り，それは尊重されるべきである。脱税の意図を持って虚偽の帳簿をつけた場合および規定された帳簿を誠実につける気が全然なくて特別申告を使った場合は処罰すべきである。もしこのような帳簿を正直につける納税者の数がその全部を調査するには多すぎることが分かれば，どの申告が最も調査を必要とするかを決定するために標準率を使用する。しかし，標準率に基づいて選定された申告書は更正決定を行う前に実地調査をされなければならない。
　前記の制度はそれ故，正確な帳簿をつける勧誘手段となるだろう。他の誘引策も考慮しなければならない。かように更正決定に関する標準率は，帳簿の欠如が税の軽減ではなく，むしろ重課の可能性を意味する程度にまで引き上げられるべきである。帳簿をつけないものに対しては減価償却と繰越欠損を認めない。」

　このようにシャウプ勧告は，申告納税制度の定着のために記帳制度がいかに重要であるかを強調しており，記帳慣行の定着こそが申告納税制度の成功への鍵を握ると考えていたのであろう。
　この点は，さらに，シャウプ勧告が，「適正な税務行政において，この問題はあまりにも重大で，その解決があまりに重要なので，記帳を必要な程度まで促進するため，これに対し全努力を集中すべきである。」とまで述べているところからも十分に推察できるのである。

　　　シャウプ博士らの目に映る当時の記帳状況は惨憺たるものであったのであろう。同勧告は，次のように述べている。すなわち，「申告納税制度の下における適正な納税者の協力は，彼が自分の所得を算定するため正確な帳簿と記録をつける場合にのみ可能であるということは自明の理である。今日，日本における企業は慨嘆すべき状態にある。多くの営利会社では帳簿記録を全然もたない。他の会社は有り余る程たくさんもっていて，その納税者のみが，どれが本当のもので，どれが仮面に過ぎないものかを知っている。その結果は悪循環となる。税務官吏は正確な信用すべき帳簿がないから，標準率およびその他の平均額を基礎とする官庁式課税による他はないと主張する。納税者はまた，税務官吏が帳簿を信用しないから，たとえ彼らがそれをやる能力があっても正確な帳簿をつけることは意味がないという。この循環は切断しなければならない。納税者が帳簿をもち，正確に記帳し，その正確な帳簿を税のために使用するように奨励，援助するよう，あらゆる努力と工夫を傾注しなければならない。同様に，税務官吏がそのような正確な帳簿によって表明された報告を尊重するようにあらゆる努力と工夫を傾注しなければならない。」と述べている（同第4編付録D，E節付帯問題第2款）。

　その後，相当の期間にわたって，青色申告者数の増大に向けた施策が展開され，平成19年現在では，所得税における青色申告者は5,315千人であり，青色普及率は56％となっている（日野雅彦「青色申告制度の意義と今後の在り方」税大論叢60

図表1　所得税における青色申告者数の推移　　　　（単位：千人）

	営業所得者	農業所得者	不動産・山林所得者	合計
昭和25年分	94	17	0	111
昭和30年分	491	26	3	520
昭和35年分	551	24	4	579
昭和40年分	759	18	10	787
昭和45年分	1,540	35	36	1,610
昭和50年分	2,168	64	189	2,421
昭和55年分	2,688	118	402	3,208
昭和60年分	2,999	203	610	3,812
平成元年分	3,099	265	831	4,194
平成5年分	3,053	304	1,081	4,439
平成10年分	3,069	337	1,253	4,659
平成15年分	3,188	376	1,454	5,020
平成16年分	3,238	383	1,498	5,119

（全国青色申告会総連合会編『青色申告会55年の歩み』95頁（全国青色申告会総連合会2005）より）

号346頁）。また，青色事業専従者給与の引上げや，青色申告控除の引上げなどさまざまな税制改正においても，青色申告者の量的拡大措置を展開した（図表1参照）（酒井克彦「申告納税制度における記帳や帳簿保存の意義—青色申告制度と加算税制度の意味するもの—」税大ジャーナル16号1頁）。

🔖 量的拡大から質的拡大へ

　　昭和56年の臨時行政調査会答申は，「税の負担の公平確保」という論点で，税務当局は納税者との接触を増やし，調査の深度を高めることなどを示唆し，これを1つの契機として，その後，従来の青色申告者数の量的拡大から，質的拡大へと施策変更がなされることになった。

　　また，昭和58年11月付け政府税制調査会答申は，「記録及び記帳に基づく申告は申告納税制度の最も重要な基礎をなすものであり，その不可欠の要素であるということについては異論がなく，したがって，記録及び記帳に基づく申告を制度的に整備する必要があると考える。この場合，この制度の整備は新たな義務の創設ではなく，本来，申告納税制度に内在している納税者の責務を明確化しようとするものであり，これを確認する制度として構成すべきものである」として，記帳義務の必要性を確認している。

　　同答申が指摘するように，そもそも，記帳自体が「申告納税制度に内在する納税者の責務」と位置付けられるのであれば，特典のみを強調して青色申告者数の拡大に殊更注

図表2　所得税法における青色申告制度と白色申告制度における記帳義務等の比較

営業等所得 （農業所得を除いた事業所得）			青色申告制度			白色記帳制度
			正規簿記	簡易簿記	現金主義	
作成帳簿		仕訳帳	○			
		総勘定元帳	○			
		その他必要な帳簿	○	○	○	○
記帳項目	資産負債項目	(1) 現金	○	○	○	
		(2) 当座預金	○			
		(3) 手形	○			
		(4) 売掛金	○	○		
		(5) 買掛金	○	○		
		(6) (2)〜(5)以外の債権債務	○			
		(7) 減価償却資産・繰延資産	○	○	○	
		(8) (1)〜(4)(6)(7)以外の資産	○			
		(9) 引当金・準備金	○	○		
		(10) 元入金	○			
	損益項目	(11) 売上	○	○	○	○
		(12) (11)以外の収入	○	○		○
		(13) 仕入	○	○		○
		(14) (13)以外の費用	○	○		○
作成書類		損益計算書（収支内訳書）	○	○	○	(○)
		貸借対照表	○			

※　図表中の○は記録・作成の義務があることを示している。
（日野雅彦「青色申告制度の意義と今後の在り方」税大論叢60号354頁より）

力することにも疑問が惹起されるということになろう。

　平成5年には，10万円の青色申告控除が廃止され，「正規の簿記の原則」による記帳を前提とした青色申告特別控除制度が創設された。それは，より完全な帳簿を記帳している者に対して36万円の控除を認めるという制度であった。もっとも，簡易簿記を排除するという趣旨ではなく，所得500万円以下の者については，簡易簿記を利用することができるとされている。すなわち，「正規の簿記の原則」による方法と簡易簿記との両

図表3　法人税法における青色申告制度と白色申告制度における記帳義務等の比較

		青色申告制度	白色申告制度
作成帳簿	仕訳帳	○	
	総勘定元帳	○	
	その他必要な帳簿	○	○
記帳項目	資産負債項目 (1) 現金	○	○
	(2) 当座預金	○	○
	(3) 手形	○	○
	(4) 売掛金	○	○
	(5) 買掛金	○	○
	(6) (2)〜(5)以外の債権債務	○	○
	(7) 有価証券	○	○
	(8) 減価償却資産・繰延資産	○	○
	(9) (1)〜(4)(6)〜(8)以外の資産	○	○
	損益項目 (10) 売上	○	○
	(11) (10)以外の収入	○	○
	(12) 仕入	○	○
	(13) (12)以外の費用	○	○
作成書類	損益計算書	○	○
	貸借対照表	○	

※　図表中の○は記録・作成の義務があることを示している。（日野・前掲稿354頁より）

者を認めつつ，前者を採用している者には，特別控除を認め，簡易簿記を採用している者であっても，所定の帳簿書類その他の書類に基づいて作成された貸借対照表を損益計算書とともに申告書に添えて提出するときは，従来どおり10万円の青色申告控除を受けることができるとされたのである（措法25の2）。なお，所得300万円以下の者に対しては，現金式簡易帳簿による現金主義の採用が許容されるが，その場合には，上記の青色申告控除の適用はない。

(3)　備え付けるべき帳簿

ア　3種類の帳簿

例えば，所得税法では，青色申告者が備え付ける帳簿の種類としては，「正

規の簿記の原則」による方法（所法148①，所規56，57）（☞「正規の簿記の原則」による方法とは），簡易簿記による方法（所規56①）（☞簡易簿記による方法とは）および現金式簡易簿記による方法（所法67）（☞現金式簡易簿記による方法とは）を用意している。

- ☞ **「正規の簿記の原則」による方法**とは，いわゆる複式簿記による帳簿を意味すると解される。すなわち，納税者は，すべての取引を借方および貸方に仕訳する帳簿（仕訳帳），すべての取引を勘定科目の種類ごとに分類して整理する帳簿（総勘定元帳）その他必要な帳簿を備え，財務大臣の定める取引に関する事項（昭和42年8月31日付け大蔵省告示112号）を記載しなければならないとされている（所規58）。
- ☞ **簡易簿記による方法**とは，損益計算書を作成することができるような帳簿を意味する。なお，帳簿への具体的記載事項は前述の告示による。
- ☞ **現金式簡易簿記による方法**とは，事業所得等の収支計算書の作成ができることを予定する帳簿を意味する。前々年の事業所得と不動産所得との合計額が300万円以下の者に適用が許されている（所令195）。

イ　帳簿の保存の意義

上記の帳簿は7年間保存しなければならないこととされているが（所規63），この保存の意義はしばしば争点となる。

青色申告により確定申告をしていた上告人（法人）が，税務当局から税務調査において適法に帳簿書類の提示を求められたところ，これに応じ難いとする理由も格別なかったにもかかわらず帳簿書類の提示を拒み続けたため，消費税の仕入税額控除が否認され，青色申告承認が取り消されたため，税務署長に対し，青色申告承認取消処分および消費税等の更正処分のうち納付すべき税額を超える部分等の取消しを求めた事案がある。

同事案において，最高裁平成17年3月10日第一小法廷判決（民集59巻2号379頁）は，次のように判示している。

> 「法人税法126条1項は，青色申告の承認を受けた法人に対し，大蔵省令で定めるところにより，帳簿書類を備え付けてこれにその取引を記録すべきことはもとより，これらが行われていたとしても，さらに，税務職員が必要と判断したときにその帳簿書類を検査してその内容の真実性を確認することができるような態勢の下に，帳簿書類を保存しなければならないこととしているというべきであり，法人が税務職員の同法153条の規定に基づく検査に適時にこれを提示することが可能なように態勢を整えて当該帳簿書類を保存していなかった場合は，同法126条1項の規定に違反し，同法127条1項1号に該当するものというべきである。」

(4) 青色申告制度の本質
ア 青色申告の特典

　青色申告制度の本質について，青色申告への誘引策としての特典が強調されることが多い。例えば，引当金，準備金の設定，特定設備等の特別償却，中小企業者の機械等の特別償却，減価償却資産の耐用年数の短縮と割増償却，青色申告特別控除（☞青色申告特別控除とは），青色申告事業専従者控除，現金主義の採用，純損失（欠損金）の繰越しと繰戻しなどの所得計算上の特典，特定設備等の所得税額特別控除などの税額計算上の特典のほか，推計課税が禁止されているとか，課税処分について不服があるときには，異議申立手続を省略して，直接，国税不服審判所長に対して審査請求をすることができるなど，青色申告者にはさまざまな特典が認められている。もっとも，これらの特典が個人事業所得者等にとって必ずしも魅力のあるものはいえないという指摘もできる。

　☞　**青色申告特別控除**とは，所得税における不動産所得の金額，事業所得の金額又は山林所得の金額の計算において，必要経費のほかに，10万円（正規の簿記の原則に従って取引の記録を行っている者には65万円）を控除するというものである（措法25の2①③）。

イ 特典説・権利説と申告納税制度確保説

　青色申告を特典とみる立場（特典説）は，原則を白色申告とすることを容認する理解につながりやすい。白色申告との対比において特典が与えられているとみることに違和感を覚える立場からすれば，特典説は容認し得ないこととなろう。

　他方，青色申告が相当程度に普及した現状では，青色申告やそれに伴う手続的・実体的優遇措置を特典として考えるのではなく，一般納税者に当然に認められる「権利」とみる立場（権利説）もある（畠山武道「青色申告の承認制度」日税研論集20号32頁）。

　これらの見解に対して，青色申告こそ申告納税制度の確保のための原則であり，特典でも権利でもなく，そもそも適正な帳簿に基づきなされる申告こそが当然になされるべき本来の申告であるとする立場（申告納税制度確保説）がある（松澤智『租税実体法の解釈と適用2』307頁（中央経済社2000））。もっとも，これらの見解はそれぞれ反駁し合う性質のものではないが，第三の見解からは青色申告制度の廃止論が強調されることになる。

　✍　最高裁平成16年12月20日第二小法廷判決（判時1889号42頁）において，滝井繁男裁判

官は,「青色申告制度は,納税義務者の自主的かつ公正な申告による租税義務の確定及び課税の実現を確保するため,一定の信頼性ある記帳を約した納税義務者に対してのみ,特別な申告手続を行い得るという特典を与え,制度の趣旨に反する事由が生じたときはその承認を取消しその資格を奪うこととしているものである。そして,青色申告の承認を受けた者は,帳簿書類に基づくことなしには申告に対して更正を受けないという制度上の特典を与えられているのであるから,税務調査に際して帳簿等の提示を拒否する者に対してもその特典を維持するというのは背理である。したがって,その制度の趣旨や仕組みから,税務職員から検査のため求められた書類等の提示を拒否した者がその特典を奪われることは当然のこととして,このような解釈も是認されるのである。」との意見を述べている。ここでは,青色申告制度が制度上の特典を設けている点が強調されている。

(5) 青色申告承認取消し
ア 青色申告承認取消規定

所得税を例にとると,次のいずれかに該当する場合には,所轄税務署長は,当該各号に掲げる年までさかのぼって,その承認を取り消すことができる。この場合において,その取消しがあったときは,その年分以降の各年分の所得税につき青色申告書以外の申告書とみなすとされている(所法150①)。

① 業務に係る帳簿書類の備付け,記録または保存が財務省令で定めるところに従って行われていないこと…その年
② 青色申告者に要請される帳簿書類の規定(所法148)に定める税務署長の指示に従わなかったこと…その年
③ ①に規定する帳簿書類に取引の全部または一部を隠ぺいしまたは仮装して記載しまたは記録し,その他その記載または記録をした事項の全体についてその真実性を疑うに足りる相当の理由があること…その年

イ 青色申告承認取消しの意義

青色申告の承認の取消しや推計課税の実施を,記帳義務違反に対する制裁的措置と位置付けることができるのかどうかという点について確認をしておこう。

参考となる事例として,浦和地裁昭和58年1月21日判決(行裁例集34巻1号32頁)がある。同地裁は次のように判示する。

「同法〔筆者注:所得税法〕150条1項1号が所定の帳簿書類の備付け,記録,保存がないことを青色承認取消事由とした法意は,その事実が青色申告を維持できない結果をもたらすので,その制裁措置として取消すこととしたものとみるべきであり,備付け,記録,保存が真実存在しないとの事実が認定できない場合でも,それが真偽不

> 明の結果青色申告を維持できない場合もまたその事由に包含されるものと解しなければ，その法意に沿わないことになる。」とし，帳簿書類を提示せずして調査に応じなかったため，「帳簿書類の備付け，記録，保存がされているかどうか真偽不明となった場合その調査拒否という義務違反事実から，その制裁として，同法150条1項1号の所定帳簿書類の備付け，記録，保存がされていないとの事実を推認することができるものというべきである。」

　上記判決が，承認取消しを制裁として位置付けていることには疑問なしとはしない。なぜなら，調査非協力を原因とする青色申告の承認の取消しが制裁であるとすると，他に，国税通則法（本件事件当時は所得税法）が質問検査権行使による質問検査に対する不答弁，調査拒否・妨害に関する罰則を用意していることとあわせて二重の制裁を用意しているということになり，そのような解釈は採り難いからである（岩﨑政明「判批」ジュリ865号122頁も参照）。

　もっとも，この説示は，その後控訴審において修正されている。すなわち，東京高裁昭和59年11月20日判決（行裁例集35巻11号1821頁）は，次のように判示した。

> 「青色申告制度は，単に所定の帳簿書類の備付け等が，青色申告者の側においてひとり行われているということだけでなく，他方，そのような帳簿書類の状況が当該職員の質問検査権に基づく調査により確認できる状態にあることを不可欠・当然の前提要件としていることが明らかであり，したがって，法148条1項所定の帳簿書類の備付け等の意味内容は，当該職員がその提示閲覧を求めた場合にはこれに応じ，当該職員において右帳簿書類を確認し得るような状態に置くべきことを当然に含むものと解されるからである。青色申告者が帳簿書類に対する当該職員の調査を拒否することにより，その備付け等が正しく行われているか否かを当該職員において確認し得ない場合にも，その者に青色申告承認による特典を享受させることは，叙上の制度の予想せざるところというべく，その制度の本旨に反し，極めて不合理である。」

　このように，青色申告の承認の取消しは，特例を受ける等の権利の剥奪を意味するものではあるが，決して，制裁的機能を有するものではないと理解しておきたい。

(6) 記帳義務制度の充実

　平成18年5月の政府税制調査会は，「申告納税制度においては，記録及び帳簿その他の客観的な資料に基づく申告がその本質であり，納税者の当然の責務である。しかしながら現行税制においては，零細事業者の事務負担に配慮し，

事業所得等に係る所得が300万円以下の者には記帳義務は課されていない。しかし，申告納税制度の定着，記帳水準の向上，情報技術の進展といった状況を踏まえ，記帳義務について，申告納税制度の本旨に即した見直しを行うべきである。」と論じていた。

そもそも，その前年の平成17年6月付け政府税制調査会「個人所得課税に関する論点整理」において，「現在，情報技術の進展により，それほど困難を伴わず事業所得者が記帳を行い得る環境が整ってきている。事業所得について，売上げ，必要経費の記帳に基づく申告納税の趣旨の重要性を再認識する必要がある。」と答申していたのである。

そして，平成23年度税制改正では，所得税法上，その年の前々年の所得金額が300万円以下であること等により，記帳義務および記帳保存義務のない事業所得者等についても，新たに記帳義務および記帳保存義務が課されることとなった（所法232）。これは，大きな前進であるといえよう。なお，この改正は，平成26年1月1日以後において事業所得者等に該当する者に適用されている（改正法附則8）。

　　🖉 零細で記帳能力の乏しい者に対する配慮という点から概算控除制度を導入すべきとの意見や（新井隆一『負担の公平 記帳の責任』79頁（成文堂1984），酒井克彦「申告納税制度の基礎をなす記帳制度の充実（下）」税務事例41巻12号59頁以下），同制度の導入が記帳水準を自ずと向上させるという期待もあった（平成18年5月23日付け政府税制調査会総会・基礎問題小委員会資料「納税環境整備」参照）。上記平成17年6月付け政府税制調査会答申では，「簡素な税制を構築する狙いから，事業所得に関しては，実額での必要経費は正しい記帳に基づく場合のみ認めることとし，そうではない場合には一定の『概算控除』のみを認める仕組みを導入することも考えられる。」とされていたが，この点は採用されていない。

¶レベルアップ1！　青色申告制度廃止論

石島弘教授は，「青色申告は既に定着し，白色申告者に対する記帳制度の導入によって記帳慣行も大きく促進されているとすれば，所得税，法人税について一般的記帳義務を導入しうる状況があることになり，過渡的制度としての青色申告制度が存続する根拠はなくなる。それにもかかわらず誘引手段として機能しない青色申告制度を維持するとすれば，青色申告者に対する多くの特典だけが残り，白色申告者や給与所得者との間に税負担の不公平をもたらすことになる。」と主張される（石島「青色申告」日税研論集28号83頁以下）。また，和田八束

教授も,「青色申告制度は,既に充分に役割を終えたわけで,この辺りで過渡的な制度に終止符をうつ時期に達した」と論じられる(和田「青色申告制度の成立とその後の経過」税理36巻1号105頁以下)。このように青色申告制度はあくまでも過渡的制度として位置付けられているのである。

ところで,申告納税制度のもとにあっては,納税義務者には,納税申告をするために,当然に「記録の必要」または「記帳の必要」があるべきはずであるにもかかわらず,現実には「記録」または「記帳」に基づくことなしに,納税申告が行われている場合がある。このような理由について,新井隆一教授は,現行租税法に明文をもって,「記帳義務」が定められていないことを挙げられ,さらに,「現行の法律(所得税法,法人税法,など)で,青色申告制度が定められていて,納税義務者は,法定の帳簿書類を備え付けて,記録,保存をしている場合には,実体上,手続上,特別の処遇をされていることとなっているところから,この特別の処遇を望まない限り,帳簿書類の備え付け,記録,保存をしている,『必要』はない,と誤解されていることから生じたものでもある。」と分析される(新井・前掲書69頁)。

シャウプ博士が勧告した青色申告制度は,当時の一般の納税者の帳簿書類の備付け,記録および保存が皆無に等しい状況においてなされた提案である。すなわち,納税者の過少申告と納税者の作成した帳簿を信用しない課税庁による推計課税との悪循環を招いていたという状況下で,この悪循環を断ち切るためには納税者に正確な記帳をさせることが必要と考えた際の,記帳制度への誘引策として過渡的に設けられた制度であるという側面をもつことを忘れてはならない。

¶レベルアップ2! 消費税法と仕入税額控除の要件

消費税法30条《仕入れに係る消費税額の控除》1項の仕入税額控除の適用要件としては,同条7項にいう「帳簿及び請求書等」の保存が挙げられる(正確にいうと「帳簿及び請求書等を保存しない場合に」仕入税額控除の適用がなくなる。)。この規定にいう「保存」の意義が争われた事例において,最高裁平成16年12月20日第一小法廷判決(民集58巻9号2458頁)は,同条項にいう「保存」とは,「税務職員による検査に当たって適時にこれを提示することが可能なように態勢を整えて保存」することと判示した。留意すべきは,同最高裁は,「保存」に「提示」が含

まれるなどとは判示しておらず，さまざまな状態による「保存」を観念することができるところ，同条にいう「保存」の意義を適時提示可能な状態で保存することと説示した点である。

「保存」の状態が適時提示を可能とする状態でなければ，消費税法上の仕入税額控除の適用が認められないとしたこの最高裁判決の反響は大きく，所得税法や法人税法上の帳簿の保存に対するコンプライアンスにまで大きな影響を及ぼすことになったことは間違いがないといえよう。

Tax Lounge　　税務調査における納税者の協力

納税者が税務調査に応じない場合の法的対処方法は各国さまざまである。

アメリカの内国歳入庁は，税務調査に応じない納税者に対して，指定の場所や時間に出頭すべきことを要求するサモンズ（Summons）を発する。これにより，裁判所が税務当局の質問検査に応じるように命じ，その命令に従わない場合には，身柄拘束をしたり，納税者に対する民事罰を与えるのである。

フランスでは，調査協力を得られない場合には，推計課税を実施するが，その際に，制裁として確定税額の105％の重加算税が課されるとともに，裁判所により租税過料が科されたりする。

ドイツにおいても推計課税を実施し，一定の推計方式を用いて高めの推計金額を算出することとしているのである。また，行政上の義務履行確保手段としての強制金制度も設けられている。

では，我が国はどうであろうか。我が国には，サモンズのような制度はないが，推計課税制度はある。しかし，我が国では，推計課税を制裁として位置付けるというような見地には立っていないのである。

なお，我が国の不答弁罪や調査忌避罪（旧所法242，旧法法162）の適用事例はわずかに6例にとどまっている。

9 推計課税

(1) 推計課税規定

　課税標準の算定に当たっては，基本的に実額課税（☞実額課税とは）によるべきであろうが，これがままならない場合には，推計課税（☞推計課税とは）による課税がなされることがある。

> ☞ **実額課税**とは，所得課税を前提とすると，真実の所得金額を把握し算定した上これに基づいて課税する方式をいう。
> ☞ **推計課税**とは，所得課税を前提とすると，何らかの理由により真実の所得金額の把握ができない場合においても租税法律主義ないし租税公平主義からいって課税を放棄することは許されないため，このような場合に，真実の所得金額それ自体ではないがこれに近似すると推認される金額を算定し，これを租税法上にいう所得金額として課税する方式をいう。

　所得税法や法人税法では，この推計課税による課税ルールを実定法において定めている。

> **所得税法156条《推計による更正又は決定》**
> 　税務署長は，居住者に係る所得税につき更正又は決定をする場合には，その者の財産若しくは債務の増減の状況，収入若しくは支出の状況又は生産量，販売量その他の取扱量，従業員数その他事業の規模によりその者の各年分の各種所得の金額又は損失の金額…を推計して，これをすることができる。

> **法人税法131条《推計による更正又は決定》**
> 　税務署長は，内国法人に係る法人税につき更正又は決定をする場合には，内国法人の提出した青色申告書に係る法人税の課税標準又は欠損金額の更正をする場合を除き，その内国法人…の財産若しくは債務の増減の状況，収入若しくは支出の状況又は生産量，販売量その他の取扱量，従業員数その他事業の規模によりその内国法人に係る法人税の課税標準…を推計して，これをすることができる。

　では，このような実定法上の規定がないと推計課税は許されないのであろうか。
　所得税法156条および法人税法131条は，ともに昭和25年改正によって規定さ

れたものであるが，これらの条文が設けられる以前には，推計課税は認められなかったのであろうか。これらの条文が規定される以前に推計課税の合法性が争われた事例として，最高裁昭和39年11月13日第一小法廷判決（訟月11巻2号312頁）がある。同最高裁は，次のように判示している。

> 「所得税法が，信頼しうる調査資料を欠くために実額調査のできない場合に，適当な合理的な推計の方法をもって所得額を算定することを禁止するものでないことは，納税義務者の所得を捕捉するのに十分な資料がないだけで課税を見合わせることの許されないことからいっても，当然の事理であり，このことは，昭和25年に至って同法46条の2〔筆者注：現行法156条〕に所得推計の規定が置かれてはじめて可能となったわけではない。かように，法律の定める課税標準の決定につき，時の法律においても許容する推計方法を採用したことに対し，憲法84条に違反すると論ずるのは，違憲に名をかりて所得税法の解釈適用を非難するものにほかならない。」

このように，最高裁昭和39年判決においては，明文の規定がない当時の推計課税も肯定されており，推計課税は明文の規定なくしても行い得るのであって，この判例の考え方からは，所得税法156条は確認的規定であるという論理的帰結に結びつくのではなかろうか。このあたりの議論は，推計課税規定をもたない消費税法においても推計課税が認められるとする見解に大きな理論的根拠を提供するものである。

📎 旧料理飲食等消費税（地方税）についての議論であるが，新潟地裁昭和53年7月31日判決（行裁例集29巻7号1383頁）は，「所得税法及び法人税法は，それぞれ明文（所得税法第156条，法人税法第131条）をもって推計により更正又は決定の処分ができることを規定しているが，これに対して地方税法は，かかる種類の明文の規定を置いていない。しかし，更正手続について検討するのに，納税義務者の申告にかかる課税標準額ないし税額について信頼を措き難く，他方において課税のための十分な直接資料もない場合，課税標準又は税額の更正による税法所定の正当なる課税をなすことなく，これをなし得ないものとして更正の手段を否定してしまうことは，適正なる課税権の行使を怠り，ひいては課税負担の不公平を来すこととなり，およそ法律に従った徴税の確保は期し難い結果となる。かような基本の性格から考えると，地方税法においても更正による課税を禁じているものとは到底解されないところ，当該更正処分をなし得べき直接資料を把握できない場合，これに代えるに適切妥当な認定資料が収集され，やむを得ない補完として十分使用できるときには，間接事実，標準値，基準率等を用いることになるが，これらの資料の収集自体に，又はその結果からする推論に，推定の介在することは避けられないというべく，むしろその正しさを期するためには，その選択の方法が，行政庁の恣意に流れず，その推論もまた合理的になされれば，足りるとすることが必要というべきである。課税の目的及び必要に照らせば，右のような方法を用いて得た判断は，たとい

基礎となる客観的事実には完全に符号〔ママ〕しないとしても，必要不可欠の処置として是認されるべきであり，地方税法においても推計課税は一般論として許されているといわなければならない。」と判示している。

(2) 推計課税の本質

推計課税とはいかなる性質を有する課税方法なのであろうか。この点については，近時，事実上推定説という考え方と補充的代替手段説という考え方が論議されてきている。

ア　事実上推定説

従来からの見解である事実上推定説とは，推計課税を間接的な資料と経験則を用いて真実の所得額を事実上の推定によって認定するものであるとする考え方である。

例えば，実額反証（☞実額反証とは）が許されるか否かが争点となった事例において，大阪高裁昭和62年9月30日判決（行裁例集38巻8＝9号1067頁）は，「実額課税，推計課税といっても，それぞれ独立した二つの課税方法があるわけではなく，両者の違いは，原処分時に客観的に存在した納税者の所得額（以下「真実の所得額」という。）を把握するための方法が，前者は伝票類や帳簿書類などの直接資料によるのに対し，後者はそれ以外の間接的な資料によるという点にあるにすぎず，いずれにせよ，最終的に問題となるのは，真実の所得額がいくらであるかということであるから，納税者の実額の主張は，それが真実の所得額に合致すると認められる限りは許さざるを得ないと解するのが相当である。」として，事実上推定説の立場をとる。

> ☞ **実額反証**とは，原処分時において納税者が実額を算定するにたりる帳簿書類等の直接資料を提出せず，税務調査に協力しないため，やむを得ずなされた推計課税に対し，審査請求時または訴訟の段階になって実額によって所得を認定すべきであると主張し，推計によって算定された所得金額が実額に比べて過大であるとして，その推計課税の違法性を主張することをいう。原処分時において推計の必要性が存在すれば，後にこれが欠けることとなっても，その推計方法が合理的である限り，これによって把握された所得金額を実額の主張によっては崩し得ないとする見解や，納税者が調査に協力せず，課税庁をしてやむなく推計課税をせざるを得ない事態に追い込んでおきながら，実額の主張をするのは信義則に反し許されないとの見解がある。

イ　補充的代替手段説

支配的な見解である事実上推定説に対して，補充的代替手段説が唱えられている。これは，推計課税は実額課税ができない場合に補充的に代替手段として

認められる実体法上の課税方法であるとする考え方である。

例えば、京都地裁平成6年5月23日判決（判タ868号166頁）は、「推計課税（所得税法156条）は、課税標準を実額で把握することが困難な場合、税負担公平の観点から、実額課税の代替的手段として、合理的な推計の方法で課税標準を算定することを課税庁に許容した実体法上の制度と解するのが相当である。そうすると、推計課税は、<u>実体法上、実額課税とは別に課税庁に所得の算定を許す行為規範を認めたものであって、真実の所得を事実上の推定によって認定するものではないから、その推計の結果は、真実の所得と合致している必要はなく、実額近似値で足りる</u>。だから、推計方法の合理性も、真実の所得を算定しうる最も合理的なものである必要はなく、実額近似値を求めうる程度の一応の合理性で足りると解すべきである。したがって、他により合理的な推計方法があるとしても、課税庁の採用した推計方法に実額課税の代替手段にふさわしい一応の合理性が認められれば、推計課税は適法というべきである。それとの推計方法の優劣を争う主張は、主張自体失当である。」として補充的代替手段説を採用する。

補充的代替手段説は、実額で課税標準等を把握することができない場合に補充的になされるものとして推計課税を捉えている点では、事実上推定説と同義であるし、実際の推計結果が実額近似値でたりるとする点においてもすでに承認されてきた考え方であったが（最高裁昭和40年7月6日第三小法廷判決・税資41号855頁）、事実上推定説と大きく異なるのは、実額反証などによる推計方法の優劣を争う納税者側からの主張を認めないとする点にある（今村ほか・理論と実務172頁以下、中尾・税務訴訟入門234頁）。

(3) 推計の必要性

推計課税がどのような条件のもとで許されるかという点は、推計課税の必要性論として、これまでも議論されてきた。それと同時にどのような手段を講ずるならば間接資料だけで十分に課税の根拠を示し得るのかという推計課税の合理性論も議論されている。推計課税の必要性を推計課税の要件というべきか否かについては議論のあるところである。

通説・判例は、一般に推計課税の必要性と合理性の両者が推計課税の適用要件であると解している。

① 帳簿書類その他の資料を備え付けておらず，収入・支出の状況を直接資料によって明らかにすることができない場合（大阪地裁昭和52年7月26日判決・行裁例集28巻6＝7号727頁）
② 帳簿書類等の備付けがあっても，誤記脱漏が多いとか，同業者に比して所得が低率であるとか，二重帳簿が作成されているなど，その内容が不正確で信頼性に乏しい場合（東京高裁昭和57年5月27日判決・訟月28巻12号2377頁）
③ 納税者またはその取引関係者が課税庁の調査に非協力な態度をとったために直接資料を入手できない場合（東京高裁平成11年9月28日判決・判時1740号28頁）

が挙げられる。

これら，①帳簿書類の不存在，②帳簿書類の不備，③調査の非協力の場合に推計課税の必要性が肯定されると解するのが通説の立場である（金子・租税法853頁）。

(4) 推計方法

推計課税において通常用いられる方法には次のようなものがある。これらのうち，実務上は圧倒的に同業者比率による比率法が多い。

① 本人率法…納税者本人の一定期間の記帳や伝票等の原始記録等に基づいて所得金額等を算出する方法をいう。

② 所得標準率法…実額調査などのデータを相当数集計し統計学的手法によって，業種や業態ごとの平均所得率（特前所得率（☞特前所得率とは））や差益率，経費率などを算出する方法をいう。過去においては，農業標準と呼ばれる農業所得専門の所得標準を用意して，これを内部資料に活用していた。

③ 同業者率法…当該納税者と同業種の他の納税者の特前所得率や，差益率，経費率等の平均値を算出

図表

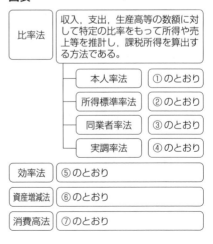

する方法をいう。当該納税者とできるだけ条件の同業者を選定する工夫がなされる。もっともよく利用される方法である。
④ 実調率法…実地調査の対象とした所轄税務署管内の同業者の全数の収支計算資料等をすべて集計してその所得率等の平均値を税務署単位で算出する方法をいう。
⑤ 効率法…生産個数，販売個数，原材料の数量等の1単位当たりの収入金額や所得金額等を算出する方法をいう。
⑥ 資産増減法…課税年度の期首と期末の資産および負債を比較して算出された純資産の増加額に所要の調整を加えて所得を算出する方法をいう。所得税においては，年間の消費の額を加算し，法人税においては社外流出額を加算する。
⑦ 消費高法…所得税の場合に，消費生活上の支出額を基礎に課税所得を算出する方法をいう。

☞ **特前所得率**とは，個人の所得税における推計課税の計算において，青色申告特別控除や青色事業専従者給与を控除する前の所得金額である「特前所得」の売上（収入）に占める割合をいう。

(5) 推計課税の合理性
ア 要請される合理性の意味
推計課税はあくまでも課税標準の実額を把握する資料がない場合にやむを得ず行われるものであるから，もっともよく実際の課税標準に近似した数値が算出されることが求められる。そこで，推計が果たして合理性のあるものか否かが問題となる。ここで要請される合理性とは，算出される課税標準額が合理性を有する必要があると考える結果の合理性説（☞結果の合理性説とは）と手続が合理性を帯びていればよいと解する推計方法の合理性説（☞推計方法の合理性説とは）に分かれるが，推計方法の合理性説が妥当であろう。

☞ **結果の合理性説**とは，推計課税において合理的であるべきものは方式ないし方法ではなくて，計算の結果としての，あるべき所得ないし税額でなければならないとする見解である（森勝治「判例からみた推計課税について」租税3号149頁）。いかに合理的方法，方式で行われたとしても算出された数値としての所得ないし税額が他の類似の納税者より過少，過大なものであるときは合理的な推計とはいえないとする立場である。

☞ **推計方法の合理性説**とは，東京地裁昭和38年10月30日判決（行裁例集14巻10号1766頁）が，「所得税，法人税の認定に関する課税処分の取消訴訟においては，専ら，行政庁の認定方法，手続が合理的であるかどうかのみを審査の対象とすべきであって，税額自

体が誤っているかどうかは、裁判所の審査すべき問題ではない」と判示するのと同様の見解である。

推計方法の合理性説に立つ南博方教授は、まず第一に、推計の基礎事実が確実に把握されていなければならない（推計基礎の確実性）、第二に、その推計方法が、具体的事案に適用し、所得金額を推算する方法として最適でなければならない（推計方法の最適性）、第三に、その推計方法は、できるだけ真実の所得金額に近似した数値を把握し得るような客観的なものでなければならない（推計方法の客観性）という要請があるとされる（南「推計課税の理論的検討」租税3号127頁）。この見解が通説である。

イ 一応の合理性

「合理的な推計」とは、どの程度の合理性を有する推計と解すべきであろうか。学説は一応の合理性でたりるとする見解が有力である。

推計課税の要件事実の立証の程度について、田中勝次郎教授は、「一般的にいえば、ある事実を認定するに一応十分とされる程度の証明、すなわち『一応の立証』（一応の推定）（prima facie Beweis）で足りる（一応の立証すらできなければ処分は取り消される）と解すべきであろう」とされ（田中「所得標準率の法律上の性質と挙証責任」税法12号9頁）、この見解からさらに、松澤智教授は、「おもうに推計課税の本質は、正確な所得が把握できない場合に、推計による結果が真実の所得金額に合致する蓋然性があると認められれば、その推計の結果をもってそれを一応真実の所得金額と認めようとするものであるから、その推計の過程が一般的に合理的であると認めて、裁判所が推計の結果をもって真実の所得金額と合致する蓋然性があるとの心証を形成させれば、課税庁は立証の目的を達したことになるのであるから、したがって税務訴訟では一応の立証を以って妥当というべきであろう。」と主張される（松澤・実体法182頁）。この点について、東京高裁昭和60年3月26日判決（行裁例集36巻3号362頁）は、次のように説示している。

> 「推計課税においては、推計の方法につき一応の合理性が認められる場合には、これによる結果を争う側において、右方法により推計された課税標準額が誤りであり、実際の課税標準額がこれとは異なっていることを客観的、具体的に明らかにすべきであり、この点についての主張・立証がないかぎり、右方法により推計された課税標準額をもとにした課税処分は適法なものと認めるのが公平の観念に照らし相当というべきである」

また，大阪地裁平成2年4月11日判決（判タ730号90頁）は，次のように判示している。

> 「一般に被告〔課税庁〕の主張する推計方法に一応の合理性が認められる場合には，特段の反証がされない限り，右の推計方法によって算出される課税標準等の額が真実の課税標準等の額に合致するものと事実上の推定をすることができる。」

¶レベルアップ1！　必要性要件の法的性質

推計の必要性要件と呼ばれるものの性質をどのように理解すべきかについては議論がある。見解としては，推計の必要性を課税処分の適法性の要件とみる効力要件説と単なる訓示にすぎないとする行政指針説に分かれているが，そのほか，これらの見解の折衷的立場からの折衷説や，新折衷説の議論が展開されている。

(ア)　効力要件説

効力要件説は，当初の課税処分時に推計の必要性を欠く場合にはたとえ推計額が実額の範囲内にあることが認定されたとしても，処分は手続上の適法性を具備しないとして違法となるという考え方である。

金子宏教授は，「所得税および法人税では，申告納税が原則であり，またその理想は実額課税であるから，推計課税の利用は無条件に認められるわけではなく，税務署長は，まず必要な直接資料の入手につとめるべきであり（そのために質問検査権が認められている。），十分な直接資料が得られない場合にはじめて推計課税が許されると解すべきである。」とされている（金子・租税法853頁）。

(イ)　行政指針説

行政指針説は，あくまでも推計の必要性は講学上の議論であり，実定法上の規定のないものであるから，必要性の有無は課税処分の適否とは関係がないのであって，あくまでもこの要件たるものは，訓示的ないし行政指針的なものにとどまり，この要件を税務当局が主張・立証する必要はないという考え方である。

例えば，大阪地裁平成3年10月15日判決（訟月38巻6号1117頁）は，次のように判示している。

> 「いわゆる推計課税というのも，実額課税と別個の特別の課税処分ではなく，課税標準等が（間接事実からの）推認で認定されたものを呼ぶにすぎないと考えられる。推認は，直接の証拠による認定に比すると，事実認定としては劣る場合があるから，課税標準等の認定に当たって，事実認定の通例に従い，より正しい認定が可能な直接の証拠の存する場合には，推認の方法を用いるべきものではなく，このことは事実認定の一法則であるといえる。しかし，右のように，推計は事実認定の一方法に過ぎないのであるから，課税処分の時点において，直接証拠で（実額で）課税標準等を認定することが不可能ではないにもかかわらず，これを推計（推認）によって認定しえたとしても，右認定にかかる課税標準等が訴訟に提出された証拠により認められる以上，それは課税処分取消の理由となるものではないというべきである。」

ここでは行政指針説が採用されている。

(ウ) **折衷説**

折衷説は，推計の必要性を課税処分の適法要件として捉える立場をとりつつも，推計による算出額が実額により立証された額の範囲内である場合には，推計の必要性の欠缺という手続上の瑕疵は事後的，相対的に軽微化したものとなり，その限度で適法要件の欠缺は違法事由とはならないとする考え方である。

例えば，東京地裁昭和55年9月22日判決（行裁例集31巻9号1928頁）は，次のように説示している。

> 「実額課税が不可能ないしは著しく困難であるため推計課税の方式によるほかない場合…であっても，伝票等の原始記録，反面調査の結果等の資料により実額の算定が現実の徴税事務処理の方法として可能であるときには，…推計課税が已むを得ない場合の例外的な課税方式であることにかんがみ，実額課税の方式によるべきものである。そうして，このような事案において，課税庁がどのような範囲，程度の調査を尽したときに已むを得ないものとして推計課税が許容されるかという点については，具体的事案に即し，前述した帳簿書類の不備等の実額課税を阻害する事由の内容，経緯，課税庁のなす調査の方法として考えられるものの有無，難易等諸般の事情を考慮して決するほかない。」
> 「本件各更正は，A，O，M，T及びE買受けに係る本件宅地5筆につき推計の必要性を欠くにもかかわらず，実際の売買代金額を推計してされたこととなる…。しかしながら，このような場合においても，後に当該更正の効力が争われた訴訟において，所得金額の実額が立証され，更正に係る所得金額が右実額の範囲内にあるときは，右更正は，結局適法なものとしてその効力を肯定されるべきものと解する。」

これはいわゆる折衷説の立場である。

実定法が支配する租税法律主義を前提として考えると行政指針説が妥当であ

ると思われるが，推計課税に必然的に随伴する不確実性を処分段階でできるだけ排除しようとする効力要件説の見解にもうなずけるところがあることからすれば，処分時に推計の必要性が欠けていることは処分の違法事由となるが，訴訟において課税標準が実額で立証されたときには違法事由とはならないと解する折衷説が妥当であるように思われる（中尾・税務訴訟入門240頁）。

(エ) **新折衷説**

折衷説では，なぜ推計による認定額が実額の範囲内にある場合には，課税処分が違法とならないとするのかという点での理論的説明が必ずしも明らかにはされていないことから，新折衷説が展開されている。この説は，実額で認定できないという推計の必要性は，推計による課税処分の有効要件とはなり得ないものの，推計による認定方法を許容するための要件となるとする考え方である。

例えば，福岡地裁平成2年11月8日判決（判時1394号58頁）は，次のように判示している。

> 「税務署長が所得金額等の実額を把握しえない場合に，課税を放棄することは税の公平負担の観点から適当でないから，…例外的に，各種の間接的な資料を用いて所得を認定するいわゆる推計課税の方法を利用して課税することが許されるものというべきである。
> なお，一般に推計課税という表現が用いられるが，実額課税と推計課税との異別二種類の課税処分があるわけではなく，いわゆる推計課税も，特別の課税手続ではなくて，課税標準認定の一態様にすぎず，更正等の課税処分は認定された課税標準に従って行われるものであるから，推計の必要性が更正等の課税処分の独立した手続要件（効力要件）であるということは必ずしも妥当でないが，…推計による推認方法を採用することを許容するための要件，すなわち，推計によって算出された金額が真実の金額である旨の事実上の推定を働かせる基礎事情となるものというべきであり，推計による所得あるいは収入，経費の認識を基に課税処分を維持しようとする限りにおいては，推計の必要性が認められない以上，推計の基礎を欠くことによって，推計による認定ができず，その結果，被告の主張する所得の証明がなされないことにより，課税処分が違法とされる関係にあるものであると解される」

この判決から直截的に新折衷説を導出し得るかという点については議論もあり得るが，原処分が推計課税であっても，訴訟において，課税標準を認定する際に，直接的資料により認定する場合は，推計の必要性は要件とされないものの，間接的資料により推計の方法を用いて認定する場合には，推計の必要性を要件と考えるとするこの見解は，理論的に整理された見解として注目に値しよう。

¶レベルアップ2！　合理性の検討
(ア)　選定件数の合理性
　推計課税において同業者率を採用する場合には，抽出された比準同業者の数が多い方が望ましいといえようが，そもそも推計課税で得られる数値は一般的，抽象的な見地から真実の所得金額に一致する蓋然性があればたり，推計方法に一応の合理性が認められるのであれば，その実額近似値は原則的に適法であると考える。したがって，合理性の検討に際しては，一般的，抽象的にみて実額に近似した推計結果を得るに必要な限度で類型的な事実について考察されればたりると解すべきではないかと考える。すなわち，選定件数について，東京地裁昭和50年4月1日判決（税資81号1頁）が「同業者の抽出数は資料に客観性を与えるに足りるものであることを要する」と説示しているように，業種，業態との関係で推計資料としての信頼性がどこまで認められるかにかかっているといっても過言ではないと思われる。他方，東京高裁平成7年6月26日判決（税資209号1148頁）は，同業者の類似性を過度に要求することは，推計の方法による課税自体を不可能にすることになりかねず，推計課税が認められる以上，業種・業態，事業所の所在地，事業規模等の基本的な要因において同業者の抽出が合理的であれば，同業者間に通常存在する程度の個別的な営業条件の差異は，それが推計自体を不合理ならしめる程度に顕著なものでない限り，その経費率を平均値を求める過程で捨象されるとしており，業種，業態の厳密な類似性が求められるのではなく，特殊性の程度によってその同業者抽出の合理性は判断されると理解したい。
　一般的に同業者率による推計については，比準同業者数が多いほど得られる同業者率には普遍性・合理性が認められ，逆に比準同業者数が少ないときはこれによって得られる同業者率には対象となった同業者の営業上の個性が現われることになり，普遍性・合理性は乏しいものとならざるを得ない。ことに正確な資料を有する同業者がわずか1件にすぎないような場合の同業者率による推計は，一見すると普遍性の担保を欠き推計の十分な裏付けを欠くとも考えられる。しかしながら，このような場合であっても，同業者率は同業者一般の普遍的平均値としての性質よりも，むしろ納税者の営業の類似性を尊重した結果であり，類似性の判断に恣意性がなく，正確な抽出方法によるのであれば，その同業者率による推計は合理的なものであると解されるべきであろう。

(イ) **同業者抽出作業の正確性**

同業者の抽出作業に正確性が要請されるのは当然であり，思惑や恣意性の混在を許さないのは当然であろう。このことは，合理性が信頼度によって担保されているとする理論的帰結でもある。

また，同業者の抽出作業の正確性が認められれば，恣意性が排除されるという関係にあると思われる。宇都宮地裁平成10年3月19日判決（税資231号50頁）は，「本件抽出基準に該当する者をすべて抽出したのであって，その抽出過程に被告の恣意が介在する余地は認められない。」と判示している。

(ウ) **比準同業者との同一地域に係る類似性―地域的近接性―**

同業者の抽出に当たって，地域的な近接性をどこまで重視するかという問題がある。

この点について，松江地裁平成4年10月14日判決（税資193号36頁）では，原告納税者が出雲市内の市街地から離れた場所に立地していたところ，選定された比準同業者のほとんどが山陽側の業者で，山陽と山陰の地域差や大都市と農村との差異を無視していると原告は主張したところ，比準同業者の類似性を否定するにはいたらないと判断されている。この事例では，原告が水道器材の販売業を営む者であり，特定の地域性を強調する業種ではないと判断されたのではないかと考えられる。地域的近接性の問題は，推計を行う事業の特性に大きく依存しているということが分かる。

地域性が業務の独自性を性格付ける場合や，価格形成等の地域格差が認められる場合には，同一地域であるかどうかが重要性を帯びることとなると解されるが，そうでない場合には同一地域であることをあまり強調する必要性はないのではないかと考えられる。

10　附帯税

(1) 附帯税概観

　申告期限内における適正な申告書の提出，納付期限内における適正な納付を担保する制度として，附帯税制度がある。具体的には，延滞税，利子税および加算税の制度があるが，上記期限内に適正に義務を履行した者との権衡を図ることにその目的がある。

　これらは，本税に附帯して負担されるものであることから附帯税と呼ばれている（通法２四）。附帯税には，本税と併せて徴収することとされていること，計算の基礎となる税目の国税とされることといった附随的性質がある（通法60③④，64①③，69）（附帯税の理論的あるいは実務的問題については，酒井・附帯税を参照）。

(2) 加算税の概要

　大阪高裁平成２年２月28日判決（税資175号976頁）は，加算税を「正確な申告を確保するため，期限内申告書が提出された場合において，修正申告書の提出又は更正があったときに，当該納税者に課される」ものと位置付け，「申告納税制度を維持するために正確な申告を確保することをその目的としている。この正確な申告を確保する目的からすれば，期限内申告書に記載されるべき課税標準等と税額等のいずれもが正確に記載されなければならず，右税額等の計算方法を誤った場合と，右課税標準等を誤った場合とで，過少申告加算税の課税上の取扱いを異にする理由はないことになる。」と判示している。これは過少申告加算税の制度趣旨を述べたものであるが，加算税制度とは，租税法に従った申告納税を確保するために設けられた行政上の制裁と解されている。

　また，特に，重加算税は，納税者が隠蔽，仮装という不正手段を用いた場合に，これに特別に重い負担を課することによって，隠蔽，仮装したところに基づく過少申告等による納税義務違反の発生を防止し，もって申告納税制度の信用または源泉徴収制度を維持し，徴税の実を挙げる趣旨に出た行政上の秩序罰である。

　加算税制度の課税要件，課税割合等はおおむね次表のとおりである。

図表　加算税制度の概要

種類	課税要件	納付すべき税額に対する課税割合
過少申告加算税 （通法65①）	申告期限内に提出された納税申告書に記載した金額が過少で修正申告または更正があった場合	10%（期限内申告税額相当額と50万円のいずれか多い額を超える部分については15%）
無申告加算税 （通法66）	申告期限までに納税申告書を提出せず，期限後申告または決定があった場合，あるいは期限後申告または決定の後に修正申告または更正があった場合	15%（納付すべき税額が50万円を超える部分については20%）
不納付加算税 （通法67）	源泉徴収などにより納付すべき税額を法定納期限までに納付しないで，法定納期限後に納付または納税の告知をする場合	10%
重加算税 （通法68）	国税の基礎となる事実を隠蔽または仮装し，それに基づき過少申告，無申告，不納付となった場合	過少申告加算税に代えて35% 無申告加算税に代えて40% 不納付加算税に代えて35%

　加算税制度は適正な申告納税制度や徴収納付制度の運営のために資するものではあるが，他方で，過度に納税者を委縮させる懸念もある。本税および延滞税に加えて加算税が課されることを覚悟の上で行政解釈を争うことが必要となるため，資力に乏しい納税者は行政解釈を争うことに躊躇してしまうという点が考えられる（中里ほか・概説37頁）。

　なお，平成28年度税制改正により，加算税制度は次のように加重されることとなった。

　まず，調査を行う旨等の通知以後，かつ，その調査により更正または決定があることを予知（以下「更正予知」という。）する前にされた，修正申告に基づく過少申告加算税の割合について，現行0％とされていたところを5％（期限内申告税額と50万円のいずれか多い額を超える部分は10％）とし，期限後申告または修正申告に基づく無申告加算税の割合については，現行5％については10％（納付すべき税額が50万円を超える部分は15％）とされることとなった。

　加えて，期限後申告もしくは修正申告（更正予知によるものに限る。）または更正若しくは決定等（以下「期限後申告等」という。）があった場合において，その期限後申告等があった日の前日から起算して5年前の日までの間に，その期限後申告等に係る税目について無申告加算税（更正予知によるものに限る。）または重加算税を課されたことがあるときは，その期限後申告等に基づき課する無申告加算税の割合（現行：15％，20％）または重加算税の割合（現行：35％，40％）について，それぞれその割合に10％が加算することとされた。

　なお，これらの改正は，平成29年1月1日以後に法定申告期限が到来する国税について適用される。

(3) 加算税の免除
ア 「正当な理由」による加算税の免除
(ア) 国税通則法の規定

例えば，過少申告加算税は，修正申告書の提出または更正に基づき納付すべき税額に対して課されるのであるが，その納付すべき税額の計算の基礎となった事実のうちにその修正申告または更正前の税額の計算の基礎とされていなかったことについて「正当な理由」があると認められるものがある場合には，その部分について課さないこととされている（通法65④）。「正当な理由」による加算税の免除は，無申告加算税にも不納付加算税にも認められている（通法66①ただし書，67①ただし書）。

このように，修正申告書の提出または更正に基づき生ずる納付すべき税額に対して課される過少申告加算税の場合は，その納付すべき税額の計算の基礎となった事実のうちにその修正申告または更正前に税額の計算の基礎とされていなかったことについて「正当な理由」があると認められる事実がある場合には，その事実に基づく税額部分については加算税が課されないこととされている。

(イ) 加算税通達

平成12年7月3日付け事務運営指針「申告所得税の過少申告加算税及び無申告加算税の取扱いについて」においては，「正当な理由」に当たる事実として，次のような例示を通達している。

① 租税法の解釈に関し，申告書提出後新たに法令解釈が明確化された場合
② 当局による減額更正があり，その後の修正申告または国税通則法26条の規定による再更正による税額が申告税額に達しない場合
③ 法定申告期限の経過の時以後に生じた事情により青色申告の承認が取り消されたことで，青色事業専従者給与，青色申告特別控除などが認められないこととなった場合。
④ 確定申告の納税相談等において，税務職員等が納税者に対して誤った指導を行い，納税者がその指導に従ったことにより過少申告となった場合

(ウ) 判例・通説

判例は，「正当な理由があると認められる場合」について，加算税を課すことが「不当又は酷」となる場合をいうと理解する。

例えば，最高裁平成18年11月16日第一小法廷判決（判時1955号37頁）は，次の

ように判示している。

> 「過少申告加算税は、…当初から適正に申告し納税した納税者との間の客観的不公平の実質的な是正を図るとともに、過少申告による納税義務違反の発生を防止し、適正な申告納税の実現を図り、もって納税の実を挙げようとする行政上の措置である。この趣旨に照らせば、過少申告があっても例外的に過少申告加算税が課されない場合として国税通則法65条4項が定めた『正当な理由があると認められる』場合とは、真に納税者の責めに帰することのできない客観的な事情があり、上記のような過少申告加算税の趣旨に照らしてもなお納税者に過少申告加算税を賦課することが不当又は酷になる場合をいうものと解するのが相当である」

では、ここにいう「不当又は酷」とは何を意味するのであろうか。次にこのあたりについて考えていきたい。

(エ) 「不当又は酷」が認定された事例

(a) 「不当」　所得税の申告を依頼した税理士が、税務署職員と共謀して架空経費を計上した上、内容虚偽の納税申告書を作成、提出して過少申告を行っていたことが発覚し、納税者が修正申告をしたところ、更正処分および決定処分を受けたため、これらの処分の取消しを求めた事案の上告審最高裁平成18年4月25日第三小法廷判決（民集60巻4号1278頁。酒井・ステップアップ302頁参照）がある。同最高裁は、次のように説示する。

> 「税理士が本件不正行為のような態様の隠ぺい仮装行為をして脱税をするなどとは通常想定し難く、一審原告としては適法な確定申告手続を行ってもらうことを前提として必要な納税資金を提供していたといった事情があるだけではなく、それらに加えて、本件確定申告書を受理した税務署の職員が、収賄の上、本件不正行為に積極的に共謀加担した事実が認められ、租税債権者である国の、しかも課税庁の職員のこのような積極的な関与がなければ本件不正行為は不可能であったともいえるのであって、過少申告加算税の賦課を不当とすべき極めて特殊な事情が認められる。」

いわばこのような見方は、クリーンハンド（clean hands）の原則（酒井・ステップアップ301頁参照）の適用であるともいえるが、このように行政上の措置を課すには適当でないという場合の判断として、「不当」であるといわれることがある。これは、加算税の意義を行政上の制裁として捉えているからにほかならず、他方、加算税の趣旨を当初から適法に申告し納税した者との公平性を図るという面から説明しようとすれば、このように「不当」な場合に加算税を免除するという理解には結びつきづらいのではなかろうか（酒井克彦『正当な理由』

をめぐる認定判断と税務解釈』44頁（清文社2015））。

(b)　「酷」　加算税を課すことが「酷」に当たるとして「正当な理由」該当性が判示された事例として，大阪地裁昭和43年4月22日判決（行裁例集19巻4号691頁）がある。

この事例では，納税者が税務署に出頭して，居住用財産の買換特例の適用を受けたい旨の意向を伝えたところ，税務署係員に買換資産の取得価額の見積額その他の明細を記載した申請書の代行記載を行ってもらい，その書類に署名押印をしたことから必要な手続が終了したと思い込み，それ以上何らの手続もとらないまま放置するにいたったという事実認定がなされた。この事例において，同地裁は次のように説示している。

> 「本件土地建物が原告〔納税者〕より訴外Uに譲渡された事実を察知して原告をN税務署に呼出した被告〔税務署長〕もしくは同税務署の担当係員が，原告が居住用財産の買換の特例の適用を受けたい旨の意向を示したのに対して，買換財産の取得価額の見積額等を記載すべき前記申請書の提出事務のみを代行したにとどまり，これとともに確定申告書用紙を原告に交付もしくは送付し，所定の記載をなして右承認書とともにこれを期限内に提出するよう指導し説明することはもちろん，確定申告書の提出についてなんら言及するところがなかったのは，担当係員として行き届いた態度であったとはとうてい認めることができず，また，原告が…期限内に確定申告書を提出しなかったのは誠に無理からぬところであるといわざるをえないのであって，したがって，右確定申告書の提出がなかったことを理由に，これが税法上の義務の不履行にあたるものとして行政上の制裁を課することは原告にとってきわめて酷であるといわなければならない。」

このように，加算税が行政上の制裁的措置であることからすれば，それを課すことが行政上の措置として適当ではないとして，「不当」性が強調される場合があり，また，納税者に対してそのような措置がとられることが「酷」であるという点から「正当な理由」が考慮される場合があるのである。いずれにしても，「正当な理由」を考えるとき，「不当又は酷」が，いわば行政制裁的措置を講ずるにふさわしいか否かの妥当性の判断基準として意義を有すると説明することができると考える。

　　イ　自主修正
　　(ｱ)　更正の予知

修正申告書の提出が，「申告に係る国税について調査があったことにより当該国税について更正があるべきことを予知してされたものでないとき」には，

過少申告加算税は課されない（通法65⑤）。加算税が免除されるのは、「正当な理由」がある場合と、修正申告が「更正があるべきことを予知してされたものでないとき」だけである（ただし、前述のとおり、平成28年度税制改正により、調査が行われる旨の事前通知から更正予知前までになされる自主修正においては加算税は免除されず、原則5％の過少申告加算税が課されることとなる。）。後者の加算税免除理由は一般に「更正の予知」と呼ばれているが、どのようなタイミングで提出された修正申告書であれば、更正を予知したものでないと認められるかについては、これまで多くの議論があり、学説上も見解が分かれている。

(イ)　「更正の予知」のない修正申告に加算税を課さない理由

　更正があるべきことを予知してされたものでない修正申告に過少申告加算税を賦課しない、または低い課税割合とするというのは、申告納税制度の普及を図るために自発的な修正申告を奨励することが目的であると、一般的に説明されている。この点につき、例えば、和歌山地裁昭和50年6月23日判決（税資82号70頁）は、次のように判示している。

> 「税務当局の徴税事務を能率的かつ合理的に運用し、申告の適正を維持するため、税務当局において先になされた申告が不適法であることを認識する以前に、納税義務者が自発的に先の申告が不適法であることを認め、あらたに適法な修正申告書を提出したときには、これに対し右加算税を賦課しないこととされている」

　このように、「自発的な修正申告」を歓迎することに国税通則法65条5項の目的があるとする判示は多い。

　これに対して、大阪地裁昭和29年12月24日判決（行裁例集5巻12号2992頁）は、政府に手数をかけさせないという点を目的としていると解している。

> 「法人税法が基本的に申告納税主義を採っており、なお脱税の報告者に対する報償金の制度を採用しているところなどから考え、当該法人に対する政府の調査により更正又は決定のあるべきことを予知したものでなく、その調査の前に、即ち政府に手数をかけることなくして自ら修正又は申告をした者に対しては、過少申告加算税額、無申告加算税額、重加算税額の如きもこれを徴収せず、政府の調査前における自発的申告又は修正を歓迎し、これを慫慂せんとして右の如き規定となったものと解するのが相当であるから、右被告の主張はこれを採用することはできない。」

　このように、国税通則法65条《過少申告加算税》5項の趣旨を、政府に手数をかけることなくして自ら申告の是正を行った者に対してペナルティをかけない

ようにという意味で読み取ることが可能である。
　(ウ)　「更正の予知」の時期
　政府に手数をかけさせていない場合に加算税を免除するというのが国税通則法65条5項の趣旨であるとすれば，税務職員による調査があってから修正申告書が提出された場合には加算税を免除すべきではないとする考え方が成り立つ。その反面，自主修正により自発的に是正された場合には加算税を課さないというのが同条項の趣旨であるとするなら，調査が始まったとしても，端緒の把握や具体的な非違の指摘があるまでに提出した修正申告書は自主修正として，加算税を課すべきではないとする考え方もあり得よう。
　そこで，極端な例ではあるが会社に税務署の調査官が臨場し，玄関口で経理担当者が修正申告書を提出した場合，果たしてこれに加算税を課すべきなのか，課すべきではないのかといった議論がある。
　この点については，「更正の予知」があったとする時点の一般的な捉え方の違いにより，調査着手説（☞調査着手説とは），端緒把握説（☞端緒把握説とは），さらに不適正事項発見説（☞不適正事項発見説とは）という見解に分説される。もちろん，これらは考え方の基本であって，個別の具体的事例ごとに検討がなされなければならないのはいうまでもない。

　☞　**調査着手説**とは，調査開始段階で加算税が課されるべきと考える見解である。もっとも，ここにいう「調査」を国税通則法24条の調査と同義に解すると，内部における申告内容の検討もそれに含まれることになるが，そのような内部調査の後，納税者が実地の調査を受けた段階で「更正の予知」があると考えるのである。
　　実地調査が始まったということは，すでに申告内容を熟知している納税者にとって不適正を指摘されると考えるのが，一般的な納税者の更正の予知に関する実情に合致しているとするのである。
　☞　**端緒把握説**とは，単に税務職員が調査を開始したというだけでは更正の予知があったと解すべきではなく，当該職員が，何らかの非違の端緒となるもの，もしくは申告が不適正であるということを発見するにたりるか，もしくは端緒に当たるような資料を発見する段階以前に提出された修正申告書については，更正を予知して提出された修正申告書ではないから加算税を課すべきではないという考え方をいう。この見解の延長に，より客観的な証拠によって端緒把握を考えるべきとする見解も台頭している（客観的確実性説：東京地裁平成24年9月25日判決（🔍レベルアップ2！─115頁参照））。
　☞　**不適正事項発見説**とは，不適正事項を発見した段階までに提出された修正申告書は，更正を予知してされたものではないとする考え方である。

　税務調査において過少申告額が明確にされるのは，通常その税務調査の終結時であるから，それまで更正の予知を認めないと考えるのは，過少申告加算税

制度の趣旨を没却するし，また，税務調査の実態を無視することになろう。一方で，納税者側においては，申告当初から過少申告の事実を承知している場合もあるわけであり，その場合にはその調査が開始されれば，いずれは更正されることを認識できるはずである。調査着手説については，調査件数の多くの事案において，脱漏が発見されているというような実態からは一定の説得力を有しているとも考えられる。

　もっとも，納税者側においては，いずれ更正されるであろうという認識が調査の進展に応じて形成されていくことが多いとも考えられる。この点について，東京地裁昭和56年7月16日判決（行裁例集32巻7号1056頁）は，「税務職員がその申告に係る国税についての調査に着手してその申告が不適正であることを発見するに足るかあるいはその端緒となる資料を発見し，これによりその後の調査が進行し先の申告が不適正で申告漏れの存することが発覚し更正に至るであろうということが客観的に相当程度の確実性をもって認められる段階に達した後に，納税者がやがて更正に至るべきことを認識したうえで修正申告を決意し修正申告書を提出したものでないこと」と判示している。この点から，端緒把握説は一定の説得力をもっているといえるが，常に端緒把握説に立って解釈し，調査着手説を排除することにも大きな問題があるように思われる。

　ところで，具体的には端緒の把握のあった段階で更正の予知があるものとみるべきであると考えるとしても，実務面を考慮すれば，何をもって端緒把握と考えるのかというのは，きわめて微妙な問題（要素）を含んでいる。そこで，消極にすぎる取扱いがなされると，そもそも適正申告を促すために設けられた加算税制度の趣旨にもとる結果をも招来しかねない。税務当局内部での調査選定など「調査」が開始されるだけではたりず，納税者が自己に対する税務調査が行われていることを十分知り得る状況にいたった後に提出された修正申告書は，更正の予知があるものと解すべき余地があるのではなかろうか。したがって，基本的には，更正の予知の解釈に当たっては，端緒把握説が妥当するとしつつも，調査着手説の考え方に重心を置く立場に妥当性を見出し得る。このような理解は，「政府に手数をかけさせていない」納税者自身による申告是正には加算税を課さないとする加算税免除の趣旨にも通じるところである。なお，調査着手説に対しては，調査の拙劣さから過少申告の事実が明らかにされない場合もあり得るという期待が考慮されていないという反論もあり得るが，この

ような期待を考慮する必要性はきわめて乏しいといわざるを得ない。

(4) 重加算税の賦課
ア　重加算税の性質
　重加算税の性質については，かねてより長い間議論されてきた。過去には，刑罰としての罰金に相当するとみる見解や，損害賠償金的性質を有するとみる見解なども散見された。そこでは，憲法にいう二重処罰の禁止に抵触することはないかどうかという点が議論されてきた。

(ア)　刑事制裁説
　重加算税を刑事制裁的性格の強いものとする立場に立つと，重加算税制度が二重処罰の問題を包摂するとの考え方に近づく。この見地からは罰金相当額を重加算税の額から控除すべきとする意見も導出される。

(イ)　行政上の措置説
　今日の通説・判例は，「行政上の措置」と理解する見解に落ち着いている。例えば，最高裁昭和33年4月30日大法廷判決（民集12巻6号938頁）は，次のように説示し，罰金とは性質上異なるものであるとの判断を下した。

> 「追徴税は，申告納税の実を挙げるために，本来の租税に附加して租税の形式により賦課せられるものであって，これを課することが申告納税を怠ったものに対し制裁的意義を有することは否定し得ないところであるが，…罰金とは性質を異にするものと解すべきである。…追徴税は，単に過少申告・不申告による納税義務違反の事実があれば，同条所定の已むを得ない事由のない限り，その違反の法人に対して課されるものであり，これによって，過少申告・不申告による納税義務違反の発生を防止し，以って納税の実を挙げんとする趣旨に出でた行政上の措置であると解すべきである。」

イ　二重処罰性議論
　二重処罰性の問題は，重加算税とは何かという点を強く意識させる方向でこれまで議論されてきた。そこでは，重加算税を，「納税義務に違反した者に対する行政上の措置」と位置付ける。そして，この性格付けは，さらには，納税者の不正行為についての故意を必要としないという議論に発展する。この点につき，熊本地裁昭和57年12月15日判決（税資128号596頁）は，次のように判示している。

> 「国税通則法68条に規定する重加算税は、同法65条ないし67条に規定する各種の加算税を課すべき納税義務違反が、課税要件事実を隠ぺいし、または仮装する方法によって行われた場合に、行政機関の行政手続により違反者に課せられるもので、これによってかかる方法による納税義務違反の発生を防止し、もって申告納税制度の信用を維持し、徴税の実を挙げようとする趣旨に出た行政上の制裁措置であり、故意に所得を過少に申告したことに対する制裁ではないものである。従って、税の申告に際し、仮装、隠ぺいした事実に基づいて申告する、あるいは申告しないなどという点についての認識を必要とするものではなく、結果として過少申告などの事実があれば足りるものと解すべきである。もしそのような認識まで必要であると解すると、本来違反者の不正行為の反社会性ないし反道徳性に着目してこれに対する制裁として科せられる刑罰とは、趣旨や性質を異にするものであるにも拘わらず、刑事犯としての脱税犯の犯意と同じことになり、重加算税の行政上の制裁という本質からも外れることになるからである。」

この判断は、控訴審福岡高裁昭和59年5月30日判決（税資136号638頁）および上告審最高裁昭和62年5月8日第二小法廷判決（税資158号592頁）においても支持されている。

　　△　昭和36年7月付け政府税制調査会「国税通則法の制定に関する答申の説明」は、「重加算税の性質について、それが税として課されるところから形式的には申告秩序維持のためのいわゆる行政罰であるといえようが、その課税要件や負担の重さからみて、実質的に刑罰的色彩が強く、罰則との関係上二重処罰の疑いがあるのではないか」という意見があったことを示す。そして、「重加算税は、詐欺行為があった場合にその全部について刑事訴追をすることが実際問題として困難であり、また必ずしも適当でないところから、課されるものであることは否定できない。」とした上で、「むしろ、重加算税は、このような場合において、納税義務の違反者に対してこれを課すことにより納税義務違反の発生を防止し、もって納税の実をあげようとする行政上の措置にとどまると考えるべきであろう。したがって、重加算税は、制裁的意義を有することは否定できないが、そもそも納税義務違反者の行為を犯罪とし、その不正行為の反社会的ないしは反道徳性に着目して、これに対する制裁として科される刑事罰とは、明白に区別すべきであると考える。」として、「重加算税を課すとともに刑事罰に処しても、二重処罰と観念すべきではないと考える。」と結論付けているのである。

これまでみたように刑罰と重加算税は性質の異なるものであるから、二重処罰の問題はないと解すべきであろう。

ウ　重加算税の賦課要件
(ア)　隠蔽・仮装行為の故意・認識

隠蔽・仮装行為の故意や認識が重加算税の賦課要件とされるか否かについての確認をしたい。

和歌山地裁昭和50年6月23日判決（税資82号70頁）は，「事実を隠ぺいするとは，事実を隠匿し或いは脱漏することをいい，事実を仮装するとは，取引の名義を装う等事実を歪曲することをいう。いずれも行為の意味を認識しながら故意に行うことを要するものと解すべきである」と判示している。
　また，仙台地裁平成5年8月10日判決（税資198号482頁）は，「納税者が故意に標準等又は税額等の計算の基礎となる事実の全部又は一部を隠ぺいし又は仮装し，その隠ぺい又は仮装行為を原因として過少申告の結果が発生したものであることが必要」であるとし，「故意があるというためには，当該納税者が隠ぺい又は仮装行為と評価されるべき客観的事実を意図的に実現したことが必要であると解すべきである」と判示する。この判決は，隠蔽または仮装自体は客観的に決まるとしつつも，「意図的に実現したことが必要である」と示している。いくつかの判決も同様に重加算税の賦課に当たっては，隠蔽・仮装行為についての納税者の故意や認識が必要である旨判示している。
　つまり，重加算税制度を申告納税制度の趣旨を没却するような不正な手段による納税義務違反の発生を防止するという趣旨によるものと理解するのであれば，仮装の事実の作出についての故意や認識，事実の隠蔽についての故意や認識が当然必要なのではないかと思われる。何らの認識のないところでなされた不法行為に対してまで，積極的に制裁的措置を講ずる必要性はないと考えるからである。

　(イ)　**過少申告や税額軽減についての故意・認識**
　重加算税制度は，納税義務の違反者に対してこれを課すことにより納税義務違反の発生を防止し，もって納税の実を挙げようとする行政上の措置であると考えられていることからすれば，重加算税は申告納税制度に反する行為に何らかの帰責性がある場合に課されるものと解する必要があるように思われる。もっとも，かかる帰責性については，必ずしも過少申告であることについての故意や認識までをも要すると解する必要はないと考えられている（前述の最高裁昭和62年5月8日判決参照）。
　そのように考えると，税額を免れること，過少申告であることについての故意や認識が必要とまではいえないが，隠蔽・仮装行為についての故意や認識は必要であるというべきであろう。
　前述の最高裁昭和62年5月8日判決は，国税通則法68条（重加算税）1項の重

加算税の賦課要件を「納税者が故意に課税標準等又は税額等の計算の基礎となる事実の全部又は一部を隠ぺいし，又は仮装し，その隠ぺい，仮装行為を原因として過少申告の結果が発生したものであれば足り」ると判断している。

この判決からも，重加算税の賦課に当たっては，過少申告となることについての故意や認識を有していたことは要件とはされないとしても，隠蔽・仮装行為については故意や認識が要件と整理される。

(5) 延滞税および利子税

ア 延滞税

延滞税とは，国税の全部または一部を法定納期限までに納付しない場合に，未納額を課税標準として課される附帯税で（通法60①，関税12），私法上の債務関係における遅延利息に相当し，納付遅延に対する民事罰の性質を有し，期限内に申告し納付した者との間の負担の公平や，期限内納付を促すことを目的とするものである（金子・租税法777頁）。

延滞税の額は，国税の法定納期限の翌日から起算して，未納税額に14.6％の割合を乗じて計算した額である。ただし，2月を経過する日までの期間については，原則として7.3％である。なお，特例基準割合（☞特例基準割合とは）が，7.3％に満たない場合には，当該特例基準割合とする（通法60②，措法94①，平成11年改正措法附則41）。

> ☞ **特例基準割合**とは，前年11月末日経過時における日銀法15条1項1号の基準割合率（いわゆる公定歩合）に4％の割合を加算した割合をいう。

イ 利子税

利子税は，延納（☞延納とは）もしくは物納（☞物納とは）または納税申告書の提出期限の延長が認められた場合に，約定利息の性質を有する附帯税である（通法64①）。

利子税の額は，原則として，税額に年7.3％もしくはそれよりも低い所定のパーセントの割合を乗じて計算した額である。なお，特例基準割合が，7.3％に満たない場合には，当該特例基準割合とする（措法93①，平成11年改正措法附則41）。

> ☞ **延納**とは，所得税法，相続税法に規定されている納税の緩和措置の1つで，延納に係る納期限までは納税者の履行遅滞とはならないことになる。もっとも，この場合，延滞税は課されないが，年7.3％の利子税（平成12年以後は各年の前年の11月末日現在の公

定歩合に年4％を加算した割合の利子税）が課される。
☞ **物納**とは，相続税についてのみ認められる制度で，相続税の課税価格の計算の基礎に算入された財産が不動産や非上場株式等であるため容易に換価することが困難であるものが大部分を占め，預貯金，現金等の流動資産が少なく納期限または納付すべき日に金銭で納付することが困難であるなどの一定の要件を充足した場合に，税務署長の許可を得てかかる財産を金銭納付に代えて納付することを認める制度である。

¶レベルアップ1！　延滞税と還付加算金
㋐ 延滞税の性質

　金子宏教授は，延滞税について，「国税の全部または一部を法定期限内に納付しない場合に，未納税額を課税標準として課される附帯税で（税通60条1項，関税12条），私法上の債務関係における遅延利息に相当し，納付遅延に対する民事罰の性質をもつ」とされ，「合わせて，期限内に申告しかつ納付した者との間の負担の公平を図り，さらに期限内納付を促すことを目的とする」と説明される（金子・租税法777頁）。

　延滞税を「民事罰」と位置付ける立場からは，単なる経済的利息相当というような捉え方はしない。したがって，この性格付けにかんがみれば，単に通常の市中金利相当ではなく，さらに，「民事罰」という点からは加重な割合による金額が課されるということになろう。このような点からは，仙台高裁昭和43年3月28日判決（税資55号161頁）が，かっこ書においてではあるが，「延滞税は，本件についていえば，法人税が本来の納期限までに完納されなかった場合に，その遅延した税額及び期間に応じて課される遅延損害金的な性質を有する・制裁・税〔傍点筆者〕」であるとしている点は理解しやすい。

　他方，必ずしも，罰や制裁という点を強調しない学説もある。清永敬次教授は，「延滞税は，納税義務者が法定期限内に納付しない場合に，その不納付税額及び不納付の期間に応じて課せられる金銭的負担であって…，納税義務の不履行に伴う損害賠償たる性質をもつ遅延利息を意味するものである。」と論じられる（清永・税法271頁）。この考え方からすれば，延滞税は「制裁として課されるものではない」ことになるから，上記判決のように「制裁税」と捉える見解とは真っ向からぶつかることとなる。そのように考えると，広義の附帯税である過怠税や加算税とは異なるものと位置付けられることになる。

　なるほど，延滞税の割合は，年7.3％や年14.6％あるいは，基準時点の公定歩

合に年4％を加算した割合が年7.3％に満たない場合には，その年中においては，基準時点の公定歩合に年4％を加算した割合によることとされており，市中の平均金利よりは高く設定されているのであるが，これは，利子税においても同じ割合であるのであって，延滞税のみに課される高額な割合ということはできないようにも思われる。例えば，東京高裁昭和43年11月12日判決（税資58号316頁）も，「延滞税は，国税通則法の定むるところによって，右税額を法定納期限までに完納しない等の場合に政府に納付すべき延滞利息に相当する税額であるに過ぎない。」としているのである。

このように，延滞税の性質論においては，滞納に対する制裁的な負担としての意味を見出すことができるか否かという点で議論があるが，利息としての性質を有することでは議論がない。では，還付加算金も利息としての性質を有するのであろうか。

(イ) 還付加算金の性質

国税通則法58条《還付加算金》によると，国税局長，税務署長または税関長は，還付金等を還付し，または充当する場合には，日数に応じ，その金額に年7.3％の割合を乗じて計算した金額（還付加算金）をその還付し，または充当すべき金額に加算しなければならないこととされている。なお，特例基準割合が，7.3％に満たない場合には，当該特例基準割合とする（措法95，平成11年改正措法附則41）。

ドイツ連邦共和国の法人であるX（原告）が，都民税等の減額更正により生じた過納金の還付を受けたところ，その際に支払われた還付加算金は起算日を誤って算定されており，正当な金額の一部しか支払われていないとして，Y（被告）に対し，還付加算金の残額等の支払を求めた事案において，第一審東京地裁平成18年7月14日判決（民集62巻9号2458頁）は，「還付加算金は，過納金の性質が課税主体と納税者との間における不当利得に類するものであり，これを納税者に還付する場合には，これを保持していた課税主体において，その期間に対応した利子に相当するものを納税者に支払うのが衡平にかなうものとして定められたものということができる」として，還付加算金を期間に対応した利子に相当するものと位置付けている。

この事案は控訴され控訴審において判断が覆っているものの，還付加算金が利子ないし利息の性質を有していることについては判断に異なるところはない。すなわち，東京高裁平成19年6月27日判決（民集62巻9号2488頁）は，地方税に係

る過誤納金の還付加算金の起算日を説明するくだりにおいて,「地方税にかかる過誤納金の還付加算金の起算日については,従来一律に納付又は納入の日の翌日とされていたが,地方税法の昭和44年法律第16号による改正によって,更正の請求の期間が延長されて税の納付又は納入の時から遅れて更正の請求がされることが予想されること,及び民法の不当利得の規定によれば善意の受益者は利益の存する限度で利得を返還すれば足り,利得について利息を付して返還する必要がないとされていること等を勘案して,原則として,税額の確定が課税庁により行われた場合…には納付又は納入の日の翌日を起算日とし,それ以外の場合には更正があった日,更正の請求がされた日等を基準として起算日とすることになった。さらに,昭和50年改正によって,…これらの申告が法人税の更正,決定に伴って義務的に行われるものであって,法律的には課税庁が税額の確定をした場合と変わらないという理由から,納付日の翌日を起算日とすることとされたものである。」と説示しているのである。そして,上告審最高裁平成20年10月24日第二小法廷判決（民集62巻9号2424頁）は,控訴審判断を覆し差し戻しているが,そこでも,還付加算金の性質が利子であるという点については否定をしていない。さらに,差戻控訴審東京高裁平成21年7月15日判決（裁判所HP）は,「還付加算金制度は,地方団体の徴収金に関する不当利得の返還に伴う民法上の利息の特則であると解される。」としている。

また,Y(被控訴人)がX(控訴人)に対してした法人事業税および法人都民税の減額更正・決定処分により生じた過納金の還付に際し,Yが,還付加算金の算定の起算日について上記減額更正・決定処分の日の翌日から1か月を経過する日の翌日とし,還付加算金を過少申告加算金のみを対象として算出したとして,Xが,還付加算金の起算日は納付の日の翌日と解した上で,その支払を求めた事案として,東京高裁平成21年5月20日判決（裁判所HP）がある。この事件において,Xは,還付加算金のほか,これに対する訴状送達の日の翌日から年5分の割合による遅延損害金の支払を求めたのであるが,これに対して同高裁は,「還付加算金は,還付金につき生じる利息の性質を有するものであるから,これに対して生じる遅延損害金は民法405条の重利に該当するところ（なお,租税法律関係についても,それを排除する明文の規定あるいは特段の理由がない限り,私法規定が適用ないし準用されると解される。）,本件において,同条の規定に基づいて元本組入れがなされたことについての主張,立証はされていないから,Xの遅延

損害金に係る請求は理由がないというべきである。」と断じている。

これらは地方税法上の還付加算金の事案であるが，国税における事案ではどうであろうか。次のような事例をもって確認したい。

例えば，静岡地裁昭和47年6月30日判決（訟月18巻10号1560頁）は，「税務署長が納税者の所得の申告を増額する更正決定をしたところ，それが審査請求の結果取消されたときは，税務署長はその過納金をすみやかに還付しなければならない。その還付は一種の不当利得の返還といえよう。そして租税を滞納した場合に延滞税が課されることとのバランスなどを考慮して右の還付金には還付加算金が加算して支払われる。この還付加算金は当該税金が納付された日の翌日から還付のための支払決定の日までの日数に応じその金額に年7.3パーセントの割合を乗じて算出される。それは国が不当利得を返還するに当って還付金に附する一種の利子と考えられる。原告は還付加算金に課税の過誤に対する罰科の性格があるというがそれは納税者を右過誤がなかったのと同じ経済的立場に置こうとする配慮から課税官庁の悪意とか過失の有無にかかわらず支払われるものであって，損害賠償ないし罰科の性格をもつものとはいえない。」と判示し，「還付金に附する一種の利子」としている。

また，神戸地裁昭和52年3月29日判決（訟月23巻3号617頁）は，「還付加算金は，各租税法に規定する各種還付金並びに過誤納金の還付に当り，原則として右還付金等の発生の翌日から還付（又は充当）の日までの期間に応じ年7.3パーセントの割合で加算されるものであるが，右の各種還付金及び過誤納金のうち誤納金に附せられる加算金については，これらに損害賠償的性格を帯有せしめる余地は全くないのであって，これらの加算金は，租税を滞納した場合に延滞税等が課されることとのバランスなどを考慮して，還付金に附する一種の利子と解するのが相当である。」として，ここでも「還付金に附する一種の利子」としている。この判断は，控訴審大阪高裁昭和52年8月30日判決（税資95号412頁）および上告審最高裁昭和53年7月17日第二小法廷判決（訟月24巻11号2401頁）においても維持されている。

そうであるとすると，還付加算金は時の経過に応じて得られる time value であって，その所得源泉はあくまでも時間の経過である。業務によって得られた利得と性格付けることは困難であると思われる。すなわち，税務署長が納税者の所得の申告を増額する更正決定をしたところ，それが取り消されたときは，

税務署長はその過納金をすみやかに還付しなければならない。その還付は一種の不当利得の返還といえよう。そして，還付加算金は当該税金が納付された日の翌日から還付のための支払決定の日までの日数に応じその金額に年7.3％の割合を乗じて算出される。それは再言すれば，国が不当利得を返還するに当たって還付金に附する一種の利子であるからである。

このことは，還付加算金の金額の計算が，日数に応じて計算される点からも明らかである。

¶レベルアップ２！　客観的確実性説

国税通則法65条５項は，過少申告がされた場合であっても，その後修正申告書の提出があり，その提出が「その申告に係る国税についての調査があったことにより当該国税について更正があるべきことを予知してされたものでないとき」は，過少申告加算税を賦課しない旨定めている。この規定によれば，加算税が免除されるためには，①調査があったことおよび②それにより更正があるべきことを予知して提出されたものでないことの２つの要件が充足される必要がある。

前述の調査着手説には②の要件が軽視されているとの批判がある。もっとも，端緒把握説は，あくまでも調査官が端緒を把握したといえるかどうかという調査官の心証などに依存した問題に判断の軸足を置こうとする考え方であることからすれば，客観的な判断基準とはなりづらい。しかしながら，端緒把握を客観的な徴表に基づいて判断するのであれば，そのような不安定な判断基準であるという批判は説得的なものとはならない。そこで，端緒把握説をより進め，客観的な徴表により更正が予知されたであろうことが確実とみることができる段階にいたった後に提出された修正申告書については，更正があるべきことを予知してされたものと解するという「客観的確実性説」が主張されるにいたっている。

この点，東京地裁平成24年９月25日判決（判時2181号77頁）は，「本件調査担当者は，本件修正申告書が提出されるより前に，本件臨場調査において，本件確定申告書及び本件固定資産台帳等（以下，併せて『本件確定申告書等』という。）を収集していたことが認められるところ，本件調査担当者が本件確定申告書等を収集していたことをもって，いわゆる客観的確実時期，すなわち本件確定申告書

における申告が不適正であることを発見するに足るかあるいはその端緒となる資料を発見し，これによりその後の調査が進行し先の申告が不適正で申告漏れの存することが発覚し更正に至るであろうということが客観的に相当程度の確実性をもって認められる段階に達していたといえるか否か」で判断すべきとしている。

第3章
税務調査

11　税務調査の基礎知識

(1)　税務調査の意義

　税務調査は，申告納税制度のもとで納税者が自主的に行う申告の内容についての適正性や租税法上の取扱いに係る指導などを通じて，租税法に定める納税義務の適正な履行の確保を目的として実施されるものである。したがって，納税者に課される納税義務を確実に履行することの担保となるものである。このことから，税務調査の実施機関（租税行政庁）は租税行政上の公平を確保する枢要な担い手と位置付けられる（昭和36年7月付け政府税制調査会「国税通則法の制定に関する答申」参照）。

(2)　税務署長の裁量権
ア　羈束裁量と自由裁量

　税務署長には，税務調査を行うに当たって，いかなる対象者にどのような調査を行うかといった点で自由な裁量が認められているのであろうか。このことを考える前に，行政行為についての裁量権について簡単に確認しておこう。

　行政行為は国民の権利義務を一方的に決定する活動形式であるから，その発動を行政庁の意思に任せるのは適切ではない。行政庁の恣意専断を抑止し，国民生活に予測可能性を確保するためには，あらかじめ定められた一定の客観的基準に従って発動されるようにしておかなければならない。

　法治主義の原則（☞法治主義の原則とは）が支配する我が国においては，行政行為を行うには法律または条例の根拠が必要とされ，とりわけ租税法律主義のもとでは，法律の授権を受ける必要がある。そこで，行政行為については，法律でできるだけ詳細かつ一義的な定めをしておく必要があり，法律の定めが明確であれば，行政庁独自の価値判断を差しはさむ余地はなくなる。

　　☞　**法治主義の原則**とは，行政行為の要件，内容，処分発動の可否を，法律でできるだけ詳細かつ一義的に定めておくべきことを要求する考え方である。

　そのような状況のもとで機械的に行われる行政行為を「羈束行為」という。

法律を制定するに当たっては予測不可能なことについても規定をあらかじめ用意しなければならないが，あらかじめすべての事柄につき明確な規定を用意することは事実上不可能である。そこで，一定の多義的な不確定概念が法技術的に用いられることになるが，このような概念が法律に存在するところに行政庁の判断の介在する余地が生まれてくる。すなわち，羈束行為からの乖離である。このような場面で，行政庁が独自の判断を加味して行う行政行為を「裁量行為」という。

これまで学説は，裁量をその性質に応じて司法審査（判断代置方式）になじむ「羈束裁量」ないし「法規裁量」と，それになじまない「自由裁量」ないし「便宜裁量」とに二分して議論してきた。

> 原田尚彦教授によると，現在学説の大勢は，「法律で許容されている裁量判断の内容に着目し，要件の認定であれ処分内容の決定ないし処分実行の決断であれ，その判断が通常人の共有する一般的な価値法則ないし日常的な経験則に基づいてなされ得るものであれば，その判断は，裁判所の判断をもってもっとも公正とみるべきであるから，羈束裁量である」とし，「法律が行政庁の高度の専門技術的な知識に基づく判断や政治的責任をともなった政策的判断を予定している場合には，法は最終決定の選択・決断を行政庁の責任ある公益判断に委ねていると解釈することができる。よってかかる判断は例外的に便宜裁量とみるべき」と指摘される（原田『行政法要論〔全訂第7版補訂版〕』147頁（学陽書房2011））。

もっとも，裁量権の踰越・濫用論の展開により，今日では便宜裁量についても裁判所が一切審理をしないとする裁量不審理原則は維持されていないし，逆に，法規裁量についても，不確定概念の認定などの場面ではある程度行政の判断余地を認める傾向にあるように思われる。そのような意味では法規裁量と便宜裁量の相対化が進んでいるということになる。

イ　裁量に対する制約

ところで，行政庁の裁量には，行政の目的による条理上の制約や根拠法規の内在的目的による制限が存在するといわれている。例えば，杉村敏正教授は，「行政法規が，行政機関に行政行為を授権する際に，これに裁量権を認める場合にも，行政機関の定立する行政行為の判断・決定を規律すべき内部的な具体的基準が，根拠法規の内在的目的に反し，もしくは，比例原則・平等原則に違反して定立され，この基準に従って具体的な行政行為が行なわれる場合や，右の具体的基準には瑕疵のない場合でも，その適用に際して，その要件事実の誤

認があり，もしくは，比例原則・平等原則に違反して行政行為が行なわれる場合には，裁量権の行使は恣意的であり，違法な裁量濫用があると解すべきである。」と論じられる（杉村『法の支配と行政法』208頁（有斐閣1970））。

荒川民商事件最高裁昭和48年7月10日第三小法廷決定（刑集27巻7号1205頁。🔍 12―135頁，酒井・ブラッシュアップ426頁参照）が，税務調査における日時・場所等の事前通知や調査理由の必要性やその具体的告知など，調査における仔細の事柄について，「法律上一律の要件とされているものではない」とし，税務署長の合理的裁量にゆだねられているとしながらも，「私的利益との衡量」を「社会通念上相当な限度」で判断すべきとして，比例原則による制限を示している点は，裁量に対する制約を最高裁が明らかにしたものと理解することができる。

(3) 調査の種類
ア 強制力に基づく分類―任意調査と強制調査

任意調査とは，課税庁が納税者の協力を得ずして，強制的に行うことのできない調査である。質問検査権に基づいて行われることが多い。

> ✎ いわゆる税務署が行うお尋ねのようなものを指して，質問検査権行使によらない「純粋な任意調査」ということがあるが，この点については法治主義の原則の観点からこれを否定する学説と，実際上の裁量的行政の観点からこれを肯定する学説に分かれている。

任意調査にいう，「任意」とは，「納税者の協力を前提とした」という意味である。したがって，納税者の反対を押し切ってまで強引に調査を行うことは許されていないが，他方，だからといって，理由なく調査を拒否することが許容されているわけではない。例えば，調査を拒否する者に対しては罰則が設けられており（通法127二），そのような意味では，任意調査とはいっても，間接的な強制力をもっているといわれている。

この点，前述の荒川民商事件最高裁昭和48年決定は，「質問検査に対しては相手方はこれを受忍すべき義務を一般的に負い，その履行を間接的心理的に強制されているものであって，ただ相手方においてあえて質問検査を受忍しない場合にはそれ以上直接的物理的に右義務の履行を強制しえないという関係を称して一般に『任意調査』と表現されているだけのことであり，この間なんら実質上の不合理性は存しない」と述べている。

これに対して，強制調査とは，租税犯則調査のことを指し，脱税犯などの租

税犯の告発を目的に，国税犯則取締法に基づき裁判所の令状を得て，臨検（☞臨検とは），捜索（☞捜索とは），差押をするものである。国税局の査察部や間接税職員（間接国税の場合）が行う。

- ☞ **臨検**とは，租税の犯則事件を調査するために必要があるときに，税務職員が一定の場所に立ち入ることをいう。
- ☞ **捜索**とは，刑事事件において，押収する物または被疑者・被告人の所在を発見するために行う強制処分のことをいう。
- ✎ シャウプ勧告は，「納税者が一旦申告書を提出すれば，申告納税の自発的に行われる仕事は終了し，税務署の仕事が始まる。納税者が申告納税の責任を正しく履行する限り，税務署の負担は軽減される。いかなる所得税においても経験することであるが，納税者の協力が落ちるのを防止する必要上，申告書の照合調査に絶えず目を配っていなければならない。申告書の敏速かつ効果的な調査は，違反に対する罰則の適用によってそれが裏付けられていれば，納税者の高度の申告納税をもたらすであろう。それ故，正当な所得税の税務行政には広範な調査計画が絶対必要である。しかし，その調査の目的なり結果は，正しい税金の客観的査定といった方向へ間違いなく持っていかなければならない。正直な納税者には，不正直な者がその不正直によって利益することができないという保証が与えられなければならない。調査官が遅かれ早かれ脱税者を見つけ出し，彼が自分の税額の全部と非行に対する罰を必ず受けるということが正直な納税者のために保証されなければならない。」としている（付録D5款a）。

図表1

査察調査の状況

（平成27年度）

着手件数	処理件数	告発件数	脱税額（総額）		脱税額（告発分）	
				1件当たり		1件当たり
件 189	件 181	件 115	億円 138	百万円 76	億円 112	百万円 97

大口事案の状況

（平成27年度）

告発件数	うち脱税額3億円以上	うち脱税額5億円以上
件 115	件 5	件 1

告発事件の税目別状況

（平成27年度）

税目	件数	脱税額（総額）	
			1件当たり
所得税	件 25	億円 31	百万円 124
法人税	69	57	82
相続税	5	11	218
消費税	12	10	87
源泉所得税	4	3	71
合計	115	112	97

（「国税庁レポート2016」より）

イ　調査の期間や程度に応じた分類──一般・簡易・特別調査
㈦　一般調査

　簡易になされる調査や特別に日数をかけて行われる調査とは別に，一般的に実施される調査を「一般調査」と呼ぶことがある。特に定義されているわけではないが，通常の語感としては，税務署における個人課税部門，法人課税部門，資産課税部門が行う実地調査がこれに当たる。

㈡　簡易調査

　一般調査のように数日間をかけて行う調査とは異なり，簡易な接触によって展開される調査がこれに当たる。数時間の着眼調査（☞着眼調査とは）から，税務署への来署依頼状などに基づいて，税務署内で面接によって行うもの，電話や郵便を利用して行うものなど形態はさまざまである（🔍図表2参照）。

　不正計算のおそれのある重点業種に対する調査とは異なり，税務署の納税者への接触率を維持することが調査の抑止効果を減殺することを意味することから，接触率を維持することもまた重要な意義を有すると考えられている。

　☞　**着眼調査**とは，資料情報や事業実態の解明を通じて申告漏れ所得等の把握を実地に臨場して短期間で行う調査である。

㈢　特別調査

　不正計算のおそれのある納税者が想定される場合に実施される調査であり，税務署では，一般の調査担当部署のほか，特別国税調査官などがこれに当たる。また，事案によっては，税務署が国税局の応援を得て行う，または国税局自らが行う調査が展開されることもある。1か月以上に及ぶ長期の調査が実施されることも多い。

図表2　申告所得税の調査状況

（平成26事務年度）

区分	件数	申告漏れ所得金額		追徴税額	
			1件当たり		1件当たり
実地調査	千件	億円	万円	億円	万円
特別・一般[※1]	49	4,319	877	696	141
着眼[※2]	18	689	373	46	25
簡易な接触[※3]	672	5,008	54	265	4
合計	740	8,659	117	1,008	14

※1　「特別・一般」とは，高額・悪質なものを対象に行う深度ある調査をいう。
※2　「着眼」とは，申告漏れ所得などの把握を短期間で行う調査をいう。
※3　「簡易な接触」とは，電話又は納税者の来署を求めて申告の是正を行うことをいう。

（国税庁HPを基に作成）

ウ 調査場所等による分類—内部・臨場・反面・金融機関調査等
(ア) 内部調査

内部調査とは，一般に，①確定申告書とあらかじめ入手した資料（法定資料を含む。）との突合などによる税務署内における机上調査と内観調査（☞内観調査とは）・外観調査（☞外観調査とは）などの臨場前の準備調査のことを指すものと，②臨場調査によって収集した資料や借り上げた資料を机上において再計算し，分析することを指すものとに分けることができよう。

- ☞ **内観調査**とは，準備調査の1つで調査選定や実地調査のために，例えば，税務職員が実際に店内に客を装って入店し，店内の活況や金銭授受の状況，伝票やレシート，レジ打ちの現状などを把握するために行う場合と，それに加えて，臨場調査前営業日などに入店して使用した紙片が翌日の現況確認調査（☞現況確認調査とは）においてどのように管理されているかの金銭の流れを把握確認するために行う場合もある。
- ☞ **現況確認調査**とは，いわゆる「ガサ」とも呼ばれるが，一般的には無予告による臨場調査の際に，現金管理等の現在の状況（現況）を確認することをいう。なお，予告に基づく調査においても，現況確認調査は実施される。
- ☞ **外観調査**とは，例えば，調査先店舗の外側からの観察によって，事業規模，営業時間や活況などを調査するものである。大数（たいすう）観察といって，立地条件，間口の広さなどから想定されるおおよその売上水準を満たしているかどうかを観察したりするのである。

(イ) 臨場調査

臨場調査とは，臨戸調査などとも呼ばれるが，事業所や事務所，工場，倉庫，店舗などに調査官が実地に足を運んで行う調査をいう。もっとも一般的な調査類型に属する。実地調査の代表である。

(ウ) 反面調査

得意先や仕入先に対する調査をいう。納税者本人に対する調査によって得られた情報の裏付けをとったり，あるいは，帳簿書類の不備や信憑性の欠落している場合に納税者本人の調査によって十分に資料を入手できなかった部分を補充するために行われたりする。そのような意味では補完的な調査と位置付けられることがある。納税者の了解を得るべきかどうかとか，納税者本人の調査を行わずして実施する反面調査は違法か否か（補充性の問題—後述）といった点について議論がある。

(エ) 金融機関調査

取引先の金融機関に対する調査をいう。銀行調査，信用金庫調査，信用組合調査，ゆうちょ銀行調査，証券会社調査，保険会社調査などがこれに当たる。

金融機関調査においても納税者の了解の必要性や補充性の議論がある。

> 📝 シャウプ勧告は、「現在、銀行預金の多くは偽名、または他人名義で行われている。このような手段は効果的な税の調査を明らかに妨害するものである。かかる手段にはなんら正当な理由はない。したがって銀行は、もし、預金勘定がそれを利用する便宜を有する個人の本名でなされていないことを知っているか、またはそのような疑念を抱く理由がある場合には、その預金勘定を預かることを認められないようにすることを勧告する。このような規定は、適当な罰則によって実行可能となるが、調査官が銀行の記録を直ちに査察することを認める改正と相俟って、所得税の納税協力を著しく増大せしめるであろう。銀行預金の量は一時的にはこれによって影響を受けるかもしれないが、かかる結果はこの規定によって得られる利益に比してより大きくはない。」と勧告していた（付録D5款a）。現状では、マネーロンダリングに対する各種の規制により、仮名預金や借名預金は相当減少している。

エ 調査担当による分類──税務署・国税局調査（料調・調察部等）

(ア) 税務署調査

税務署が行う調査をいう。税務署調査は管轄区域内における税務署長の権限に基づいて行われることが多いが、事案によっては、いくつかの税務署をまたがった広域的調査が実施されることもある。

(イ) 国税局調査

国税局の実施する調査をいうが、いわゆる「リョウチョウ」と呼ばれる資料調査課による調査や、「マルサ」と呼ばれる調査査察部による調査が有名である。前者が任意調査であるのに対して、後者は強制調査である。国税局が実施する任意調査には、調査課所管法人（☞調査課所管法人とは）に対する調査課による調査もある。

> ☞ **調査課所管法人**とは、原則として資本金額等が1億円以上の法人をいう（ただし、沖縄国税事務所の場合は5,000万円以上）。なお、連結納税制度を採用している場合には、連結親法人の資本金額等が1億円以上であるかどうかで判定する。

(4) 一般調査の進行

一般的に調査の進行を時間軸にみると次のようになる（🔍図表3参照）。

11 税務調査の基礎知識

図表3　調査の進行

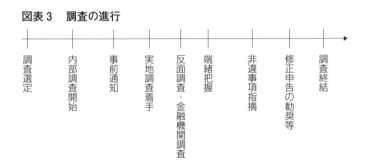

調査選定 → 内部調査開始 → 事前通知 → 実地調査着手 → 反面調査・金融機関調査 → 端緒把握 → 非違事項指摘 → 修正申告の勧奨等 → 調査終結

図表4

相続税の実地調査状況

（平成26事務年度）

件数	申告漏れのあった件数	申告漏れ課税価格		追徴税額	
			1件当たり		1件当たり
千件	千件	億円	万円	億円	万円
12	10	3,296	2,657	670	540

消費税の実地調査状況

（平成26事務年度）

区分	件数	申告漏れのあった件数	追徴税額	
				1件当たり
	千件	千件	億円	万円
個人	36	29	186	52
法人	91	52	452	49

法人税の実地調査状況

（平成26事務年度）

区分	件数	申告漏れのあった件数	申告漏れ所得金額		追徴税額
				1件当たり	
	千件	千件	億円	万円	億円
法人全体	95	70	8,232	866	1,707
調査課所管法人	3	2	3,337	12,599	630

源泉所得税の実地調査状況

（平成26事務年度）

件数	非違件数	追徴税額
千件	千件	億円
117	34	261

※平成25年1月1日以後生ずる所得に係る追徴税額から復興特別所得税が含まれています。

（「国税庁レポート2016」より）

12 質問検査権

(1) 実定法上の根拠規定

　シャウプ勧告は，「申告納税の所得税と法人税とを立派に執行するための第一の要素は，納税者が自発的に，全力を挙げて協力することである。国民が大部分に協力しようという基本的な意思がない限り所得税の執行は失敗する。このように，国民が進んで協力しようという基本的な気持を持つためには，国民一般が租税の根底となっている社会的意義を理解し，また税法と執行する職員を深く信頼することが，絶対に必要である。」と論じている（シャウプ第2次勧告附録A2）。大変興味深くまた大変意義深いものであると考える。

　この調査において，重要な意味をもつのが質問検査権規定である。これまでは各個別租税法の中にバラバラに配置されていたが，平成23年度税制改正において，国税通則法に集約して規定された（通法74の2）。

国税通則法74条の2《当該職員の所得税等に関する調査に係る質問検査権》
　国税庁，国税局若しくは税務署（以下「国税庁等」という。）又は税関の当該職員（税関の当該職員にあっては，消費税に関する調査を行う場合に限る。）は，所得税，法人税又は消費税に関する調査について必要があるときは，次の各号に掲げる調査の区分に応じ，当該各号に定める者に質問し，その者の事業に関する帳簿書類その他の物件（税関の当該職員が行う調査にあっては，課税貨物（消費税法第2条第1項第11号《定義》に規定する課税貨物をいう。第4号イにおいて同じ。）又はその帳簿書類その他の物件とする。）を検査し，又は当該物件（その写しを含む。次条から第74条の6まで《当該職員の質問検査権》において同じ。）の提示若しくは提出を求めることができる。
一　所得税に関する調査　次に掲げる者
　イ　所得税法の規定による所得税の納税義務がある者若しくは納税義務があると認められる者又は同法第123条第1項《確定損失申告》，第125条第3項《年の中途で死亡した場合の確定申告》若しくは第127条第3項《年の中途で出国をする場合の確定申告》（これらの規定を同法第166条《非居住者に対する準用》において準用する場合を含む。）の規定による申告書を提出した者
　ロ　所得税法第225条第1項《支払調書》に規定する調書，同法第226条第1項から第3項まで《源泉徴収票》に規定する源泉徴収票又は同法第227条から第228条の3まで《信託の計算書等》に規定する計算書若しくは調書を提出する義務がある者
　ハ　イに掲げる者に金銭若しくは物品の給付をする義務があったと認められる者

若しくは当該義務があると認められる者又はイに掲げる者から金銭若しくは物品の給付を受ける権利があったと認められる者若しくは当該権利があると認められる者
　二　法人税に関する調査　次に掲げる者
　　イ　法人（法人税法第2条第29号の2《定義》に規定する法人課税信託の引受けを行う個人を含む。第4項において同じ。）
　　ロ　イに掲げる者に対し，金銭の支払若しくは物品の譲渡をする義務があると認められる者又は金銭の支払若しくは物品の譲渡を受ける権利があると認められる者
　三　消費税に関する調査（次号に掲げるものを除く。）　次に掲げる者
　　イ　消費税法の規定による消費税の納税義務がある者若しくは納税義務があると認められる者又は同法第46条第1項《還付を受けるための申告》の規定による申告書を提出した者
　　ロ　イに掲げる者に金銭の支払若しくは資産の譲渡等（消費税法第2条第1項第8号に規定する資産の譲渡等をいう。以下この条において同じ。）をする義務があると認められる者又はイに掲げる者から金銭の支払若しくは資産の譲渡等を受ける権利があると認められる者
　四　消費税に関する調査（税関の当該職員が行うものに限る。）　次に掲げる者
　　イ　課税貨物を保税地域から引き取る者
　　ロ　イに掲げる者に金銭の支払若しくは資産の譲渡等をする義務があると認められる者又はイに掲げる者から金銭の支払若しくは資産の譲渡等を受ける権利があると認められる者

国税通則法74条の3《当該職員の相続税等に関する調査等に係る質問検査権》
　国税庁等の当該職員は，相続税若しくは贈与税に関する調査若しくは相続税若しくは贈与税の徴収又は地価税に関する調査について必要があるときは，次の各号に掲げる調査又は徴収の区分に応じ，当該各号に定める者に質問し，第1号イに掲げる者の財産若しくは第2号イからハまでに掲げる者の土地等（地価税法第2条第1号《定義》に規定する土地等をいう。以下この条において同じ。）若しくは当該財産若しくは当該土地等に関する帳簿書類その他の物件を検査し，又は当該物件の提示若しくは提出を求めることができる。
　一　相続税若しくは贈与税に関する調査又は相続税若しくは贈与税の徴収　次に掲げる者
　　イ　相続税法の規定による相続税又は贈与税の納税義務がある者又は納税義務があると認められる者（以下この号及び次項において「納税義務がある者等」という。）
　　ロ　相続税法第59条《調書の提出》に規定する調書を提出した者又はその調書を提出する義務があると認められる者
　　ハ　納税義務がある者等に対し，債権若しくは債務を有していたと認められる者又は債権若しくは債務を有すると認められる者
　二　納税義務がある者等が株主若しくは出資者であったと認められる法人又は株主若しくは出資者であると認められる法人

ホ 納税義務がある者等に対し、財産を譲渡したと認められる者又は財産を譲渡する義務があると認められる者
ヘ 納税義務がある者等から、財産を譲り受けたと認められる者又は財産を譲り受ける権利があると認められる者
ト 納税義務がある者等の財産を保管したと認められる者又はその財産を保管すると認められる者

国税通則法74条の8　《権限の解釈》
　第74条の2から前条まで《当該職員の質問検査権等》の規定による当該職員の権限は、犯罪捜査のために認められたものと解してはならない。

(2) 税務調査の法的性格

ア　3分類説と4分類説

　通説は、調査をそれが何のために行われるものであるかによって、①「課税処分を行うためになされる調査」（通法74の2以下、平成23年12月同法改正前は所法234、法法153～156、相法60、地価法36、消法62、酒法53、印法21、地法26、72の7、73の8、298、353等）、②「滞納処分のための調査」（徴法141以下）、③「犯則事件処理のための調査」（国犯法1以下）の3つに分類することができるとされる。ここにいう、①課税処分のための調査に「不服審査のための調査」を含めずに分類する考え方をとれば、調査を4つに分類することが適当ということになる。

イ　純粋な任意調査

　質問検査権行使に基づく税務調査の論点に入る前に、そもそも、税務職員による調査として、質問検査権行使をしない調査を観念し得るかという点について整理しておきたい。後述するところではあるが、質問検査権行使による調査を通説は間接強制を伴う任意調査権限行使による調査と位置付けるのであるが、

図表1

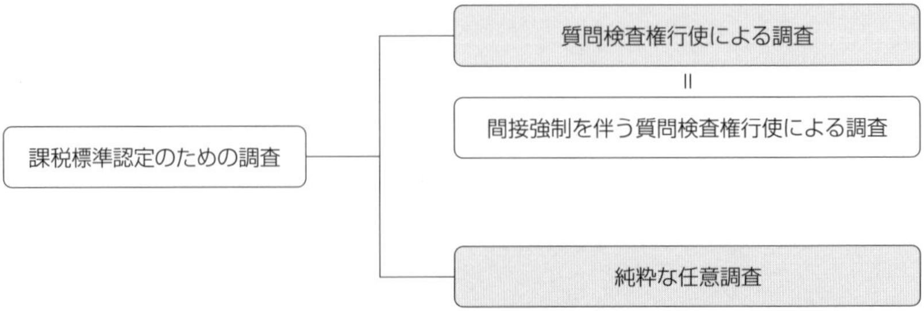

課税標準認定のための調査	—	質問検査権行使による調査
		＝
		間接強制を伴う質問検査権行使による調査
	—	純粋な任意調査

このような調査以外に，税務職員はいわゆる「純粋な任意調査」を行い得るかについては，これまで学説上の対立があった。

(ア) 否定説

この点について，新井隆一教授は，「そのようなものを是認することは，法律の定める手続によらない行政機関の行為を容認することであり，やがては，行政機関がこの『純粋な任意調査』と，かの法律に要件の定めのある『間接行政調査』とをたくみに分離し，または混合して使い分けることによって，税務調査機関が，結果的には法律の定める手続によらないで調査をする権限を拡大していくことをゆるさざるをえないことになるというものである。」として，純粋な任意調査を認めることに対する批判的見解を示される（新井『課税権力の本質』124頁（成文堂1972））。

(イ) 肯定説

これに対し，中川一郎教授は，「税務官庁の職員は，調査の相手方の同意を得て，その同意の範囲において一般的に自由に調査をすることができる」とされる（中川『税法学体系（1）総論』263頁（三晃社1968））。一般的な情報収集活動については，質問検査権行使による任意調査とは別のものとする見解がある。例えば，谷口勢津夫教授も，「これについては，法令によって受忍義務も不同意に対する制裁等の不利益も定められていないので，特に法律上の根拠は必要とされない。」と述べられる（谷口・講義143頁）。

税務職員としては，純粋な任意調査の段階では，あくまでも相手に受忍義務を課さないところでの協力要請を行い，質問検査権行使に基づく任意調査に切り替える段階で初めて質問検査章の提示を行えばよいということになる。純粋な任意調査を観念することが現実的であろう。しかしながら，そのような観念によって納税者の権利が阻害されることを許容すべきではないし，当然ながら，強制力をもち得ないものとして，いわゆる一種の行政指導の一環や公法上の契約的なものとして認められる範囲内において肯定されるにとどまるとみるべきであろう。

(3) 即時強制説と間接強制説

租税法上の質問検査権の法的性質をめぐっては，これを即時強制と捉える見解と間接強制と捉える見解がある。

ア　即時強制説

　田中二郎博士は，即時強制を，「義務の履行を強制するためではなく，目前窮迫の障害を除く必要上義務を命ずる暇のない場合又はその性質上義務を命ずることによってはその目的を達しがたい場合に，直接に人民の身体又は財産に実力を加え，もって行政上必要な状態を実現する作用である。」と説明されている（田中『新版行政法〔全訂第2版〕上巻』180頁（有斐閣1974））。

- 🖉　ここでいう**「即時」**とは，「あらかじめ義務を課するというこれに対して回り道をしないで時宜に即応してすぐに措置をとる」ことであると理解されている（広瀬隆「行政上の即時強制の概念とその法的許容性」法論73巻1号53頁）。
- 🖉　なお，塩野宏教授は，田中博士の即時強制のうち，前者の強制隔離・交通遮断のように，それ自体行政目的の実現に係る制度を後者の臨検検査や立入検査の観念にみられるような行政調査の手段と区別して，前者のみを指して，これを「即時執行」とされる（塩野・行政法Ⅰ278頁）。
- 🖉　「行政調査」は，これまでの行政法学においては，その位置付けが確立したものとして論じられてきてはおらず，質問検査といった調査の手段が上記の即時強制の一例として挙げられてきたにすぎなかった。しかしながら，本来的な即時強制と対比した場合に，次のような違いが指摘されるにいたっている。
　　すなわち，第一に，即時強制が，直接に一定の行政の究極目的を実現するものであるのに対して，質問検査は処分を行うための準備段階の手段として，間接的な行政目的を有するにすぎないとみるべきであることが指摘される。「当該課税標準等又は税額等がその調査したところと異なるときは，その調査により，当該申告書に係る課税標準等又は税額等を更正する」と規定する国税通則法24条《更正》の規定からすれば，更正処分の準備段階の手段として「調査」を位置付けているとみることは可能であろう。
　　第二に，即時強制が，直接に国民の身体・財産に実行行使するのに対して，質問検査は，実行行使を伴うものとは考えられておらず，それを拒んでも，罰則の適用を受けるか（通法127二のほか，旧法下では，所法242九，法法162二，相法70二～五，地価法41，消法65四，五，酒法58①十三，印法23五，地法27，72の8，73の9，299，354等），公務執行妨害が適用されるにとどまるものである。そこで，これらの視角から，新たなる「行政調査」というカテゴリーの措定が議論されているところである。

イ　間接強制説

　そこで，即時強制という従来の枠組みではなく，別の概念で説明せざるを得ない。間接強制手段と捉える考え方（間接強制説）が租税法学における通説である。金子宏教授は，質問検査権規制について，行政調査を認めるものであって，強制調査を認めるものではないが，質問に対する不答弁ならびに検査の許否・妨害に対して刑罰が科されることにより間接強制的なものと位置付けられる（金子・租税法864頁）。

　この点，いわゆる荒川民商事件最高裁昭和48年7月10日第三小法廷決定（刑

集27巻7号1205頁。&135頁，酒井・ブラッシュアップ426頁参照）は，「その履行を間接的心理的に強制されているものであって，ただ，相手方においてあえて質問検査を受忍しない場合にはそれ以上直接的物理的に右義務の履行を強制しえないという関係を称して一般に『任意調査』と表現されているだけのことであり，この間なんら実質上の不合理性は存しない」と述べている。

ここでは，質問検査権行使による調査を間接強制説によると理解しておきたい。

(4) 調査受忍義務

金子宏教授は，質問検査権行使に基づく調査について，「直接の強制力はないが，質問・検査の相手方には，それが適法な質問・検査である限り，質問に答え検査を受忍する義務がある。」とされる（金子・租税法864頁）。

また，前述の荒川民商事件最高裁昭和48年決定は，「質問検査に対しては相手方はこれを受忍すべき義務を一般的に負〔う〕」とする。このような判例の考え方は，その後の多くの判断にも影響を与えている。例えば，京都地裁昭和59年4月26日判決（税資136号388頁）は，「税務職員の行う所得税法234条の質問検査権は，犯罪捜査のためではなく，被調査者の任意の協力を前提としているとはいえ，その非協力に対し同法242条9号によって罰則（1年以下の懲役又は20万円以下の罰金）が，用意されている。したがって，被調査者には，税務職員のこの質問検査には応ずる義務があるのである。」とする。もっとも，罰則が用意されているから質問検査に応じる義務があるというのは，制度説明にしかすぎない。その意味するところについては，もう少し深慮ある検討が必要であろう。そこで，広島高裁昭和59年10月17日判決（税資140号110頁）をみてみたい。同高裁は，次のように判示する原審山口地裁昭和57年10月7日判決（税資128号13頁）の判断を維持しているのである。

「申告納税制度は，所得金額の計算の基礎となる経済取引の実態を最もよく知っている納税者自身に，所得金額や税額を計算して申告させ，その申告した税額を納付させることが，最も合理的であるという考え方に基づくものである。従って，申告納税制度のもとにおいては，納税者は単に自分で任意に所得金額や税額を申告書に記載して申告し，その税額を納付してしまえばよいというものではなく，税法に定めるところに従い正しい所得金額や税額を申告しなければならないし，税務署から求められれば，納税者はその所得金額の計算の基となる経済取引の実態を最もよく知っている者とし

て，その申告の内容が正しいことを説明しなければならない立場にあるというべく，一方，税務署は国民からの信託により税法に従って適正公平な課税を実現する使命を有し，そのための手段として，所得税法234条1項は，税務職員が所得税の調査に必要なとき同項各号に掲げる者に対し，質問検査をなし得る旨規定しているのである。」

この原審山口地裁判決がいうように，納税者はその所得金額の計算の基礎となる経済取引の実態をもっともよく知っている者であるということがこのような間接強制制度設計上の根拠とされているのであろうか。ここでは，経営実態やそれを裏付ける証拠との距離という問題が重要な視角とされているようであるが，このような判断は多く散見される。

> 調査受忍義務に帳簿提出義務が包摂されるとする判断が示されることがある。例えば，和歌山地裁昭和57年9月8日判決（税資127号754頁）は，「青色申告者が法律によって備付け，記録，保存を義務づけられている帳簿書類は，青色申告者自身がそれによって，自己の納付すべき税額等を計算し，申告するための前提としての機能を有するとともに，税務官庁による税務調査に供せられ，申告内容の適否を検討すべき資料とされることが予想されているものということができる。従って，青色申告者は，帳簿書類を備付け，記録，保存する義務を負うのは勿論，税務調査のため税務職員より帳簿書類の提示を求められた場合には，右調査を受忍し，速やかに帳簿書類を提示すべき義務を負っているものと解するのが相当である。」とする。

(5) 質問検査章の提示

最高裁昭和27年3月28日第二小法廷判決（刑集6巻3号546頁）は，「同条〔筆者注：旧所得税法施行規則63条〕は単なる訓示規定と解すべきではなく，殊に相手方が検査章の呈示を求めたのに対し収税官吏が之を携帯せず，又は携帯するも呈示しなかった場合には，相手方はその検査を拒む正当の理由があるものと認むべきである」とする。

国税通則法74条の13《身分証明書の携帯等》は，「国税庁等又は税関の当該職員は，第74条の2から第74条の6まで《当該職員の質問検査権》の規定による質問，検査，提示若しくは提出の要求，閲覧の要求，採取，移動の禁止若しくは封かんの実施をする場合又は前条の職務を執行する場合には，その身分を示す証明書を携帯し，関係人の請求があったときは，これを提示しなければならない。」と明文によって定めている。同条項の規定に違反した場合には，調査を拒む正当な理由があると理解すべきであろう。もっとも，このことは当該職員が身分証明書を携帯していない場合に質問検査権を行使できないということまでをも

意味するものではないと解すべきであろう。

¶レベルアップ１！　質問検査権規定と犯罪構成要件規定

　平成23年度税制改正前の規定を基礎に，これまで例えば，旧所得税法234条（現行：国税通則法74条の２）１項の規定と，同法242条９号（現行：国税通則法128条）の規定との関係が議論されてきた。すなわち，前者は，任意調査における当該職員の質問検査権であり，後者は，調査忌避罪に係る犯罪構成要件規定であるが，これらの関係をどうみるかという点が問題となる。

旧所得税法234条《当該職員の質問検査権》
　　国税庁，国税局又は税務署の当該職員は，所得税に関する調査について必要があるときは，次に掲げる者に質問し，又はその者の事業に関する帳簿書類（その作成又は保存に代えて電磁的記録…の作成又は保存がされている場合における当該電磁的記録を含む。次条第２項及び第242条第10号《罰則》において同じ。）その他の物件を検査することができる。
　一　納税義務がある者，納税義務があると認められる者又は第123条第１項《確定損失申告》，第125条第３項《年の中途で死亡した場合の確定申告》若しくは第127条第３項《年の中途で出国をする場合の確定申告》（これらの規定を第166条《非居住者に対する準用》において準用する場合を含む。）の規定による申告書を提出した者
　二　第225条第１項《支払調書》に規定する調書，第226条第１項から第３項まで《源泉徴収票》に規定する源泉徴収票又は第227条から第228条の３まで《信託の計算書等》に規定する計算書若しくは調書を提出する義務がある者
　三　第１号に掲げる者に金銭若しくは物品の給付をする義務があったと認められる者若しくは当該義務があると認められる者又は同号に掲げる者から金銭若しくは物品の給付を受ける権利があったと認められる者若しくは当該権利があると認められる者
　２　前項の規定による質問又は検査の権限は，犯罪捜査のために認められたものと解してはならない。

旧所得税法242条
　　次の各号のいずれかに該当する者は，１年以下の懲役又は50万円以下の罰金に処する。ただし，第３号の規定に該当する者が同号に規定する所得税について第240条《源泉徴収に係る所得税を納付しない罪》の規定に該当するに至つたときは，同条の例による。
　一～八　（省略）
　九　第234条第１項《当該職員の質問検査権》の規定による当該職員の質問に対して答弁せず若しくは偽りの答弁をし，又は同項の規定による検査を拒み，妨げ若しくは忌避した者
　十　前号の検査に関し偽りの記載又は記録をした帳簿書類を提示した者

(ア) 一元説

　旧所得税法234条1項は，公権力行使を付与した規定であり，この種の行政法規の一般的性質として，合目的的な解釈が一方で要求されることとなる。その解釈に従えば，質問検査権行使についてはきわめて広い範囲での権限付与が予定されていると解されていることからすれば，同法242条9号の規定の範囲もきわめて広範囲のものとなることが考えられる。他方，旧所得税法242条9号は犯罪構成要件規定であることからすれば，厳格な解釈あるいは謙抑的な解釈の要請に従う必要がある。そこで，同法242条9号の刑罰規定性を重視して，これに合わせて同法234条1項の質問検査の範囲を厳格に解釈すべきということが考えられる（一元説）。

(イ) 二元説

　他方，旧所得税法242条9号に要請される厳格な解釈姿勢に従い犯罪構成の範囲を絞って解釈することと，同法234条1項を合目的的な解釈態度で理解することとを二元的に捉えるという考え方もあり得よう（二元説）。

¶レベルアップ2！　荒川民商事件にみる一元説

　東京地裁昭和44年6月25日判決（刑集27巻7号1303頁）は，「所得税法234条〔筆者注：現行国税通則法74条の2〕1項にいう当該職員…は，所得税に関する調査のため，合理的な必要性があるかぎり，同項各号に掲げる者に質問してその任意の回答をえ，またはこれらの者の任意の承諾をえてその者の事業に関する帳簿書類その他の物件を検査することが許されるのであり，その許される場合は，きわめて広範囲にわたるものといってよい。しかし，右のような質問ないし検査（させること）の求めに対する単なる不答弁ないし拒否が同法242条8号の罪を構成するためには，さらに厳重な要件を必要とするものといわなければならない。なぜなら，当該職員が必要と認めて質問し，検査を求めるかぎり，不答弁や検査の拒否がどのような場合にも1年以下の懲役または20万円以下の罰金にあたることになるものとすれば，事柄が所得税に関する調査というほとんどすべての国民が対象になるような広範囲な一般的事項であり，しかも公共の安全などにかかわる問題でもないだけに，刑罰法規としてあまりにも不合理なものとなり，憲法31条のもとに有効に存立しえないことになるからである。すなわち，所得税法242条8号〔筆者注：現行国税通則法128条〕の罪は，その質問等に

ついて合理的な必要性が認められるばかりでなく、その不答弁等を処罰の対象とすることが不合理といえないような特段の事情が認められる場合にのみ、成立するものというべきである（なお、このように解するかぎり、所得税法242条8号について、憲法35条あるいは38条1項違反の問題を生じる余地がないものといわなければならない）。」として、二元説の立場を採用している。

これに対して、控訴審東京高裁昭和45年10月29日判決（刑集27巻7号1308頁）は、「原判決〔第一審判決〕は法律の定める犯罪の構成要件以上にさらに厳格な要件を必要とし、それでなければ法242条8号の規定は憲法31条のもとに有効に成立しない、としているのであるが、同法条を…正解する限り憲法の法条に背反しないことは、数次にわたる当東京高等裁判所の判決例の明らかにするところである。」として第一審判決の考え方を覆した。

そして、最高裁もこの控訴審判決の考え方を維持したのである。すなわち、最高裁は、一元説に立った上で、行政法規性に重点を置いた合目的的な観点から広く解釈を展開する態度に立ったものといえよう。

参考として、最高裁昭和48年7月10日第三小法廷決定（刑集17巻7号1205頁。酒井・ブラッシュアップ426頁参照）を以下に示しておこう。

荒川民商事件上告審決定

最高裁昭和48年7月10日第三小法廷決定
昭和45年（あ）第2339号所得税法違反被告事件
刑集27巻7号1205頁

主　文
本件上告を棄却する。

理　由
1～4　（省略）
5　所論は、所得税法の前記規定は、「当該職員」の範囲を定める法令が存せず、白地刑法を許容する結果となるとして右規定の違憲（31条）をいうが、「当該職員」の意義は、後記10に示すとおり規定上明確であり、前記規定はなんらいわゆる白地刑罰規定と目すべきものではないから、所論の前提を欠き、適法な上告理由にあたらない。
6　所論のうち、質問検査に応ずるか否かを相手方の自由に委ねる一方においてその拒否を処罰することとしているのは不合理であるとし、所得税法の前記規定の違憲（31条）をいう点は、前記規定に基づく質問検査に対しては相手方はこれを受忍すべき義務を一般的に負い、その履行を間接的心理的に強制されているものであって、た

だ，相手方においてあえて質問検査を受忍しない場合にはそれ以上直接的物理的に右義務の履行を強制しえないという関係を称して一般に「任意調査」と表現されているだけのことであり，この間なんら実質上の不合理性は存しないから，所論の前提を欠き，所論のその余の点は，すべて前記規定の解釈に関する単なる法令違反の主張であって，いずれも適法な上告理由にあたらない。

7〜9（省略）

10 所得税法234条1項の規定の意義についての当裁判所の見解は，次のとおりである。

　所得税の終局的な賦課徴収にいたる過程においては，原判示の更正，決定の場合のみではなく，ほかにも予定納税額減額申請（所得税法113条1項）または青色申告承認申請（同法145条）の承認，却下の場合，純損失の繰戻による還付（同法142条2項）の場合，延納申請の許否（同法133条2項）の場合，繰上保全差押（国税通則法38条3項）の場合等，税務署その他の税務官署による一定の処分のなされるべきことが法令上規定され，そのための事実認定と判断が要求される事項があり，これらの事項については，その認定判断に必要な範囲内で職権による調査が行なわれることは法の当然に許容するところと解すべきものであるところ，所得税法234条1項の規定は，国税庁，国税局または税務署の調査権限を有する職員において，当該調査の目的，調査すべき事項，申請，申告の体裁内容，帳簿等の記入保存状況，相手方の事業の形態等諸般の具体的事情にかんがみ，客観的な必要性があると判断される場合には，前記職権調査の一方法として，同条1項各号規定の者に対し質問し，またはその事業に関する帳簿，書類その他当該調査事項に関連性を有する物件の検査を行なう権限を認めた趣旨であって，この場合の質問検査の範囲，程度，時期，場所等実定法上特段の定めのない実施の細目については，右にいう質問検査の必要があり，かつ，これと相手方の私的利益との衡量において社会通念上相当な限度にとどまるかぎり，権限ある税務職員の合理的な選択に委ねられているものと解すべく，また，暦年終了前または確定申告期間経過前といえども質問検査が法律上許されないものではなく，実施の日時場所の事前通知，調査の理由および必要性の個別的，具体的な告知のごときも，質問検査を行なううえの法律上一律の要件とされているものではない。そして，質問検査制度の目的が適正公平な課税の実現を図ることにあり，かつ，前記法令上の職権調査事項には当然に確定申告期間または暦年の終了の以前において調査の行なわれるべきものも含まれていることを考慮し，なお所得税法5条においては，将来において課税要件の充足があるならばそれによって納税義務を現実に負担することとなるべき範囲の者を広く「所得税を納める義務がある」との概念で規定していることにかんがみれば，同法234条項にいう「納税義務がある者」とは，以上の趣意を承けるべく，既に法定の課税要件が充たされて客観的に所得税の納税義務が成立し，いまだ最終的に適正な税額の納付を終了していない者のほか，当該課税年が開始して課税の基礎となるべき収入の発生があり，これによって将来終局的に納税義務を負担するにいたるべき者をもいい，「納税義務があると認められる者」とは，前記の権限ある税務職員の判断によって，右の意味での納税義務がある者に該当すると合理的に推認される者をいうと解すべきものである。

　以下省略

¶レベルアップ３！　行政指導と「調査」

　国税庁は，ホームページにおいて「税務調査手続に関するFAQ（一般納税者向け）」を公表している。

　その中で，「税務署の担当者から電話で申告書の内容に問題がないか確認して，必要ならば修正申告書を提出するよう連絡を受けましたが，これは調査なのでしょうか。」との質問に対して，次のように回答している。

> 「調査は，特定の納税者の方の課税標準等又は税額等を認定する目的で，質問検査等を行い申告内容を確認するものですが，税務当局では，税務調査のほかに，行政指導の一環として，例えば，提出された申告書に計算誤り，転記誤り，記載漏れ及び法令の適用誤り等の誤りがあるのではないかと思われる場合に，納税者の方に対して自発的な見直しを要請した上で，必要に応じて修正申告書の自発的な提出を要請する場合があります。このような行政指導に基づき，納税者の方が自主的に修正申告書を提出された場合には，延滞税は納付していただく場合がありますが，過少申告加算税は賦課されません…。」

　このような「調査」の範囲の考え方は，他の国税通則法上の条文に設けられている「調査」概念の理解に合致しているのであろうか。

　例えば，いわゆるルノアール事件東京高裁平成14年9月17日判決（訟月50巻6号1791頁）は，「本件規定〔筆者注：国税通則法65条5項〕にいう『調査』とは，修正申告の対象となった特定の国税についての『調査』でならなければならないが，課税庁が当該納税者を具体的に特定した上でする直接的な調査でなくても，当該調査が，客観的にみれば当該納税者を対象とするものと評価でき，納税者が自らの申告に対して更正のあるべきことを予知できる可能性があるものである限り，同『調査』に該当するというべきである」と説示する。これは，国税通則法65条《過少申告加算税》5項にいう「調査」該当性について判断したものであるが，同法24条《更正》にいう「調査」はより広い概念として捉えられている。例えば，同条にいう「調査」について，大阪地裁昭和45年9月22日判決（行裁例集21巻9号1148頁）は，「通則法24条にいう調査とは，…課税標準等または税額等を認定するに至る一連の判断過程の一切を意味すると解せられる。すなわち課税庁の証拠資料の収集，証拠の評価あるいは経験則を通じての要件事実の認定，租税法その他の法令の解釈適用を経て更正処分に至るまでの思考，判断を含むきわめて包括的な概念である。」と説示しており，この判決を基礎に考えると，机上調査や準備調査のような外部からは認識し得ない内部調査もそこ

に含まれると解されよう。すなわち，「調査」とは，課税標準等または税額等を認定するにいたる一連の判断過程の一切を意味すると判示されているように，課税庁の証拠資料の収集，証拠の評価あるいは経験則を通じての要件事実の認定など，租税法その他の法令の解釈適用を経て更正処分にいたるまでを含むきわめて包括的な概念であると理解できる。

このように，国税通則法上の「調査」概念は広いものであることと，上記の国税庁の考え方との平仄が問題となる。なるほど，納税者との接触がすなわち「調査」に該当するとなってしまうと，次に実地調査を行う際には，「再調査」という位置付けになってしまう。「再調査」を行うには，国税通則法上の制約が課されることとなったことからすれば（同法74条の11《調査の終了の際の手続》6項は，「新たに得られた情報に照らし非違があると認めるとき」に再調査をすることができると規定する。），当初の接触を「調査」と位置付けることを避けたいとの考え方が背景にあるのかもしれないが，これまでの国税通則法内における概念の整理が問題となるところでもある。

なお，加算税が免除される「更正の予知」の議論における調査着手説（🔍**⓾**—105頁参照）は，国税通則法24条の「調査」のうち，実地調査を念頭においた見解である。

図表2

✍ 調査着手説は，国税通則法65条5項の「申告に係る国税についての調査があったことにより」にいう「調査」とはⓐの段階から開始されている「調査」をいい，「更正の予知」をⓑの段階で考える見解である。

13　税務調査とプライバシー問題

(1)　税務調査と私生活の平穏

　税務調査について納税者に調査受忍義務があるということが，プライベート領域への調査の受忍をも許容することになるかどうかについては，議論のあるところであろう。

　OECD租税委員会が租税ガイダンス・シリーズ「税務行政一般原則―GAP002―」として出している「納税者の権利と義務」(抄)（🔍**20**―206頁）は，次のように納税者のプライバシー保護をうたっている（平成22年4月付け政府税制調査会・第6回納税環境整備小委員会資料）。

> e)　プライバシーの権利（paragraph 2.25）
> 　11.　全ての納税者は，税務当局が不必要にプライバシーを侵害しないことを期待する権利を有している。この権利は，実務的には，納税者の住居への不必要な立入及び納税者の正しい税額決定に関係のない情報提供依頼を回避する権利と解釈される。すべての国において，実地調査や反面調査の過程では，調査官による個人の住居あるいは事業所への立入については非常に厳格な規則が適用される。ある国では，納税者宅への臨場には納税者の同意が必要であり，多くの国では，税務当局による臨場を拒否している納税者の住居へ立ち入るには，原則として署名のある令状が必要とされる。同様に，第三者からの税務情報の入手には厳格な規則が適用される。
> f)　納税者情報の守秘が確保される権利（paragraph 2.26）
> 　12.　その他の納税者の基本的権利は，納税者に関して税務当局が入手する情報は機密であり，税法に規定された目的のみに使用されることである。税法は，通常，機密情報を悪用した税務職員に対しては非常に重い罰則を課しており，税務当局に適用される守秘義務は他の政府職員に適用されるものよりもはるかに厳格である。

　なお，プライバシーという概念を，私生活の平穏を妨げることとして捉えることも可能であろう。このような捉え方は，いわゆる中野民商事件第一審東京地裁昭和43年1月31日判決（訟月14巻2号146頁）の判断などに看取することができる。

> 「納税者は，所得税法および法人税法所定の要件のもとに，税務職員（収税官吏）の質問検査に対しこれに応諾する義務を負うものであるから，或る程度の営業活動およ

> び私生活の平穏を事実上妨げられることがあることはいうまでもない。しかしながら，質問検査権の行使が，いやしくも納税者の営業活動を停滞させ，得意先や銀行等の信用を失墜せしめ，その他私生活の平穏を著しく害するような態様においてなされたとすれば，それは，もはや，任意調査としての限界を超えるものであるといわなければならない。」

　調査受忍義務があるとはいっても，そこから直接にプライベート領域にまで調査が及ぶことを許容する考え方は散見できない。司法判断においても，私的利益との比較衡量という荒川民商事件最高裁昭和48年7月10日第三小法廷決定（🔍**12**―135頁，酒井・ブラッシュアップ426頁参照）の公式に則って個別にこれを判断しようとする傾向がある。

(2) 事業関連性領域とプライベート領域

　何をもってプライベート領域というかの判断はきわめて難しいが，事業所内部においては，事業関連性の推定から出発することが多いように思われる。例えば，広島高裁岡山支部平成5年5月11日判決（税資195号291頁）は，「なるほど，法人税法153条の検査権の対象は，当該法人の事業に関連する帳簿書類その他の物件であって，右事業に関連性を有しない帳簿書類その他の物件はその対象外である」ところ，本件の場合，係官らとしては，検査権の対象に該当するかどうかの調査の必要上，引き出し内の書類すべての任意提示を求めたものであって，係官らの説明が有限会社M美容院の事業に関連性を有しない帳簿書類その他の物件までも検査の対象とする趣旨でなかったとする。そして，最高裁昭和48年7月10日第三小法廷決定を引用した上で，次のように判示している。

> 「質問検査権の行使として適法か否かは，担当係官に委ねられた質問検査権行使の実施の細目についての裁量に濫用乃至逸脱があるか否かにかかるところ，本件についてこれを見るに，本件調査を行った場所は，控訴人の自宅ではなく，控訴人が経営する有限会社M美容院中潟店であり，そこには当然に事業に関する帳簿書類等が保管されているものと思われるから，調査の必要性が認められる場合であり，被調査者たる控訴人が一旦拒絶した場合であっても，担当係官においてなお相当の説得を試みることは何ら差し支えないところであり，前記認定の時間・方法等に照らすと，本件の場合は，強制的手段方法によりなされたものとは到底いえないし，法人税法上の質問検査権行使の実施細目についての裁量に濫用乃至逸脱があったものとは認め難い。」

13 税務調査とプライバシー問題　141

△ 事案の概要

　　O係官らは，M美容院が現金商売で，現金管理の信憑性を確認する必要があったことから，事前通知せずに店を訪れ調査を実施した。原告（控訴人）は，レジテープをO係官に提示するとともにレジスター内の現金を自ら計算し現金有高を告げたが，当日朝のレジスター内の現金有高が不明であったため，実際の現金有高と計算上の現金有高は一致しなかった。O係官は，この確認作業中，レジスターが置いてある机の引き出し内に，預金通帳が何冊か見えたので，原告に対し通帳の提示を求め，原告の了解下に数通の通帳を調査した。O係官は，レジスターが置いてある机の引き出し内に，美容院関係の他の書類があると考え，「一寸見せてください」旨言って引き出し内に手を入れるような仕種をしたところ，原告は同係官のその仕種に驚き，咄嗟に「引き出しの中は生活の臭いのするところだから見せられない。」と拒否した。O係官が，再度美容院の店舗内であり関係書類が置いてあると考えられるので見せて欲しい旨申入れると，原告は，調べたいものを言ってくれれば必要なものは出す旨応えたが，O係官は，「会社がどのような帳簿を作成しているか確認したいし，会社があなたから借り入れている運転資金の出所も確認したい。必要があればあなた個人の所得税の申告内容を確認させてもらうこともある。」旨説明し，個人のものか会社のものかは見せてもらえば確認できるので店舗内にあるものは提示して欲しい旨再度申し入れたが，原告はこの申入れに対し自分にはプライバシーはないのか等強く反発した。その後同様のやりとりがあった後，原告は，かなり感情的になり興奮した状態で，自ら机の引き出し内のものやその他の鞄，書類等を店舗内の理用室待合室に運び込み，「そんなに見たければ，勝手に見ろ。」と言いながら，応接ソファーの上に並べた。O係官が原告に対しレジテープの提示を求めてから，原告が応接ソファー上に書類等を並べるまでは，約10分程度であった。O係官らは，ソファー上に並べられた預金通帳，領収書，原告の手帳，同業者名簿，名刺等を適宜原告に確認を取りながら調査し，各種口座番号等調査上必要な事項については，控えていった。かかる書類の中には，美容院とは関係のない書類も含まれていたが，原告は，O係官らの質問に対しては特に説明を拒否するようなことはなかった。原告は，O係官らが調査し控えた書面をコピーさせてほしい旨申し入れたが，同係官らは，その書面は公文書であり，守秘義務の観点からこれを拒否したが，原告は納得せず，しばらく同様のやりとりが断続的に続いた。その後，O係官は，翌日午前中に再度訪問するので，通年度三期分にわたっての帳簿書類等を揃えておくよう申し入れ，中潟店を辞去した。翌朝再度O係官らが，中潟店を来訪したが，原告は信頼関係が損なわれた以上調査には協力できないとの理由で税務調査を拒否し，その後日にも別の係官が中潟店を来訪し調査協力を依頼したが，原告は右同様の理由で右調査を拒否したといういきさつがある事例である。その後，原告は，この税務調査は原告のプライバシーを無視した職権濫用の違法な調査であり，調査によって私生活の平穏を著しく害され多大の精神的苦痛を被ったとして，国家賠償法1条1項に基づいて損害の賠償を求め提訴した。

　もっとも，この事業関連施設等での調査という点を強調すると，同族会社の場合には会社の事業関連と個人生活が比較的近接したところでなされているということから，かかる事業関連施設等という差し当たりの概念もやや広域に解される余地が出てくる。この点につき，法人税調査の事案であるさいたま地裁

平成16年12月1日判決（税資254号順号9846）は，次のように説示している。

> 「甲や丁としては，承諾を与えた段階では会社の帳簿の記帳や通帳類の確認を想定していたものであり，それなのにしら税務署員が1階の個人用の金庫の在中物を全部とり出させて点検したり，2階の部屋に税務署員が立ち入り，そこにあった整理タンスの中まで点検したりしたことは予想を超えるもので，甲や丁が本件調査は承諾の範囲外でプライバシーの侵害である等として激しく税務署に抗議した気持ちは理解できないではない。しかし，原告のような同族会社の場合，会社の帳簿，預金証書類などと経営者やその家族の預金関係などが混然となって保管されている例もままあり，Lが個人関係の通帳類を見せてほしいと言ったのに対し，丁は結論的には了承している。1階金庫の中の物もTらの要請に応じて全部丁は取り出し，そこにあった実印を押すのをTが白紙に押すのも丁は現認している。Tが2階に赴いたのは2階に会社の帳簿類が置いてあるためであり，整理タンスの小物入れをTが開けさせたのも，ここには会社関係の物はないのかという問いに領収書類が入っていると丁が答えたためで，Tが2階にいた時間も比較的短時間であったことが認められる。」

このような判断を基礎とすると，およそ個人事業者の場合には，事業関連施設等における調査とは，生活空間をも含めて判断されることとなるように思われてくる。

(3) 明らかなプライベート領域

北村事件京都地裁平成12年2月25日判決（訟月46巻9号3724頁）を素材に税務調査によるプライバシー侵害問題を考えてみたい。

この事案において，京都店での調査については，次のように事実認定されている。

「N〔筆者注：調査官〕は，応対に出た乙〔筆者注：原告の長姉〕に対し，同店中央のレジ付近において，身分証明書を提示したうえ，国税調査に来たと告げた。これに対し，乙は，原告は仕入れのため大阪に出かけており，すぐに連絡をとるのは困難であるから，日を改めて調査に来て欲しい旨再三要請した。しかし，Nは，右要請を聞き入れないで，乙に対し税務調査に応じて欲しいとの説得を続け，その後両名は店の奥に移動し，Nは，乙から，従業員数，店舗数，外部販売の有無等について聴取した。この間，同店にいた客数名が同店内から出ていった。

京都店の2階は，丙〔筆者注：原告の母〕と乙の居室及び寝室として使用されていたところ，そのうち，Nは，乙に対し調査のため2階へ上がらせて欲しい

13 税務調査とプライバシー問題

図表 1

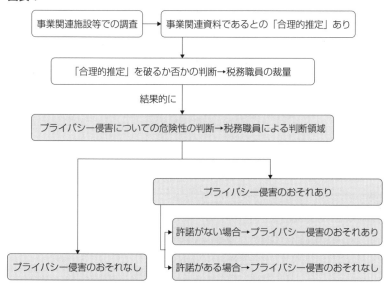

旨再三説得したが，乙は，２階はプライベートな部屋であるとして，これを強く拒否し続けた。なお，右２階部分はアコーデオンカーテンにより店舗部分とは明白に区分されていた。

そうこうするうち，Ｎは，丙が不意に２階へ上がって行くのを見て不審に思ったため，乙が強く拒否しているのにこれを無視し，Ｈ〔筆者注：調査官〕に目配せをして，２階に上がるよう指示した。Ｈは，その指示に従い，丙の後を追うようにして２階へ上がると，丙がコタツの上に置いてあった売上メモを持っていたため，丙に対し，右メモの提示を強く求め，同人から右メモを奪うようにして取り上げた。また，Ｈは，丙がコタツの上に置いてあった売上集計表を隠そうとしたので，これも取り上げ，さらに，同人がベッドの陰の方に何かを隠すような行動をしたと感じたため，箱様の篭をさがし，その中に入っていた納品書及び請求書類を探し出した。

その後，Ｈは，Ｎに対し，売上に関するメモがあるから２階へ上がるよう求めたため，Ｎは，２階へ上がったが，同人に続いて乙も２階へ上がった。また，Ｔ，Ｋ及びＡ〔筆者注：いずれも調査官〕も，その後に続いて２階へ上がった。Ｎは，Ｈが取り上げたメモ等の他にも京都店の営業に関する帳簿類等が２階に隠

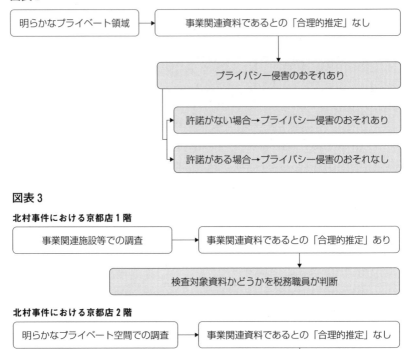

されているのではないかと考え，Kらに指示して，丙及び乙の承諾を得ないまま，2階にあったタンスやベッドの下の引出し等を検査したところ，タンスの上には丸い空き缶に入った約20万円の現金（丙が旧紙幣をコレクションとして収集したもの）が，また，タンスの引出しには多数の預金通帳や有価証券の預り証等が，さらに，ベッドの下の引出しにはバッグ及び財布がそれぞれ2，3個あるのを発見した。また，Nらは，丙が強く制止しているにもかかわらず，ベッドの下の同人が下着を入れている引出しに手を入れてかき回した。」

このような事実認定のもと，京都地裁は，次のように説示し，調査の違法性を指摘した。

「Hが，丙の後を追うようにして京都店の２階へ上がったことは前判示のとおりであるところ，右行為は，Nから調査のため２階へ上がらせて欲しい旨の申出を受けた乙が，Nに対して２階はプライベートな部屋であるから入ってもらっては困るとしてこれを強く拒否し続けていた最中に，居住者である丙及び乙の明示の意思に反してなされたものであることは明らかである。そして，居住者の拒絶の意思に反して，居住部分に立ち入ることがプライバシーの侵害として許されないことは明らかであるから，Hの右行為は社会通念上相当の限度を著しく逸脱した違法なものというべきである。また，Hに続いて，N，T，K及びAが２階へ上がった行為についても，丙及び乙の明示の意思に反するものであるから，同様に違法である。
　次に，Hが，２階において，コタツの上に置いてあった売上メモを持っていた丙に対してその提示を強く求め，奪い取るようにして右メモを取り上げるとともに，丙がコタツの上にあった売上集計表を隠そうとしたため，これも取り上げたこと，また，同人がベッドの陰の方に何かを隠すような行動をしたと感じたことから箱様の籠をさがし，その中の納品書及び請求書を探し出したこと，その後２階に上がってきた国税調査官らが，Nの指示により，丙及び乙の承諾を得ないまま，タンスやベッドの下の引出しを捜索し，特に，丙の強い制止にもかかわらず，ベッドの下の同人が下着を入れている引出しに手を入れてかき回したことは前判示のとおりである。…これら国税調査官らによる行為は，２階に上がったこと自体が違法であるうえ，その後これに引き続いて丙らの承諾を得ないままなされたものであって，社会通念上相当の限度を著しく逸脱する違法なものというべきである。」

　上記事例は，京都店においては２階居宅での調査が事業関連施設等での調査ではなかったということがいえると思われる。
　他方，上記事例では，京都店での調査のほか，唐崎店での調査も実施されている。
　唐崎店での調査については，次のように事実認定されている。
　「R，C及びW〔筆者注：いずれも調査官〕は，同日午後１時ころ，事前通知をすることなく，原告の税務調査のため唐崎店に臨場した。Rらが臨場したとき，丁〔筆者注：原告の妻〕はレジから離れて店の中央付近にいたが，Rは，丁が原告の妻であることを確かめたうえ，身分証明書を提示して，原告がいるか尋ねた。これに対して，丁は，原告が不在であり，連絡が取れないから出直して欲しい旨返答した。しかし，Rは，丁に対する質問により税務調査を行うこととし，丁に対し，執拗に分かる範囲でよいから調査に協力するよう求めた。」
　「Rらが右レジ付近で右調査をしていると，同日午後１時20分ころ，パート従業員の戊…が昼食から帰って来て，私物であるバッグをレジの奥に置こうとした。戊は，Rらがいて，様子がいつもと違うので，そのまま化粧を直すため

店の奥の方に行ったが，レジの方が気になり，戻ってきたりしていた。そうこうするうち，Ｗは，戊のバッグを見つけ，『それは何や，見せろ。』と言って，戊が繰り返し拒否したにもかかわらず，強引にバッグを取り上げて中を開け，在中物を調査した。そして，Ｗは，中にあった手帳を取り出して，ページをめくって見始めたので，戊は『私のや。』と言って，バッグと手帳を取り返した。」

「Ｒは，このころ，レジの横の棚に置いてあるバッグが丁のものであることを知って，その中身を確認させてほしい旨を同人に要求した。丁は，そのバッグには生理用品が入っていたため申出を断ったが，申出に押される形で，生理用品を取り出し自己のポケットに入れた後，バッグを同人に差し出した。そこで，Ｒは，右バッグの中を検査し，預金通帳等を取り出してその記載内容等を確認した後，丁に返還した。」

京都地裁は，店舗内において，女性従業員のバッグの中身を調査官がなかば強引に確認したことを認定した上で，次のように唐崎店の調査についても違法である旨判示した。

> 「Ｗが，従業員の戊が繰り返し拒否したにもかかわらず，その所持するバッグを強引に取り上げて中を開披し，在中していた手帳まで取り出してページをめくって見始めたことは前判示のとおりであり，これは同女の明示の意思に反するうえ，女性のバッグの内容物，とりわけ手帳の中身等はプライバシー保護の要請が大きいことに照らすと，任意調査として許される限度を著しく逸脱した違法なものであるというべきである。」

図表4　唐崎店

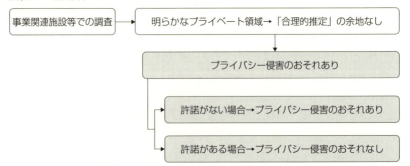

上記判示からは，事業関連施設等における調査であっても，明らかなプライベート領域にあるものについては税務職員によるプライバシー侵害のおそれの判断を経ることなく，事業関連資料であるとの合理的推定を破る場合があることが示唆される。

　調査受忍義務とは，間接強制の罰則制度と捉えるのは妥当でないと考える。あくまでも課税の適正・公平を期するために納税義務者あるいは納税義務があると認められる者等の協力が必要であり，そのために受忍義務という観念を持ち出しているにすぎないのであるから，任意調査自体は被調査者の承諾のもとに行われるべきものである。

　🖉　東京高裁昭和43年5月24日判決（刑集24巻13号1805頁）は，「納税義務者その他同条〔筆者注：旧所得税法63条〕第1号ないし第3号に規定された者は，正当な拒否事由がある場合のほか，収税官吏の質問に応じ，その事業に関する帳簿等で所有し，または所持するものの検査に応ずべきいわゆる受忍義務があるのであるが，右の質問検査は本来相手方である受忍義務者の承諾の下に行われることが望ましいことであって，本来強制力を用うべき性質のものではないが，国の税務行政の円滑な運営を図り，国民に対する適正公平な課税により，国家財政を確保するための必要から，旧所得税法は第70条第10号ないし第13号の規定を設けそれらの規定に違反した者に対し刑罰を科することとして，右の受忍義務の履行を間接に強制し，同法本来の目的の達成を図っているのである。」と述べる。

(4) 二重の承諾

　プライベート領域での「承諾」とは調査の承諾に加えた二重の承諾である。

　ところで，法人税法上の質問検査権調査ではなく，相続税法や所得税法上のそれを前提として考えたときに，一面では個人納税者は別の面では消費生活者であるという二面性を有することを捨象して議論することはできない。所得税であっても，質問検査権行使の直接の対象となる被調査者には，事業所得者や山林所得者以外にも，事業活動を行わない給与所得者，退職所得者，年金受給者たる雑所得者などがいるのであり，また，特段の稼得手段をもたずに利子所得，配当所得，一時所得または譲渡所得を得て生活しているというものも当然ながら調査対象になる。すると，プライベート領域か事業活動領域かという二分説的な捉え方が妥当すると考えるのはあまりにも短絡にすぎよう。

　なるほど，これまでの議論はあくまでも法人や事業所得者等の業務活動者をいつしか前提として議論していたことになる。また，法人やオーソドックスな

事業所得者等の調査を前提としても，調査において社長や事業者の生活費面からの検証が必要となれば，当然ながら生活領域への調査が必要ということになる。すると，その面ではプライベート領域の調査が展開されることになろう。

さすれば，納税者の調査が消費生活空間たるプライベート空間内にあるかどうかとか，業務関連施設等での調査であってもプライベート領域におけるものであるかどうかという点のみが問題となるということではなく，かかる調査の調査内容との関連で検討を加えるべきであるということが判然とする。

この場合，そこでの承諾は，あくまでも調査協力への承諾のほか，プライベート領域等における調査の承諾であるから，二重の承諾が構成されることになる。任意調査である限り，被調査者の承諾が必要であるのはいうまでもないのであるが，この二重の承諾が結果的に実態把握を困難なものとするという側面も否定はできないであろう。

図表 5　個人事業者の税務調査における二重の承諾

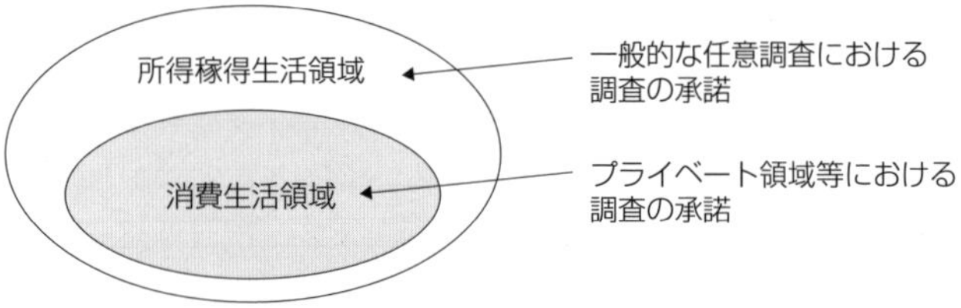

（所得稼得生活領域　←　一般的な任意調査における調査の承諾）
（消費生活領域　←　プライベート領域等における調査の承諾）

¶レベルアップ！　調査困難性と主張立証責任

上記のように，家事費や家事関連費の調査を行うに当たって，許諾が前提とされていることを考慮に入れると，当然ながら，必要経費性の認定はさまざまな困難に直面する。ところで，所得税法は必要経費規定（所法37）の別段の定めとして，同法45条《家事関連費等の必要経費不算入》1項1号を規定する。同条項は，「家事上の経費及びこれに関連する経費で政令で定めるもの」については，不動産所得の金額，事業所得の金額，山林所得の金額または雑所得の金額の計算上必要経費に算入しないと規定するのである。そして，これを受けた所得税法施行令96条《家事関連費》は，所得税法45条1項1号にいう「政令で定める経費」とは，次に掲げる経費以外の経費とし，1号において，「家事上の経費に関連する経費の主たる部分が不動産所得，事業所得，山林所得又は雑所得を生ずべき業務の遂行上必要であり，かつ，その必要である部分を明らかに区分する

ことができる場合における当該部分に相当する経費」と規定している。すなわち，「業務の遂行上必要であり，かつ，その必要である部分を明らかに区分することができる部分以外の経費」については，必要経費に算入しないというのである。この規定はここにきて大きな意味を有する。すなわち，プライベート領域への調査には困難性が生起されるが，本来，課税標準についての証明責任は課税当局側にある。そこで，納税者が，業務遂行上必要とされる部分を「明らかに区分」という明白性を担保しなければ必要経費性が否定されるという仕組みを構築することによって，必要経費の主張立証作業を納税者の側に転換しているとみることができるのである。換言すれば，この規定は，必要経費の要件充足の主張立証を納税者が行わなければならないとしており，本来行うべき反証の形をとる手続のショートカット規定であるともいえよう。このような視角からみると，税務調査の限界をこの規定が必要経費否認規定として補っているとみることも可能であるように思われるのである。

 📝 一時所得の金額の計算においては家事費を経費に算入することを許容するが（所法45③），家事費のうち，「収入を得るために支出した金額」を判断するためには，かかる家事費の内容に踏み込んだ調査が必要になる場合があろう。そうであれば，前述のように所得税法施行令96条のような挙証責任転換規定は一時所得についても必要であるということになりはしないのであろうか。もっとも，一時所得の金額の計算においては，事業所得等の間接的必要性をも含んだ判断が求められるのと異なり，特に「その収入を生じた行為をするため，又はその収入を生じた原因の発生に伴い直接要した金額に限る」こととされており（所法34②），直接必要性が要請されている。そのことからすれば，そもそも所得税法施行令96条が求める明白性を要件とする必要はないともいえる。かような意味では，一時所得の金額の計算においては上記規定は不要であると説明することができよう。

14　修正申告の勧奨

　修正申告の勧奨をめぐってはさまざまな法律問題が介在する。その問題の多くは，税務当局に勧奨（実務上，これまでは「慫慂（しょうよう）」と称してきた。）されて提出した修正申告書が納税者の自発的な申告であると法律上整理されていることに由来する。例えば，修正申告書の内容については，自らの意思に反したものであるから錯誤無効であるとか，あるいは，納税者の妻や従業員など，納税者本人以外の者によって提出されたものであって無効であるというような主張がなされることがある。このような問題の多くは，いったん提出された修正申告書の内容について，これを不服として不服申立てや訴訟提起の途が開かれていないことから救済の途がないという点に由来するものである。ここに修正申告の勧奨に係る法律問題が惹起されるのである。

　　△　東京地裁平成2年8月31日判決（判タ751号148頁）は，「税務署がする修正申告の勧めは，あくまで納税者の自発的な申告を促すものであり，それ自体に，何ら強制力を持つものではないから，納税者がこの勧めに応じて修正申告をするか否かは，当該納税者が自らの責任において判断決定すべきことであって，修正申告により確定した納税義務が，申告者以外の者の行為によったというためには，その者の行為が，当該修正申告をするために直接的な契機になった場合などの特別な事情のある場合に限られるというべきである。」とする。

(1) 修正申告のメリット・デメリット

　所得税などについて採用されている申告納税制度（通法16①一，②一）のもとにおいて，申告書記載事項の過誤の是正について修正申告や更正の請求のような特別の規定が設けられているのは，課税標準の決定については，もっともその事情に通じている納税義務者自身の申告に基づくとし，その過誤の是正は，法律が特に認めた場合に限る建前とすることが，租税債務を可及的速やかに確定せしむべき国家財政上の要請に応ずるものであり，納税義務者に対しても過当な不利益を強いるおそれがないと認められるからにほかならない。また，税務職員が行う修正申告の勧奨は自発的な申告を促すものにすぎないからこの勧めに応じて修正申告をするか否かは，当該納税者が自らの責任において判断決定すべきことである。このような修正申告の意義から考えれば，修正申告書の

提出についての勧奨自体に疑問を差しはさむ余地はなさそうである。

しかしながら，税務職員の行う修正申告の勧奨が威嚇的効果をもっているとする指摘もある。他方，税務署からの修正申告の勧奨を拒否することは，納税者にとってはさらなるリスクを背負い込むことになるという指摘も考えられる

図表　修正申告のメリット・デメリット

	メリット	デメリット
納税者にとって	① 主体性の確保—自らの納得のもとで是正を行うことができる。 ② 公権力行使に基づく処分よりは心理的圧迫が少ない。 ③ 事実認定の場面での交渉の余地があり得る。 ④ 勧奨に応じれば調査の終結を早く迎えることができる。 ⑤ 更正または決定があるべきことを予知してされたものでないときは，加算税が軽減される等の措置がある(注)。	① 不服があったとしても争訟に持ち込むことができない。 ② 更正の請求期限との関係で更正の請求を受けられないことがある。 ③ 誤りの指摘があったとおりに修正申告をした場合に，その理由が明らかにされず口頭で受けた説明について納税者が失念するなどして，理解が十分であったかどうかを検証できないことがある。 ④ （平成17年以前の旧制度下の問題として）更正処分と異なり高額納税者として公示されてしまうという問題があった。
租税行政庁にとって	① 納税者自らによる是正であり，徴税費用が少なくて済む。 ② 調査等の手間を省くことができる。 ③ 理由附記の必要がない。 ④ 調査の正確性や資料の十分性が満たされなくてもよい。 ⑤ 租税法律関係の早期安定化に資する（後で覆されるおそれがない。）。	租税法律主義の合法性の原則に反する課税に決着することが組織ガバナンスの観点から問題となり得ることも考えられる。

(注)　平成28年度税制改正により，平成29年1月1日以後法定申告期限が到来する国税については，従来に比して加算税の割合が加重された。改正前は更正の予知前の修正申告について，過少申告加算税は0％，無申告加算税は5％とされていた（改正前通法65⑤，66⑤，67②）。しかし，かかる改正により税務調査の事前通知後から更正の予知前にされた修正申告については，過少申告加算税は免除されず5％（50万円超の部分は10％）とされるとともに，無申告加算税については，10％（50万円超の部分は15％）とされることになった（改正後通法65⑤，66⑥，67②）。

ところである。すなわち，税務職員の勧めに応じて修正申告書を提出する場面では，ある種の事実認定上の交渉の余地があり得るのも事実である。

(2) 修正申告の勧奨をめぐる諸問題
ア 納税者以外の者による提出をめぐる問題
(ア) 概 観

　納税申告書の提出は，私人の行う公法行為と解されており，私人の行う行為であることからすれば代理による行為形態も可能である。このことは，国税通則法124条1項《書類提出者の氏名，住所及び番号の記載等》が「国税に関する法律に基づき税務署長…に申告書…を提出する者は，当該書類にその氏名…，住所又は居所及び番号…を記載しなければならない。この場合において，その者が法人であるとき，納税管理人若しくは代理人（代理の権限を有することを書面で証明した者に限る。以下この条において同じ。）によって当該書類を提出するとき，又は不服申立人が総代を通じて当該書類を提出するときは，その代表者…，納税管理人若しくは代理人又は総代の氏名及び住所又は居所をあわせて記載しなければならない。」としていることからも分かる。もっとも，同条が「代理人」について「代理の権限を有することを書面で証明した者に限る。」と規定する意味は，代理人によって提出された申告書の真正性を担保するための訓示的な意味を有するにすぎず，「代理人の権限を有する」旨の書面が提出されていないからといって，申告書の法的効力が否定されると解する必要はないのではないかとの理解があり得る。このことは，次のような理由からである。

　すなわち，税理士法2条《税理士の業務》1項は，申告書の作成および提出についての税理士による代理を認め，同法33条《署名押印の義務》1項では，「税理士は，税務代理をする場合において申告書等を作成して税務署に提出するときは，申告書等に署名押印しなければならない。」として，申告書への代理人についての署名押印を義務付けている。しかしながら，同条4項では，「署名押印の有無は，当該書類の効力に影響を及ぼすものと解してはならない。」と規定していることから，署名押印がないことをもって代理人の行った申告書の作成，提出の効力に影響を及ぼさないとされているのである。

　申告書の提出行為は事実行為として，納税者のみならず納税者から委任を受けた者によってもなし得るものと解するのが相当であろう。

⚠ 青色申告の承認取消し前に白色による修正申告書を税務職員に提出した場合に，かかる申告書が税務職員に到達している段階でかかる申告書の効力は生じると解するべきであるから，青色申告承認取消し前の白色による修正申告書の提出は形式，表示内容および金額において錯誤があると，納税者が主張した後述する事例において，札幌高裁平成8年12月26日判決（税資221号1038頁）は，「右取消しのあった場合に備えて予め右申告書をS〔筆者注：税務職員〕らに交付しているものであり，Sらは右申告書を青色申告の承認取消後に右税務署長に提出するためにM〔筆者注：納税者の妻〕から予め預かったものということができる。」と認定しており，税務職員による申告書の提出も肯定されているのである。

(イ) 税理士事務所職員による提出

顧問契約を締結している税理士Hの事務所職員であるNによって提出された修正申告書について，原告Xにおいて，修正申告の対象となる所得額も，申告すべき所得税額も知らず，各修正申告書をF税務署に提出する意思もないままに作成・提出されたものであるとして，これに基づく加算税等の賦課決定は無効であると主張した不当利得返還請求事件がある。同事件において，京都地裁平成9年7月16日判決（税資228号74頁）は，次のように論じている。

> 「Xと税理士Hとの間で同税理士の委任契約上の債務不履行等の問題が生ずる余地のあることは別論，本件各修正申告書による所得税の修正申告は，Xの税務申告事務について委任を受け，右事務について代理権を有していた税理士H（履行補助者である事務員N）において行ったものであり，同税理士の代理行為として有効なものと認められるから，右修正申告がXの意思に基づかない無効なものである（したがって，これに基づいてなされた課税処分も無効である）ということはでき〔ない〕」

(ウ) 納税者の妻など家族による提出

納税者の妻が修正申告書に署名押印して提出したとされる札幌地裁平成7年11月28日判決（税資214号514頁）の事案において，原告Xは，代理権を授与したことのない妻Mをして署名させたものであり，「Mが本件修正申告書に署名押印したのは，調査官Nから『取引先に迷惑がかかることもないし，新聞に名前が出ることもないし，これ以上脱税を追及しないから署名押印するように』と慫慂され，また，本件修正申告書に署名押印しないことでXの商売の維持ができなくなるのではないかと思い込まされ，かつ記載された課税標準及び税額等につき検討する時間的余裕を与えられていなかったからである。」のであって，本件修正申告はその形式および表示内容において錯誤があると主張した。

これに対して，同地裁は，次のように説示し，Xの主張を否定した。

> 「Mは従前Xに代わって確定申告等を行い，Xの脱税工作にも協力し，X事業所の記帳を行い，帳簿の付け方，脱税の概要等も熟知していたのであり，しかも，本件税務調査に際してはXから立会いを任されていたものであり（Mは前回税務調査の際にもXに代わって立ち会っている。），かつ調査官SらはMの本件修正申告書提出に先立ち，X自身にも本件税務調査の結果を説明し，青色申告承認取消しの場合には白色の修正申告をして欲しい旨告げていたのであるから…，Mによる本件修正申告書提出は，Xの代理人によるものとして，有効であるというべきである。」

所得税の原告X作成名義の修正申告書の提出に関し，Xが被告税務署長Yに対し，その修正申告書の提出はいずれも自己の意思に基づくものではない旨主張してその納付債務の不存在確認を求めるとともに，かかる修正申告を前提として賦課決定された重加算税の納付債務の不存在確認を求めた事案として，宮崎地裁平成10年5月25日判決（税資232号163頁）がある。

この事案の事実認定において，①K〔筆者注：Xの長男〕らとともにN税務署に赴いたXに対し，T〔筆者注：国税局課税部資料調査第二課主査〕は，当初から修正申告を慫慂し，納付すべき税額を記した書面を初めて提示したところ，Xが修正申告することを拒否したため，その後は納付の方法についての話に終始し，売上金の額，経費の額，その具体的根拠を示すことはなかったことや，②Kは，その話合いの際，Xと同席していたが，最終的に席を移し，Xと背中合わせの状態で，Xの後方に位置する机において，予めN税務署職員によって各欄の金額が記入されていた各修正申告書にX名を署名し捺印したこと，③Xに代わってKが署名，捺印することについてはXの明確な応答はなかったこと，④捺印に使用された印鑑は，Kが持参した日常使用していたものであること，⑤このときの話合いは数時間に及んだが，Xの健康状態は依然として良好とはいえない状況にあったこと，⑥同日，自宅に戻ったXは，Kが署名，捺印を代行したことを知って激怒し，数日間，KやKの妻Uと会話を交わさなかったことなどが認定されている。

これらの認定の上で，同地裁は，次のように判示した。

> 「Xは，平成6年11月15日，24日のTとの面接において，修正申告がなされる場合の各年度の売上の額やその根拠，どのような費目でどのような金額のものが経費として認められあるいは認められないか並びにその根拠についての具体的な説明を受けなかったこと，同月25日においても，売上金の額の具体的根拠や経費として認められる

具体的金額やその根拠を示されず，むしろ修正申告がなされた場合の納付の方法についての話に終始したこと，同月15日から同月25日までのXの健康状態は，同月19日に医師から再入院の指示を受けるなど，なお予断を許さない状況にあり，その判断能力も十分ではなかったことが窺える。そうすると，Xにおいて，本件修正申告にかかる期間の売上金及び経費について，修正申告書が提出されるまでの間，その額がどの程度であるのかを把握し得る状況にはなかったというべきであり，修正申告を拒否していたXが，明確な根拠も示されることなく，その意思を翻し，修正申告に応じるに至ったとは考えにくく，このことは，修正申告書におけるXの署名捺印がX自身でなくKによってなされていることやその際のKの態度及び後にXがK夫婦に取った対応に裏付けられており，本件修正申告は，Xの真意に基づくものとは認められない。」

イ　意思と表示との間の不一致―錯誤

　所得税の確定申告は，自己に所得があるものと誤解してなしたものであって，法律行為の要素に錯誤があるから無効であるとして，納税者が滞納処分の無効確認等を求めた事案において，最高裁昭和39年10月22日第一小法廷判決（民集18巻8号1762頁）は，「確定申告書の記載内容の過誤の是正については，その錯誤が客観的に明白且つ重大であって，前記所得税法の定めた方法以外にその是正を許さないならば，納税義務者の利益を著しく害すると認められる特段の事情がある場合でなければ，所論のように法定の方法によらないで記載内容の錯誤を主張することは，許されないものといわなければならない。」と判示した。

　上記最高裁昭和39年判決は，民法95条《錯誤》の類推適用を原則として許さないとする。同判決は，錯誤の主張が許されるかどうかは究極的には立法政策に属する問題であるから，法律に特別の規定のないときは格別，申告内容の是正が法律で特別に規定されているときは，かかる是正手段の趣旨・目的を勘案した上でその成否や限度を決定すべきであるという立場に立つ。すなわち，特段の事情がない限り法律で規定された救済手段（ここでは更正の請求）によるべきであるとするのである（この考え方は「更正の請求の原則的排他性」という。🔎**6**―57，63頁参照）。

♫　錯誤無効の主張を認めた事例

　　京都地裁昭和45年4月1日判決（行裁例集21巻4号641頁）は，「…『右金銭は法人の清算所得に含まれる。』という誤った見解に立つ国税局係官の強い申告指導があったため，合併会社（代表者a）が，錯誤におちいり，右金銭を清算所得として記載した法人税確定申告書を提出した場合，確定申告書の記載内容の錯誤が客観的に明白且つ重大であって，法定の方法以外にその是正を許さないならば，納税義務者の利益を著しく害すると認められる特段の事情がある場合に該当すると解するのが相当である。」と判示し

た。

◢ 錯誤無効の主張を排斥した事例

上述の札幌地裁平成7年11月28日判決（税資214号514頁）は、「確かに、本件修正申告書にMが署名した時点では、Mは税務当局から修正申告書の提出を強く求められており、また、本件によってXの青色申告承認が取り消されるばかりか、修正申告を拒否した場合には、Xの取引先にも調査が入り、今後Xの商売がたちいかなくなる可能性すらあると危惧し、心理的に追い詰められた状況にあったことは想像に難くないが、それでもMが本件修正申告書に署名したことが、錯誤等意思表示の瑕疵に困るものであったとまで認めるに足りる証拠はなく、そして、Mが右のように心理的に切迫した状況で本件修正申告書に署名したとしても、それだけでは直ちに、所得税法の定めた方法以外に過誤の是正を許さないならば納税義務者であるXの利益を著しく害するとまではいえない。」と断じて、Xの主張を斥けた。

このように修正申告の錯誤無効については、納税者の自発的な申告に税額等の一義的確定を委ねる申告納税制度を前提として申告の適法性の推定から出発するのであるから、それを覆すには、前述の最高裁昭和39年判決がいうように、当該申告に客観的に明白かつ重大な錯誤があるという特段の事情が存する必要があると考えられている。この特段の事情にはいかなる場合が該当するかについては議論のあるところであるが、上記錯誤の主張の肯定例をみたように、租税行政庁職員による誤指導があった場合については認められるべきであるように思われる。すなわち、表意者の相手方である信頼を寄せる当局者が錯誤に陥らせた場合で、かかる錯誤に陥るについての表意者の責めに帰すべき事情のない場合には、錯誤無効を認めることが信義誠実の原則を持ち出すか否かは別としても合理的であると思われるのである。租税行政庁と納税者との間の信頼関係に基礎付けられる申告納税制度のもとで、誤指導に従った納税者の錯誤による無効を主張し得ないとすると、かえって同制度の基礎を崩すことにもなりかねないと考えるからである（渋谷光子「判批」ジュリ486号136頁）。

では、修正申告の勧奨の際の教示の有無についてはどのように考えるべきであろうか。

ウ　修正申告の勧奨と教示

(ア)　修正申告の不勧奨

修正申告時の教示に関する法律上の問題としては、①修正申告そのものを勧奨しないという修正申告制度そのものに係る教示の問題と、②修正申告の勧奨時における是正事項の教示の問題、③修正申告の勧奨の際の不利益事項（🔍図表1のデメリット—151頁参照）等の教示の問題の3つがある。

修正申告を勧奨しなかったことが違法であるか否かが争点とされた事例として、福岡地裁平成19年3月23日判決（税資257号順号10666）がある。同判決は、「国税庁長官が、平成12年12月11日付けで、国税局長らに対し、『原則として、非違を把握したすべての実地調査事案について、納税者に対して修正申告又は期限後申告のしょうようを行う。』と指示したことが認められる。しかしながら、法令上は課税庁に修正申告等のしょうようを義務付けた規定は存しないことから、上記は飽くまで行政機関内部における指示にとどまる。したがって、これを行わなかったからといって、国家賠償法上違法となると解することはできない。」と判示している。控訴審福岡高裁平成20年1月30日判決（税資258号順号10875）もこの判断を支持している。妥当な判断であろう。

(イ) 平成23年度税制改正

もっとも、この①の論点は修正申告の勧奨をめぐる本質的な問題ではない。関心を寄せる事項として特に注目されるのは、②あるいは③の問題である。すなわち、修正申告の勧奨の際の教示の問題である。

ところで、②の問題については、平成23年度税制改正において次のとおり、国税通則法に規定が設けられた。

国税通則法74条の11《調査の終了の際の手続》

　税務署長等は、国税に関する実地の調査を行った結果、更正決定等（第36条第1項《納税の告知》に規定する納税の告知（同項第2号に係るものに限る。）を含む。以下この条において同じ。）をすべきと認められない場合には、納税義務者（第74条の9第3項第1号（納税義務者に対する調査の事前通知等）に掲げる納税義務者をいう。以下この条において同じ。）であって当該調査において質問検査等の相手方となった者に対し、その時点において更正決定等をすべきと認められない旨を書面により通知するものとする。

2　国税に関する調査の結果、更正決定等をすべきと認める場合には、当該職員は、当該納税義務者に対し、その調査結果の内容（更正決定等をすべきと認めた額及びその理由を含む。）を説明するものとする。

3　前項の規定による説明をする場合において、当該職員は、当該納税義務者に対し修正申告又は期限後申告を勧奨することができる。この場合において、当該調査の結果に関し当該納税義務者が納税申告書を提出した場合には不服申立てをすることはできないが更正の請求をすることはできる旨を説明するとともに、その旨を記載した書面を交付しなければならない。

新たに国税通則法に設けられた「調査の終了の際の手続」には、調査終了時の税務署長等による説明と再調査についてルールが定められている。税務署長

等に課される説明とは次のとおりである。
① 実地調査の結果，更正決定等をすべきと認められない場合には，更正決定等をすべきと認められない旨を書面により通知する。
② 調査の結果，更正決定等をすべきと認める場合には，その調査結果の内容（更正決定等をすべきと認めた額及びその理由を含む。）を説明する。
③ 上記説明をする場合に，当該職員は，修正申告または期限後申告を勧奨することができる。その場合には不服申立てをすることはできないが更正の請求をすることはできる旨を説明し，その旨を記載した書面を交付しなければならない。

また，調査終了後であっても再調査を行うことができるが，それは，「新たに得られた情報に照らし非違があると認めるとき」に限られることとなった（通法74の11⑥）。

Tax Lounge　慫慂と勧奨

申告納税制度のもと，修正申告はあくまでも納税者が行った確定申告の内容につき，その課税標準等や税額等を自らの申告によって是正する，主体的な納税申告制度の一種である。したがって，更正処分や決定処分が租税行政庁側からの是正処理であるのに対して，納税者の主体性が前提となるという意味では同じ是正方法であるとはいっても，圧倒的にその性質を異にするものである。

ところで，税務調査等において，申告内容に誤りがあった場合，税務職員は納税者に対して申告内容の是正をするよう修正申告を勧めることが多い。これまで，これを修正申告の慫慂と呼ぶことが多かったが，平成23年12月の税制改正では，修正申告の勧奨という用語が国税通則法の中に採用されることになった。すなわち，「慫慂」も「勧奨」も修正申告を勧めることであることには変わりがないのであるが，改正法は後者を採用したのである。

国語辞書によると，慫慂とは，「他の人が勧めてそうするように仕向けること。」（三省堂『大辞林』）とか，「そうするように誘って，しきりに勧めること。」（小学館『大辞泉』）と説明されている。そのように「仕向ける」とか，「しきりに」勧めるなどとされているところからみると，ある意味では，そのように勧めることに意識的な働きかけが強いように思われる。これに対して，勧奨とは，「そのことをするようすすめ励ますこと。」（小学館『大辞泉』）とされているように，勧めることや励ますことという意味が含意されている。

修正申告を勧めるに当たって，それが意識的な強い勧めであることからさまざまな紛争が生じてきたことを踏まえて，勧奨という用語が採用されたと推察されるが，その点が等閑視されてはならないと思われるのである。

15 信義則の適用

(1) 信義誠実の原則

　民法 1 条《基本原則》2 項は，「権利の行使及び義務の履行は，信義に従い誠実に行わなければならない。」と規定する。

　この規定が租税法律関係においても適用されるか否か，あるいは，この規定とは別に，一般法理として信義則の適用があるか否かがこれまで長い間議論されてきた。特に，税務職員の誤指導があった場合について，その適用の可否について議論がなされることが多い（🔍この論点について，詳しくは，酒井・ステップアップ275頁参照）。

　　　金子宏教授は，「租税法における信義則の適用の有無は，租税法律主義の1つの側面である合法性の原則を貫くか，それともいま1つの側面である法的安定性＝信頼の保護の要請を重視するか，という租税法律主義の内部における価値の対立の問題である」とした上で，「利益状況のいかんによっては，この2つの価値の較量において，合法性の原則を犠牲にしてもなお納税者の信頼を保護することが必要であると認められる場合がありうるのであって，そのような場合には個別的救済の法理としての信義則の適用が肯定されるべきである。」と論じられる（金子・租税法134頁）。

(2) 代表的な裁判例

　租税法律関係において，初めて信義則の適用を肯定的に判断した事例として，最高裁昭和62年10月30日第三小法廷判決（訟月34巻4号853頁）がある（玉國文敏「判解」『行政判例百選Ⅰ〔第5版〕』54頁，吉村典久「判解」『租税判例百選〔第5版〕』36頁，水野忠恒「判解」『租税判例百選〔第6版〕』34頁，酒井・ブラッシュアップ28頁参照）。同最高裁は次のように判示している。

　　「租税法規に適合する課税処分について，法の一般原理である信義則の法理の適用により，右課税処分を違法なものとして取り消すことができる場合があるとしても，法律による行政の原理なかんずく租税法律主義の原則が貫かれるべき租税法律関係においては，右法理の適用については慎重でなければならず，租税法規の適用における納税者間の平等，公平という要請を犠牲にしてもなお当該課税処分に係る課税を免れしめて納税者の信頼を保護しなければ正義に反するといえるような特別の事情が存する場合に，初めて右法理の適用の是非を考えるべきものである。そして，右特別の事情が存するかどうかの判断に当たっては，少なくとも，①税務官庁が納税者に対し信

頼の対象となる公的見解を表示したことにより，②納税者がその表示を信頼しその信頼に基づいて行動したところ，のちに右表示に反する課税処分が行われ，そのために納税者が経済的不利益を受けることになったものであるかどうか，また，③納税者が税務官庁の右表示を信頼しその信頼に基づいて行動したことについて納税者の責めに帰すべき事由がないかどうかという点の考慮は不可欠のものであるといわなければならない。〔丸数字は筆者による〕」

「これを本件についてみるに，納税申告は，納税者が所轄税務署長に納税申告書を提出することによって完了する行為であり（国税通則法17条ないし22条参照），税務署長による申告書の受理及び申告税額の収納は，当該申告書の申告内容を是認することを何ら意味するものではない（同法24条参照）。また，納税者が青色申告書により納税申告したからといって，これをもって青色申告の承認申請をしたものと解しうるものでないことはいうまでもなく，税務署長が納税者の青色申告書による確定申告につきその承認があるかどうかの確認を怠り，翌年分以降青色申告の用紙を当該納税者に送付したとしても，それをもって当該納税者が税務署長により青色申告書の提出を承認されたものと受け取りうべきものでないことも明らかである。そうすると，原審の確定した前記事実関係をもってしては，本件更正処分が上告人の被上告人に対して与えた公的見解の表示に反する処分であるということはできないものというべく，本件更正処分について信義則の法理の適用を考える余地はないものといわなければならない。」

△ 上記判決よりも先に，東京地裁昭和40年5月26日判決（行裁例集16巻6号1033頁）が，次のように信義則の適用について肯定的な見解を示していた。

「自己の過去の言動に反する主張をすることにより，その過去の言動を信頼した相手方の利益を害することの許されないことは，それを禁反言の法理と呼ぶか信義誠実の原則と呼ぶかはともかく，法の根底をなす正義の理念より当然生ずる法原則（以下禁反言の原則という。）であって，国家，公共団体もまた，基本的には，国民個人と同様に法の支配に服すべきものとする建前をとるわが憲法の下においては，いわゆる公法の分野においても，この原則の適用を否定すべき理由はないものといわねばならない。」

「租税法規が著しく複雑かつ専門化した現代において，国民が善良な市民として混乱なく社会経済生活を営むためには，租税法規の解釈適用等に関する通達等の事実上の行政作用を信頼し，これを前提として経済的行動をとらざるを得ず，租税行政当局もまた，適正円滑に税務行政を遂行するためには，かような事実上の行政作用を利用せざるを得ない。かような，事態にかんがみれば，事実上の行政作用を信頼して行動したことにつきなんら責められるべき点のない誠実，善良な市民が行政庁の信頼を裏切る行為によって，まったく犠牲に供されてもよいとする理由はないものといわねばならない。」

「禁反言の原則は，もともと，制定法上，形式的には適法とされる行為であるにかかわらず，個別的，具体的事情の下で，これを行なうことが法の根底をなす正義の理念に反するところから，これを行なうことを許さないとするものであって，前述のような事実上の行政作用の果している役割りにかんがみれば，個々の場合に，租税の減免が法律上の根拠に基づいてのみ行なわるべきであるとする原則を形式的に貫くことよりも，事実上の行政作用を信頼したことにつきなんら責めらるべき点のない誠実，善良な市民の信頼利益を保護することが，公益上，いっそう強く要請される場合のあることは否定で

きないところであるから，租税の減免が法律上の根拠に基づいてのみ行なわるべきであるということは，税法の分野に禁反言の原則を導入するについて，その要件及び適用の範囲を決定する場合に考慮を払うべき要素の一つとはなっても，この原則の導入を根本的に拒否する理由とはなり得ないものと解すべきである。
　以上に判断したとおり，禁反言の原則は，いわゆる公法分野についても，その適用を否定すべき根本的理由はないと解すべきであるが，このことは，右の原則が私法分野におけると同じ要件の下に，同じ範囲，程度において適用されると解すべきことの理由となるものではなく，公法分野とくに税法の分野においては，前述のように，積極，消極両面の行政作用につき厳格な法律の遵守が要請されていることにかんがみれば，かような法分野について禁反言の原則がいかなる要件の下に，いかなる範囲において適用されるかについては慎重な判断を要することはもちろんである。すなわち，この原則の適用の要件の問題としては，とくに，行政庁の誤った言動をするに至ったことにつき相手方国民の側に責めらるべき事情があったかどうか，行政庁のその行動がいかなる手続，方式で相手方に表明されたか（一般的のものか特定の個人に対する具体的なものか，口頭によるものか書面によるものか，その行動を決定するに至った手続等）相手方がそれを信頼することが無理でないと認められるような事情にあったかどうか，その信頼を裏切られることによって相手方の被る不利益の程度等の諸点が，右原則の適用の範囲の問題としては，とくに，相手方の信頼利益が将来に向っても保護さるべきかどうかの点が吟味されなければならない。」

　上記最高裁判決の説示に従えば，信義則の適用の有無の判断に当たっては，次の3つが重要なメルクマールとなろう。
① 　租税行政庁が納税者に対して信頼の対象となる「公的見解」を表示したこと。
② 　納税者の信頼が保護に値すること。
③ 　納税者が表示を信頼しそれに基づいて「何らかの行為」をしたこと。
　これらのうち，③の要件について考えてみたい。
　そもそも課税要件法のもとでは基本的に納税者の意思によって課税額に変更が生ずるということは想定できず，したがって，その限りにおいては信義則の適用はないと解される。すなわち，新井隆一教授が論じられるように，「意思の要素を排除して実定法規の内容の客観的な認識と事実の客観的な認定とを要素とする行為については，適用されえない」と思われる。このことが，「申告行為以外」の場面でしか信義則の適用がないとするゆえんである。ただ，課税当局からの誤情報をもとに行った「何らかの行為」があるとすれば，そこから生じた誤情報に基づく自己決定権侵害については，法的保護領域として信頼保護法理の適用があり得ると考えるべきであろう。さすれば，申告行為以外の場面

では信義則の適用はあり得るという通説の③の要件も法的に説明し得ることになると考えるところである。

　例えば、親会社ストック・オプション訴訟では、国税局課長名で編集された質疑応答集などに、ストック・オプションの権利行使益に対しては一時所得として課税されるとの見解が表明されていたにもかかわらず、後に、給与所得としての課税を行うという方針変更を表明したのは信義則に反するなどとして、納税者が、かかる見解を信頼して一時所得として行った申告に係る更正処分の取消しを求めていた。これに対して、課税庁は最高裁昭和62年判決の3つの要件を引用した上で、「納税者が単なる誤った申告をしたことはこれに当たらず、信頼に基づいて申告以外の何らかの行動をしたことが必要というべきである。…単に当該課税処分によって税額が増加したことでは足りず、申告以外の何らかの行動をとったことにより具体的に経済的不利益を受けたことが必要であるというべきである。」と反論するなどしている（東京地裁平成16年1月30日判決・税資254号順号9541など参照）。

　ここでの論点は、上記3つの要件のうちの③である。

(3) その他の信義則の適用領域

　A、B、Cの店舗を経営して個人事業を行っている納税者甲は、A店舗の事業活動から得られた売上金がまったく計上されていないことを知り、修正申告をする必要があった（100万円の税額申告漏れ）。他方、甲は税務調査を受けており、BおよびC店舗の所得金額の計算上の非違が判明して更正処分を受けていた（300万円の税額申告漏れ）。かかる更正処分の後に、A店舗分売上漏れに係る修正申告をするため、甲は、更正額300万円に100万円を加算して修正申告を行った（通法19②）。この場合、甲は調査に基づく増額更正処分を不服として訴えを提起することができるであろうか。

　このような事例において、横浜地裁昭和58年4月27日判決（行裁例集34巻9号1573頁）は次のように判示している。

> 「申告納税方式をとる所得税にあっては、納付すべき税額は、納税者の申告があれば、特に税務署長において更正する場合を除き、その申告によって確定し、納税者は申告に係る税額を納付すべき義務を負担するものであり、この理は、先になされた申告又は更正に係る税額を増額してなされる修正申告にもそのまま妥当するものという

> ことができる。したがって，修正申告がなされた場合，納税すべき税額は増額された部分を含む全額が即時確定するということができ，その限りで先になされた申告又は更正は修正申告に吸収されて消滅し，その存在意義を失うというべきである。
> 　したがって，本件においては，原告の昭和42年分の所得税は，本件修正申告に基づいて課税標準及び税額とも本件更正を上回る額に増額され，同時にその全額が確定したということができ，本件更正は，本件修正申告に吸収されて消滅し，その存在意義を失ったということができるのであるから，本件更正の取消しを求める訴えの利益は存しないというべきである。」

　これに対して，控訴審東京高裁昭和61年5月28日判決（判タ639号148頁）では，更正に係る審査請求の係属中に脱漏所得が判明したことに伴い，税務職員が関与税理士に修正申告を示唆ないし勧奨した際，審査請求中であることの明確な認識はなかったようであるが，同職員においてわずかの注意を払えば，これを知り得た状況にあったのであり，もしこれを知ったとすれば修正申告の示唆ないし勧奨は行われなかったであろうから，同職員の不注意による勧奨は甲の不服申立手続上の利益を喪失せしめるにいたった重大な原因を形成したといえるとする。加えて，更正はほかならぬ原処分庁のした行政処分であり，これに対する審査請求のなされたことは当然これを知悉している立場にある原処分庁としては，部下である同職員が修正申告を示唆ないし勧奨した際，同職員において本件更正に対し審査請求の申立てがされていたことを偶々認識していなかったからといって，原処分庁が本訴においてこれを有利に援用することは信義に反し相当ではなく，修正申告がたとえ甲の過失に基づくものであるにせよ，申告をするにいたった主たる要因が税務職員の誤った示唆ないし勧奨により誘発されたと認め得るような事情のもとにおいては，修正申告によってもたらされる甲の不服申立手続上の不利益，すなわち訴えの利益の喪失につき原処分庁は信義則上これを主張し得ないと解するのが相当である旨判示している。

　国税通則法19条《修正申告》2項は，更正後に修正申告があった場合には当該更正後の金額を基礎とすることとしており，増額更正は修正申告に吸収されることが前提とされているように思われる。もっとも，上記のような事例において総額主義を基礎としつつも納税者の請求を汲み取れるような手当てがあるべきではないかとも考えるが，立法的解決にゆだねるほかはないのかもしれない。なお，上記事例において，東京高裁は，個別の事情を斟酌して，信義則の適用によって原処分庁が納税者に訴えの利益がないことを主張することを許さない

というかたちで解決を図っているが，このような決着は，むしろ解釈論上の限界があるということを示したものと思われる。

¶レベルアップ！　申告行為についての信義則の適用と意思の表明

納税者による申告行為について，裁判例では，「私人としての自由な意思の発言（準意思表示）としての性質をも具有し」(神戸地裁昭和37年10月19日判決・訟月8巻11号1701頁) とか，「私人の自発的意思の尊重を基礎とするもの」(大阪高裁昭和38年11月8日判決・訟月10巻1号222頁) などと判示されているところであるが，果たして，申告行為は納税者の意思の表明とみるべきであろうか。

広島地裁昭和32年8月8日判決 (行裁例集8巻8号1449頁) は，「納税義務者において一旦申告書を提出した以上その申告書に記載された所得金額が真実の所得金額に反するものである旨主張する場合には，所得税法第27条により修正確定申告書を提出し，又は所得税額の更正の請求をなしうる場合等特別の規定ある場合を除き，申告者において，その申告にかかる所得金額が真実の所得金額に反する旨及び，その申告行為に無効又は取消しうべき事情のある旨の立証をなすを要し右立証のない限り，その申告にかかる所得金額を真実のものであると認めるのを相当とし，このことは禁反言の原則からも肯認され得るところである。」とする。このような禁反言の原則を持ち出すということは，同原則が意思表示に関する原則であることを前提とするならば，裁判所は，申告行為を意思表示と捉えているのかもしれない（意思表示説：🔍**4**—41頁参照）。

このような信義則の適用が，自己の過去の言動に対する相手の信頼に応える責任が前提になって理由付けられるものとするのであれば，「それは，意思の尊重を基礎とする責任の原則に基づくものであって，意思の要素を排除して実定法規の内容の客観的な認識と事実の客観的な認定とを要素とする行為については，適用されえないもの」と解することが妥当であるようにも思われる（消極説）。

> 📎 新井隆一教授は，このように論じられ，その理由を，「実体的租税要件は，法律上または経済上の諸現象から課税可能性保有の範囲において抽象されて構成された法律上の観念の所産であるから，その解釈において，その多様性を否定することはできない」という点に求められる（新井『租税法の基礎理論〔第3版〕』95頁（日本評論社1997））。

信義則の適用があり得るとしても，それが申告行為以外の領域に所在する論

点であるとすれば，信義則の適用について通説や判例が肯定説を採用しているとしても，そのことから，直截に，申告行為の法的性質を意思表示説に立つものと即断するのは早計であるということになろう。

16 守秘義務

(1) 公務員の守秘義務
ア 公務員法上の守秘義務規定

国家公務員には，守秘義務違反につき，国家公務員法100条《秘密を守る義務》による罰則が用意されている。なお，地方税法22条《秘密漏えいに関する罪》も同様である。

> **国家公務員法100条《秘密を守る義務》**
> 　職員は，職務上知ることのできた秘密を漏らしてはならない。その職を退いた後といえども同様とする。
> 2　法令による証人，鑑定人等となり，職務上の秘密に属する事項を発表するには，所轄庁の長…の許可を要する。
> 3　前項の許可は，法律又は政令の定める条件及び手続に係る場合を除いては，これを拒むことができない。

　明治憲法下においては，官公吏に対する守秘義務の詳細は官吏服務紀律の定めるところであった。
　すなわち，行政管理服務紀律（明治15年太政官達44号）5条は，「官吏官ノ秘密ヲ漏洩スルコトヲ得ス其職ヲ退クノ後ニ於テモ又同様タルヘシ」とし，官吏服務紀律（明治20年勅令39号）は，次のように規定していた。
「第四条　官吏ハ己ノ職務ニ関スルト又ハ他ノ官吏ヨリ聞知シタルトヲ問ハス官ノ機密ヲ漏洩スルコトヲ禁ス其職ヲ退ク後ニ於テモ亦同様トス
　　裁判所ノ召喚ニ依リ証人又ハ鑑定人ト為リ職務上ノ秘密ニ就キ訊問ヲ受クルトキハ本属長官ノ許可ヲ得タル件ニ限リ供述スルコトヲ得
　　法令ニ依ル証人鑑定人等ト為リ職務上ノ秘密ニ属スル事項ヲ発表スルニハ本属長官ノ許可ヲ要ス
第五条　官吏ハ私ニ職務上未発ノ文書ニ関係人ニ漏示スルコトヲ禁ス」
　さて，この当時，官吏は，「天皇陛下及天皇陛下ノ政府ニ対シ忠順勤勉ヲ主トシ法律命令ニ従ヒ各其職務ヲ尽スヘシ」とされていたのであって（官吏服務紀律1），美濃部達吉博士が「任官行為ニ拠リテ当然発生スル義務」とされるように（美濃部『行政法撮要〔上巻〕〔訂正5版〕』352頁以下（有斐閣1939），官吏の義務の根拠は，官吏関係の本質そのものに基づく身分上の義務と理解されていた。ここでは，官吏制度が天皇主権を基礎とする官制大権のもと，官吏は天皇の官吏としてその忠実義務は，天皇に対するものとして位置付けられていたことに由来するので，官吏の国家に対する無制限の服従の要請と公益優先という状況を反映し，守られるべき「秘密」の対象は無制限に選択し得

たのである。すなわち，「身分的支配関係の中核をなす忠実義務制度としての性格」を有するものだったのである。

イ　現行憲法下における公務員の守秘義務

現行憲法下では，公務員は，「すべての国民の全体の奉仕者」（憲15②）と位置付けられている。守秘義務は，「公務の公正・民主的かつ効率的運営の確保」ならびに「行政の収集する個人情報の保護」という両面から課されているものと解するのが相当であろう。

図表1

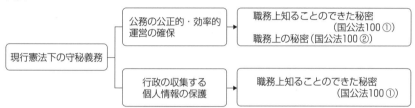

また，「公務の公正・民主的かつ効率的運営の確保」ならびに「行政の収集する個人情報の保護」という両面を実際の保持されるべき国家公務員法上の秘密に合致させて考えれば，前者は「職務上知ることのできた秘密」（国公法100①）および「職務上の秘密」（国公法100②）を指し，後者は，「職務上知ることのできた秘密」（国公法100①）を指すと考えるべきであろう。

ウ　職務上知ることのできた秘密と職務上の秘密との関係

文理解釈上，「職務上知ることのできた秘密」には，「職務上知ることのできた」「職務上の秘密」も包含されよう。そうであれば，「職務上知ることのできた秘密」（国公法100①）には「職務上の秘密」（国公法100②）が包摂され，「職務上知ることのできた秘密」の方が当然その範囲は広いと解される。

図表2

エ　秘密事項

　何が秘密事項とされるのかについては、明文がないためもっぱら解釈にゆだねられている。学説の対立に沿って確認をすると、ここにいう秘密事項については、形式秘説（☞形式秘説とは）、実質秘説（☞実質秘説とは）、併合説（☞併合説とは）の対立があった。

☞　**形式秘説**とは、行政機関が秘密扱いをしているもの（指定秘）を守秘義務の対象とする考え方である。
　　ラストボロフ事件第一審東京地裁昭和31年8月25日判決（判時85号8頁）や同事件控訴審東京高裁昭和32年9月5日判決（高刑集10巻7号569頁）の立場である。同控訴審判決は、「国家公務員法第100条第1項にいわゆる『秘密』とは、所論実質的秘密に属する事項ばかりでなく、国家が一般に知られることを禁ずる旨を明示した事項を指称するものと解すべく、国家公務員である職員に対し、その職務上の関係において配布された特定の文書に、いわゆる秘扱の表示が附してある場合には、その受配公務員において当該文書の内容を一般に知らせることを禁ずる旨を国家機関が明示したものと認めるのが相当である。」とする。

☞　**実質秘説**とは、徴税トラの巻事件第一審大阪地裁昭和35年4月6日判決（判時233号6頁）が端緒となった見解であるが、これは守秘義務違反に刑事罰が課されることなどに留意して、内容が実質的に秘密に値するものでなければならないとする考え方である。
　　同地裁は、「同項違反の行為に対し、懲戒処分をもって臨む場合ならばともかく、刑事処分をもって臨もうとする本件のような場合にあっては、ただ単に国家機関の内部における秩序維持の問題ではなく、広く国家的社会そのものの秩序維持に関係のある事柄として、それが少く共刑罰によって保護されるに値するものでなければならないと考えられる。そして、何が刑罰によって保護されるに値するものかどおかについては、当該国家機関においてこれを指定しうるとの法律上の根拠のない以上、刑罰法規の解釈、適用をその任務とする裁判所において独立に判断すべき事柄であって、当該国家機関の内部においてその旨の指定がなされていたとの一事のみをもっては足りないと云わなければならない。従って、本件にあっては、『標準率表』及び『効率表』が、いずれも大阪国税局の管下において、いわゆる秘文書としての取扱をうけていたとの…認定の事実のみにては足りず、更にそれが刑罰によって保護されるだけの実質的な価値即ち秘密性を有するものかどおかについて考察を加えてゆかなければならないと解せられる。」とするのである。

☞　**併合説**とは、形式秘説と実質秘説を折衷して「秘密」を判断する立場である。
　　例えば、ラストボロフ事件上告審最高裁昭和35年11月30日第二小法廷判決（刑集14巻13号1766頁）が代表例として挙げられる。同最高裁は、「右〔筆者注：『国際経済機関』昭和26年度上巻および同下巻〕は単に形式的に秘扱とせられたというにとどまらず、実質的にも職務上知ることのできた秘密に当ると解するを相当とする。」と判示している。

　最高裁判例は実質秘説を採用し、これを受けて学説もほぼ異論なく実質秘説を採用している。

(2) 租税行政職員の守秘義務

ア 租税法上の守秘義務

国税職員には，国税通則法による罰則も用意されている。

> **国税通則法126条**
> 　国税に関する調査…若しくは租税条約等の実施に伴う所得税法，法人税法及び地方税法の特例等に関する法律…の規定に基づいて行う情報の提供のための調査に関する事務又は国税の徴収に関する事務に従事している者又は従事していた者が，これらの事務に関して知ることのできた秘密を漏らし，又は盗用したときは，これを2年以下の懲役又は100万円以下の罰金に処する。

　これは，税務調査等においては，調査官等が被調査者の他人に知られたくない情報に接する機会が多く，より情報の漏えいを防止する必要があることから，国家公務員法上の守秘義務に加えて，加重に遵守する必要があることを示したものである。すなわち，税務職員には，租税法上の守秘義務と国家公務員法上の守秘義務という二重の罰則が課せられているのである。また，地方税法22条に規定する「地方税に関する調査に関する事務に従事している者又は従事していた者」についての守秘義務も同様に，地方公務員法34条《秘密を守る義務》の守秘義務と加重な守秘義務が課されているのである。

　そもそも，納税者が租税行政当局に情報を示すことによって適正な課税が実現されるのであり，そこで，かかる情報が租税行政職員に課されている守秘義務によって厳格に守られているという信頼の担保が重要な意味を有することになるのである。されば，税務調査等の直接の担当者以外の者についても加重な守秘義務が課されるべきではないかと思われるところである（金子宏「税務情報とプライバシー」租税22号42頁）。

イ 税務調査等における守秘義務の問題

　前述のとおり，調査に関する事務または徴収に関する事務に従事している者には加重な守秘義務が課されている。また，税務調査の方法等明文の規定のない点については税務職員の合理的な裁量にゆだねられている（🔍**11**―118頁参照）。そうであるからといって，税務調査等の場面でプライベート領域にまで踏み込んでプライバシーを侵害する行為が許されてよいということにはなり得ない（最高裁は私的利益との衡量をみる立場である。🔍この点については，**13**―139頁以下に詳しく述べた。）。

いわゆる北村事件第一審京都地裁平成12年2月25日判決（訟月46巻9号3724頁）は，次のように判示している。

> 「N調査官から調査のため二階へ上がらせて欲しい旨の申出を受けたD〔筆者注：原告の長姉〕が，N調査官に対して二階はプライベートな部屋であるから入ってもらっては困るとしてこれを強く拒否し続けていた最中に，居住者であるE及びDの明示の意思に反してなされたものであることは明らかである。そして，居住者の拒絶の意思に反して，居住部分に立ち入ることがプライバシーの侵害として許されないことは明らかであるから，H調査官の右行為は社会通念上相当の限度を著しく逸脱した違法なものというべきである。」

このように，守秘義務規定は税務調査等におけるプライバシーの侵害を許容する根拠とはなり得ない。

他方，税理士以外の者による調査立会いの排除の問題がある。守秘義務の課されていない者が税務調査等に立ち会うことによって，税務職員が秘密を守り得ないことになるという点から，このような第三者の立会いを排除することが行われている。この点は，被調査者である納税者の取引先等の情報が漏れてしまうことになるため，守秘義務遵守の観点から，当該納税者が立会いを認めたとしても税務当局は立会いを認めていない。裁判例もこれを肯定する立場にある。

> **税理士法38条《秘密を守る義務》**
> 　税理士は，正当な理由がなくて，税理士業務に関して知り得た秘密を他に洩らし，又は窃用してはならない。税理士でなくなった後においても，また同様とする。
> **税理士法54条《税理士の使用人等の秘密を守る義務》**
> 　税理士又は税理士法人の使用人その他の従業者は，正当な理由がなくて，税理士業務に関して知り得た秘密を他に漏らし，又は盗用してはならない。税理士又は税理士法人の使用人その他の従業者でなくなった後においても，また同様とする。…

🖉　もっとも，具体的な調査の段階では，被調査者の取引先のプライベートな情報が被調査者に漏洩してしまうおそれがある点には目を向けずに，立会いの排除の場面でのみ守秘義務を強調するという点への批判もあり得る（三木義一「税務調査における第三者立会と守秘義務」立命館271＝272号928頁）。

🖉　第73回国会参議院大蔵委員会（昭和49年11月12日）において，安川七郎政府委員は，「租税につきましては，その性格上，納税者の私的な経済活動あるいは全くの私生活と密接な関連を有しておりますので，私どもの税務行政が公権力をもちまして，納税者の私生活の領域に立ち入ることも税法によって許されているわけでございます。したがい

まして，そういった公権力をもって納税者の私生活に入ります以上は，その当該税務職責が，職務上知り得ました秘密を世間に開示するということは，ただいま御指摘ございましたプライバシーといった国民の基本的人権を侵すという危険をそこにはらんでいるわけでございます。常に危険を侵しているということではございませんけれども，そういうようなおそれを多分に持っているわけでございまして，私どもは，したがいまして，調査権の発動ということについては，常日ごろから非常に慎重な態度をとっているわけでございます。ところで，これを調査を受けますところの納税者の側から見てまいりますと，たとえば，税務の調査を受ける，その結果，その個人あるいは法人の取引先の相手方が知れる。そうしますと，当該取引の相手方の法人等は，どこそこに物を売っているのか，いや，ほかの取引先があるのにかかわらずどうして売ったといったような，その取引先の法人の営業上のいろんな問題も実は関連して取引上の困難が生ずる，そういう問題がございます。したがいまして，さような調査の結果知り得ました私の秘密，あるいはそれに関連いたしまして私どもの税務行政上の職務上のいろいろ仕事上の秘密というものにつきましては，私どもは極力これを秘匿いたしまして，よってもって，他の非常に多くの税務調査に際しまして，一般の納税者の方が安心していろいろ自主的に協力していただける…」と説明している。

税務情報門外不出原則，税務情報開示禁止原則および税務情報転用禁止原則

金子宏教授は，税務情報門外不出原則，税務情報開示禁止原則および税務情報転用禁止原則を提唱される。例えば，税務情報開示禁止原則の内容としては，①税務情報は，納税者等の秘密として厳格に保護されるべきこと，②国会の両院および各委員会，他の行政機関等からの求めがあっても原則として開示してはならないこと，③開示は，法律上に明文の根拠がある場合に限り，その規定の目的を達成するのに必要な範囲でのみ認められること，等を規定すべきであろう。なお，開示の根拠は，生活保護法などの他の法律で規定した場合にも，あわせて国税通則法の中に規定すべきであり，しかも開示の範囲はできるだけ限定すべきであるとされるのである（金子「税務情報の保護とプライバシー」租税22号43頁）。

ウ　民事訴訟法上の文書提出命令

訴訟において一定の要件が充足された場合には，当事者は文書の所持者に対してかかる文書の提出命令を求める申立てをすることができる（民訴法180①，219）。これを受けて裁判所によりなされる命令を「文書提出命令」といい，かかる命令に応じる義務を「文書提出義務」という。平成13年の民事訴訟法改正において，文書提出義務の範囲に関する措置として，次のような同法220条4項が規定された。

> **民事訴訟法220条《文書提出義務》**
> 　次に掲げる場合には，文書の所持者は，その提出を拒むことができない。
> 一　当事者が訴訟において引用した文書を自ら所持するとき。
> 二　挙証者が文書の所持者に対しその引渡し又は閲覧を求めることができるとき。

> 三　文書が挙証者の利益のために作成され、又は挙証者と文書の所持者との間の法律関係について作成されたとき。
> 四　前三号に掲げる場合のほか、文書が次に掲げるもののいずれにも該当しないとき。
> 　イ　…
> 　ロ　公務員の職務上の秘密に関する文書でその提出により公共の利益を害し、又は公務の遂行に著しい支障を生ずるおそれがあるもの
> 　ハ〜ホ　…

　公務秘密文書（☞公務秘密文書とは）の文書提出命令の場合には、申立てに理由がないことが明らかな場合を除き、監督官庁の意見を聴取することが要件とされている（民訴法223③）。この場合、第三者の技術または職業の秘密に関する事項に係る記載がされているときは、第三者の意見を聴取することが要求されている（民訴法223⑤）。

☞　**公務秘密文書**とは、上記の民事訴訟法220条4項ロにいう「公務員の職務上の秘密に関する文書」をいう。
　　移転価格調査の内容を記録した文書についても、民事訴訟法220条4項ロの公務秘密文書に該当すると解されることから、独立企業間価格を算定するための比準値や基準値を得るために選定した類似企業名やかかる文書等を法廷で開示することが許されないというシークレット・コンパラブル（☞シークレット・コンパラブルとは）の問題が生じる。すなわち、納税者はシークレット・コンパラブルを用いて申告できないのにもかかわらず、納税者の予測可能性を阻害して課税がなされるという点が問題として提起される。

☞　**シークレット・コンパラブル**とは、類似の取引を行う第三者から質問検査等により入手した比較対象取引についての情報のことをいう。この点、インカメラ手続（民訴法223⑥。☞インカメラ手続とは）を証拠調べとして行うことについては解釈論上難しいとの指摘がある（今村隆「租税訴訟における文書提出命令」租税37号84頁）。

☞　**インカメラ手続**とは、文書提出命令に係る文書が民事訴訟法220条4号所定の文書に該当するか否かを判断するために必要と認めるときに、文書の所持者にその提出を求める方式をいう（民訴法232①、特許法105②、105の7、著作権法114の3②も参照）。情報公開法は、不開示決定に対する不服申立てについて、情報公開・個人情報保護審査会に諮問し、その答申を受けた上で不服に対して判断をする仕組みを規定している。かかる審査会ではインカメラ方式による調査がなされる（情報公開等審査会設置法9①②）。

¶レベルアップ！　税務職員の守秘義務と民事訴訟における証言義務

　Xは、Aに対して譲渡担保契約に基づく土地の提供に係る登記の抹消を求めた訴訟において敗訴したので、控訴審において税務署職員を証人として申請した。同職員が裁判所の呼出しに応じなかったため、裁判所が沖縄国税事務所長に対して同職員の証言許可を求めたところ、同所長は許可しない旨の回答をし

たため，Xは同事務所長が証言を許可すべきであるのに許可していないことに対して，損害賠償請求を求めた事案がある。東京地裁平成6年12月16日判決（訟月41巻12号2956頁）は，次のように判示した。

> 「税務職員の守秘義務は，税務職員が税務調査等の税務事務に関して知り得た納税者自身や取引先等の第三者の秘密を保護するということにとどまらず，そうした秘密を保護することにより，納税者が税務当局に対して事業内容や収支の状況を自主的に開示・申告しても，また，税務調査等に納税者や取引先等の第三者が協力しても，税務職員によってこれが公開されないことを保障して，税務調査等の税務事務への信頼や協力を確保し，納税者や第三者の真実の開示を担保して，申告納税制度の下での税務行政の適正な執行を確保することを目的とするものである。
> 　右税務職員に守秘義務を課していることの目的に照らせば，本件尋問事項は，税務署の職員であったMに対する税務調査の有無，調査目的，調査内容及び調査結果に関するものであり，これが税務職員が守秘義務を負うべき職務上の秘密に当たることは明らかである。」
> 　「民事訴訟における公務員の証言拒絶等に関し，民事訴訟法〔筆者注：旧民事訴訟法〕272条1項は，公務員を証人として職務上の秘密につき尋問する場合には，裁判所は監督官庁の承認を得ることを要するものとし，国家の秘密の保護と民事訴訟における真実発見の必要性の調和を図っており，同項は，国公法100条3項にいう法律に該当するというべきである。
> 　この点につき，原告は，民事訴訟法272条1項は，承認を拒むことができる条件については何ら規定しておらず，民事訴訟においては，国公法100条3項の法律の定める条件がないことになるから，所轄庁の長は許可を拒むことができない旨主張する。しかしながら，そのように解するならば，民事訴訟においては，常に真実発見の必要性が優先され，国家の秘密の保護が全く図られないことになるが，国家の刑罰権の行使にかかわる刑事訴訟においてさえ，一定の場合に当該監督官庁が承諾を拒むことを認めていることからしても，民事訴訟において国家の秘密の保護による国家ないし公共の利益を全く考慮していないものとは到底考えられない。」

　この判断は，控訴審東京高裁平成7年7月19日判決（税資213号193頁）および上告審最高裁平成9年4月25日第二小法廷判決（税資223号566頁）においても，おおむね維持されている。

17 税務調査における立会排除

　税務調査における税務職員の裁量権については，これまで多くの議論が展開され，判例も蓄積されつつあるといえよう。ここでは，税務調査における立会排除に係る裁量権の範囲について考えてみたい。

(1) 立会いの排除と税務職員の裁量権

　団体の担当者Kが税務調査の際に調査が行われる部屋の隣室において待機（待機の状態を含めて，**17**においては「立会い」ともいう。）していることについて，Kが税理士でないことから守秘義務が課されておらず，仮に，調査内容がKに聞こえてしまうようなことがあれば，調査官が質問検査権違反に問われるおそれがあるなどとして，Kの排除を求めたところ，納税者がこれに応じなかったため，調査官が，適法な調査の続行が不可能と判断した事例において，納税者は，課税当局の行った青色申告の取消処分および推計課税による更正処分の違法性を主張した（🔍この事案の解説については，酒井・ブラッシュアップ349頁参照）。

　この事件において，高松高裁平成15年1月10日判決（訟月51巻1号153頁）は，次のように説示している。

> 「同法〔筆者注：所得税法〕150条1項1号は，その文言からすると，青色申告者が省令の定めに従った帳簿書類の備付け，記録又は保存をしていない場合のみがこの取消事由に該当するかにも解される。しかし，そもそも，税務職員が，省令に従った帳簿書類の備付け等がなされているか否かを確認できなければ，税務署長が，同法150条1項1号の取消事由の存否を判断することは不可能であるところ，青色申告者の非協力等によってこの確認ができないような場合，これを放置するしかないとするなら，この規定は空文化し，青色申告制度の公平適正な執行は期待できない。この点からすると，前記の場合のほか，税務職員が，同法234条1項に基づく質問検査権を適法に行使して帳簿書類の備付け，記録及び保存が正しくなされているか否かを調査確認しようとしたのに対し，青色申告者が質問検査権の行使を妨げ，あるいは，拒否するなどとして，この調査確認を不能にした場合も，同法150条1項1号の取消事由に該当すると解するのが相当である。」

　このように説示した上で，同高裁は，記帳補助を行った税理士資格を有しないある団体の担当者Kが調査の際に，隣室で待機していることについて，「こ

のようなKの待機状態を排除して帳簿調査，質問調査を開始しようとしたB調査官の行為が，適法な質問検査権の行使といえるかどうかが問題となる。この点については，このような実体法に規定のない質問検査権行使の細目に亘る事項については，税務職員の合理的裁量に委ねられていると解される。」としている。

そこで，同高裁は，合理的裁量権内の判断であるかどうかについて次のように判断している。

> 「Kは，本件帳簿書類のうち平成8年分の一部及び平成9年分の記帳指導をするなどその作成に関与し，その限りでいわゆる記帳補助者と見られるが…税理士資格はなく…守秘義務を負わないこと，したがって，B調査官が，Kもその内容を聞き取れる状態で，被控訴人〔筆者注：納税者〕に対し，帳簿調査に伴う質問調査をすると，同調査官に守秘義務違反（国家公務員法100条，所得税法243条）が生ずる可能性があること，検証の結果によれば，B調査官が，…隣室にKが待機した状態で調査を進めれば，被控訴人に対する質問調査のやり取りの内容がKに聞き取られる蓋然性があったと認められることからすると，同調査官が隣室に待機するKを排除して帳簿調査，質問調査を開始しようとしたのは，合理的裁量の範囲内の判断であると認められる。」

このように，たとえいわゆる記帳補助者といえども，税理士でないKが待機した状態で調査を進めるとすると，守秘義務違反のおそれが生じるという点がKの立会いを排除する積極的な理由となっているようである。

(2) 私的利益との衡量
ア　合理的裁量権の範囲と踰越

調査担当者の合理的裁量権は私的利益侵害との衡量の上で，その妥当性が判断されるとするのがこれまでの判例法理である。いわゆる荒川民商事件上告審最高裁昭和48年7月10日第三小法廷決定（刑集27巻7号1205頁。🔍⓬—135頁，酒井ブラッシュアップ426頁参照）が，「質問検査の範囲，程度，時期，場所等実定法上特段の定めのない実施の細目については，右にいう質問検査の必要があり，かつ，これと相手方の私的利益との衡量において社会通念上相当な程度にとどまるかぎり，権限ある税務職員の合理的な選択に委ねられているものと解すべ〔き〕」と判断するとおりである。

この私的利益について，上記高松高裁は，「被控訴人〔筆者注：納税者〕が，医療活動に専心する極めて多忙な医師であり，しかも，本件帳簿書類の内容につ

いて十分説明し得る知識を有していなかったところ，Kを交えて調査を進めれば，より効率的な調査がなし得て，被控訴人の負担を軽減できる可能性があったとも見られる」というように，Kを待機させる上での私的利益があったことを認めているのである。そこで，この私的利益を前提とすれば，かかるケースにおいては，Kが隣室にいるということから，やり取りの内容がKに聞き取られる蓋然性があったことによりKの立会いを排除したことと，上記私的利益との比較衡量が要請されるように思われる。

この点，高松高裁は，次のように説示している。

> 「このように，Kを排除して調査を開始することが相当であるとすることは，当然に，その後においても，Kの立会等をさせないことまでを相当と認めるものではない。仮に，調査開始後，合理的必要性が生じたのに，ことさら，Kの立会を拒否し，あるいは，Kに質問すべき事項について，被控訴人に対して無意味又は回答困難な質問をして応答を迫るなどすれば，合理的裁量の範囲を逸脱したとの評価を受けることがある。」

イ　立会排除をめぐる2つの調査手法

そうであるとすれば，問題解決には2つの手法があり得るはずである。

① 調査手法A

　　第一の手法は，高松高裁事件において調査官が採った調査手法である。すなわち，第一には，Kを排除してから調査を開始し，必要があれば立会いを許可するという調査手法である。

② 調査手法B

　　第二には，Kの立会いを認め，問題が生じた段階，あるいは生じそうになった段階で排除をさせるという調査手法があり得るはずである。

仮に私的利益の侵害への考慮を全面に出せば，調査手法Bもあり得るのではないかという漠然とした疑問が惹起される。以下のとおり，納税者の主張を認めた原審松山地裁平成14年3月22日判決（判タ1139号114頁）の判示からみても，採用し得る手法であるともいえよう。

この点について，松山地裁は，次のように説示しており，調査手法Bによれば，かような判断にはならなかったかもしれない。

> 「B調査官は，原告がKは記帳補助者であり，本件調査を受けるためにはKの協力が必要である旨訴えているにもかかわらず，その真否等を確認することなく立会いの

> 排除を求めているが，このようなＢ調査官の態度は，税理士以外の第三者一般については，事情の如何にかかわらず常に帳簿内容等の確認に支障を生じるおそれがあるというに等しいものであって，調査担当者の一般的・抽象的な守秘義務のみを根拠にして，被調査者の現実的な私的利益を一方的に制限するものであるといわざるを得ない。」

　このように２つの調査手法が認められるが，そのいずれが正しい調査手法であったのであろうか。その解決には，そもそもこれら２つの調査手法のいずれを選択すべきかを誰が判断するのかという点の考慮と密接に関係する。すなわち，上記荒川民商事件最高裁昭和48年決定がいうところの調査手法の裁量権は２つの調査手法のいずれが妥当かというこの点でもメルクマールとなり得るのであろうか。つまり，私的利益の侵害を生じないようにする調査手法に２つのルートがあるが，その選択肢の選択も裁量権の範囲内ということになると，調査手法の裁量権判断は渦巻き状に重層的構造となっているようにも思われるのである。

　この点につき，高松高裁は，このいずれの調査手法を採用するかは，「税務職員の合理的裁量にゆだねられた事項であると解され，後者〔筆者注：調査手法Ｂ〕を優先的に選択すべきであるとはいい得ない。」と判示しているのである。

　✍　では，この場合に調査手法Ｂを採用したことに裁量権踰越の疑義が生じるおそれがありはしないか。
　　高松高裁は，上記で引用したように「被控訴人が，医療活動に専心する極めて多忙な医師であり，しかも，本件帳簿書類の内容について十分説明し得る知識を有していなかったところ，Ｋを交えて調査を進めれば，より効率的な調査がなし得て，被控訴人の負担を軽減できる可能性があったとも見られるが，Ｋがどの程度調査に協力的姿勢で臨むかなど，不確定要素もあるので断定はできず，したがって，この被控訴人の負担軽減の可能性を考慮しても，なおＢ調査官の裁量判断に誤りがあったとはいえない。」として，かかる裁量権踰越問題を乗り越えているのである。

　国家公務員法や租税法上の二重の守秘義務を課された税務職員が，税務調査において，守秘義務違反となる可能性を極力排除する選択肢を選んだことが合理的裁量から外れると解することも難しいのではないか（🔍 **16**—169頁参照）。

　✍　**守秘義務違反と調査手法Ｂ**
　　調査手法Ｂを採用する理論的な問題としては，別の切り口からも立論し得る。すなわち，問題とすべきを守秘義務違反となるおそれがきわめて低いかどうかという観点からながめれば，差し当たりは立会いを認めておいて問題が起こりそうな場合に排除を要請するという調査手法Ｂもあり得よう。しかしながら，問題とすべきを守秘義務違反とな

る可能性の有無に求めれば，調査手法Ｂを採ることは困難ともなろう。つまり，調査手法Ｂは，問題発生や問題発生のおそれが生じた段階での事後修正的な扱いであるから，この手法における立会いの段階では，すでに守秘義務違反となる可能性の発生した段階であるから，守秘義務違反となる可能性を排除すべきとする立場からは，かかる手法は採り得なくなるのである。

ウ 税理士以外の調査立会問題

ところで，松山地裁は「Ｂ調査官は，原告がＫは記帳補助者であり，本件調査を受けるためにはＫの協力が必要である旨訴えているにもかかわらず，その真否等を確認することなく立会いの排除を求めているが，このようなＢ調査官の態度は，税理士以外の第三者一般については，事情の如何にかかわらず常に帳簿内容等の確認に支障を生じるおそれがあるというに等しいものであって，調査担当者の一般的・抽象的な守秘義務のみを根拠にして，被調査者の現実的な私的利益を一方的に制限するものであるといわざるを得ない。」としており，納税者の私的利益を尊重する判断を下しているが，ここにいう「Ｋの協力」について，いかなる理論で納税者の私的利益を構成するとみるのかに関しては，必ずしも明らかにはされていない。税務調査の際にＫの協力なかりせば調査官の具体的な質問に応じたり，必要な原始記録の提示などにも応じられないとすれば，むしろ，Ｋを排除することは調査の進行に大きな弊害にもなり得る可能性があるかもしれないということを考慮に入れると，この「Ｋの協力」がいかなる意味で納税者にとっての私的利益を構成するのかという点に関心を寄せる必要がある。

その際に問題となるのは，Ｋがどの程度，納税者の確定申告についての指導や助言をしてきたのかということの具体的分析が必要となりはしないのであろうか。Ｋがいないと調査官との応答さえできないというほどの濃密な関与があったのであろうか。この点，松山地裁は，次のように述べ，計算手法や帳簿作成上の助言といった概括的あるいは表面的指導であったことを認定している。

> 「Ｋは，原告の入会以降，原告が開業している原告診療所の経理担当事務員に対して，伝票の書き方，金銭出納帳・売上帳・経費帳のつけ方，原始記録の保存方法等，記帳全般にわたって指導を行い，決算に当たっては，集計の仕方，売掛・買掛等の算入の仕方，減価償却の方法等について指導を行っており，記帳補助者として，取引先に関する事項を含む本件帳簿書類の内容について説明し得る知識を有していた」

このような指導や助言があったとしても，それはせいぜいその程度のものであって，個別具体的な納税者の取引内容に立ち入った相談等の関与があったわけではないというのである。仮にかかる認定が妥当であるとするならば，そこでの私的利益とは，「納税者にとって一定の不安を拭うこと」という程度の抽象的なものであり，そこには，法的保護の対象とされるべき具体的な法益を見出すことはできないように思われるのである。さすれば，「Ｋの協力」が果たして納税者にとって絶対に侵害されてはならない法的保護の対象となる私的利益とまでいうことはできないのではなかろうか。

✐ 税理士法に対する抵触の問題
　この点について，そもそも，個別具体的な指導をすること自体，税理士資格を有しない者にとっては許容されていないのであるから（税理士2①三），仮に濃密な指導や助言といった関与をしていたとしてもそれを主張することは，むしろ税理士法違反という面で不利な局面に立たされるというリスクがあると推察することもできよう。そうであれば，このようなケースにおいて，税理士以外の者について，なくてはならない記帳補助者であるとの主張がしづらいことを考えると，多くの事例においては，結果的に税理士以外の者の立会い（待機）を法的に許容することは難しいようにも思われる。ただし，この論点は税理士法上の違法性の問題とはリンケージがないのであるから，仮に，税理士法違反に問われても，「Ｋの協力」が肯定されることはあり得るという点についても付言しておきたい。
　上記高松高裁判決のような事例を考える際に，国家公務員法や国税通則法126条の二重の守秘義務を課された税務職員が，税務調査において，守秘義務違反となる可能性を極力排除する選択肢を選んだことが合理的裁量から外れると解することには無理があるといわざるを得ないと思われるが，このことは，立会人が税理士でないという点でも強調されることになろう。すなわち，高松高裁は，Ｋが税理士資格を有しないことから守秘義務を負っていないという点も調査官の守秘義務違反の可能性の文脈で指摘しているところであるからである。

✐ 社会保険労務士法21条《秘密を守る義務》は，社会保険労務士の守秘義務について定めている。名古屋地裁平成12年11月20日判決（税資249号673頁）は，社会保険労務士が税務職員に対して税務調査の目的のために顧客の氏名，住所および取引金額を明らかにすることはこれに該当しないとする。

¶レベルアップ！　調査努力と立会排除

　立会いの排除に係る裁量権の問題はこれまで長らく議論されてきた。裁判例においては，これまでは，第三者の調査立会いを排除する調査官の裁量権が肯定されてきた。
　他方で，税務調査時の第三者の立会排除をめぐる青色申告承認取消処分が争われた事例のうち，調査官の立会排除の要請が十分になされなかったという点

が評価された事例において納税者が勝訴した事例もある。例えば，調査担当者としては，隣室の第三者の存在を前提にして，なお，税務調査に支障がないような方法を講じた上，調査を行うべきであったと解され，調査担当者が，第三者の排除に拘泥して，約30分という短時間で調査を打ち切ることなく，ある程度，粘り強い態度で調査努力を行っていれば，帳簿書類を確認することができたと考えられるとして，青色申告承認の取消処分が取り消された事例（東京高裁平成8年9月30日判決・訟月43巻9号2453頁）や，立会人が同席していたとしても，納税者が調査に応じる態度を示しているときに，調査官が短時間でその場から退去することなく調査を継続していれば，帳簿書類の備付け等が正しく行われたか否か確認できたのではないかとの疑念がある場合には，帳簿書類の提示の拒否を理由とする青色申告承認取消処分は違法となるとされた事例（東京高裁平成5年2月9日判決・訟月39巻10号2070頁）などがある。同高裁は次のように判示している。

> 「税務当局側が帳簿の備え付け状況等を確認するために社会通念上当然に要求される程度の努力を行ったにもかかわらず，その確認を行うことが客観的に見てできなかったと考えられる場合に，右のような承認取消事由の存在が肯定されるものと考えるのが相当である」

Tax Lounge　税務職員の身分を示す証明書等

　国税通則法74条の13（身分証明書の携帯等）では，「国税庁等又は税関の当該職員は，第74条の2から第74条の6まで（当該職員の質問検査権）の規定による質問，検査…をする場合…には，その身分を示す証明書を携帯し，関係人の請求があつたときは，これを提示しなければならない。」とし，「身分を示す証明書」の携帯及び提示について定めている。
　これは平成23年12月の国税通則法改正によって新設された条文であるが，改正前は法人税法や所得税法，相続税法，酒税法等それぞれの個別税法に同様の規定が設けられていたところである（旧法法157等）。かかる改正により一本化された「身分を示す証明書」であるが，現在は削除されている旧相続税法60条3項や，旧酒税法53条7項などでは，「身分を示す証票」とするものもあった。なお，国税犯則取締法4条（身分証票）では「身分を証明すべき証票」とされている。
　身分を示す証明書等には様々な様式があるが，証明書や証票といった呼び名はともかくとして，いずれの証明書であっても，紛失をすれば一大事である。紛失をすれば，その旨が官報に掲載されることになっているのである。

第4章
滞納処分

18 納付・徴収

　国税の納付（☞納付とは），徴収（☞徴収とは）および還付については，主として国税通則法および国税徴収法に定められている。

- ☞ **納付**とは，租税債務の弁済に当たる行為をいい，別言すれば，納税義務を消滅させる行為である。
- ☞ **徴収**とは，国または地方団体が納税者に対して確定した納税義務の履行を求めることをいう。

(1) 国税の納付
ア　納税義務の成立および納付すべき税額の確定

　納税義務は，各個別租税法に定める課税要件が充足されたときに成立し（通法15②），自動確定の国税（通法15③）を除けば，納税申告，更正，決定などの確定手続によって，納付すべき税額が確定する（通法16～19など）。確定した租税は，各個別租税法または国税通則法に定められた納期限までに納付しなければならない（所法128，通法35等）。通常は，ここで確定された税額を納付することで納税義務は消滅する。

　納付は，自主納付するものと，納付を命じる納税の告知を待って納付するものとに区別されるが，申告納税方式の国税および自動確定方式の国税は原則として自主納付を，賦課課税方式の国税は納税の告知を待って納付する。

　納付には，①本来の納税義務者による納付のほか，②第二次納税義務者による納付（後述），③徴収納付義務者による納付（後述），④第三者納付（通法41，地法20の6）（☞第三者納付とは）などがある。

- ☞ **第三者納付**とは，民法の第三者弁済（民474）に準じた方法であるが，民法の第三者納付と異なるのは，利害関係を有しない第三者は債権者の意思に反して弁済をなし得ない（民474②）という縛りがかけられていない点である。これは，納税義務が大量的・反復的に発生するため，民法が定めているような条件を付すことが実際的ではないという理由によるものである（金子・租税法874頁）。

イ　納期限

　納期限は，納税義務の確定した国税を実際に納付すべき期限である。
　この期限は納税者に与えられた権利であり，原則として期限の利益を侵害す

ることはできないが、他方、その期限までに納付しなければ、後述する督促がなされ滞納処分へと強制徴収手続が進められる。

この納期限を具体的納期限といい、国税に関する法律に定められている本来の納付すべき期限を指す法定納期限とは区別される。なお、国税通則法上の「納期限」とは、基本的にこの具体的納期限を指している。

通常、法定納期限以前に納税義務が具体的に確定するので、具体的納期限と法定納期限とは一致するが、法定納期限後に納税義務が確定した場合には、具体的納期限と法定納期限とが異なることとなる。

具体的納期限は、納税義務を履行すべき期限のほか、債務不履行の場合に督促状を発送する基準日となる（通法37②）。

図表1 徴収手続の流れ

| 納税義務の成立（通法15） | 納付すべき税額の確定（通法16）(法定申告期限) | 督促（通法37）(納期限) | 財産調査 質問及び検査（徴法141・146の2） 捜索（徴法142～146） | 差押（徴法47～81） 参加差押（徴法86～88） | 換価の猶予（徴法151・152）（納付不履行） 換価（徴法89～127） | 配当（徴法128～135） | 滞納処分の停止（徴法153・154） | 国税債権の消滅（完結） |

納期限内完納 →（納期限後完納）→ 滞納処分（無財産・所在不明）

一部充当 無財産等／全額充当

交付請求（徴法82～85）

（注）納税義務の拡張
- 第二次納税義務者からの徴収（徴法32～41）
- 担保権付財産が譲渡された場合の徴収（徴法22）
- 譲渡担保財産からの徴収（徴法24）

- 国税の優先権（徴法8～11）
- 国税と地方税との調整（徴法12～14）
- 国税と私債権との調整（徴法15～21、23）
- 国税及び地方税等と私債権との競合の調整（徴法26）
- 滞納処分費の配当の順位（徴法136～138）

（税大講本より）

他方, 法定納期限は, 納税義務の消滅時効および延滞税の計算期間について
それぞれ起算日を定める基準日となる (通法72①, 60)。

図表2　法定納期限と具体的納期限

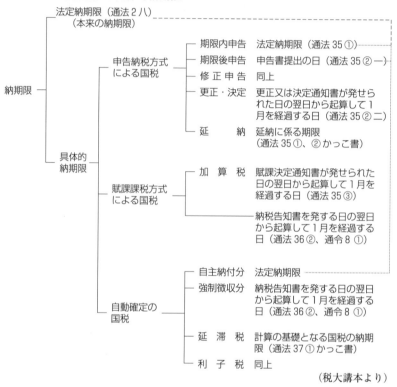

(税大講本より)

ウ　各種国税の納付

(ア)　申告納税方式の国税の納付

(a)　期限内申告に伴う納付　期限内申告に伴う税額は, 国税に関する法律に
定める法定納期限までに, 納税者が自主納付しなければならない (通法35①)。

(b)　期限後申告または修正申告に伴う納付　期限後申告または修正申告に伴
う税額は, 期限後申告書または修正申告書を提出した日を納期限として, 納税
者が自主納付しなければならない (通法35②一)。

なお, 酒税および石油ガス税は, 法定納期限が法定申告期限よりも1月後で
あるから (酒法30の4①, 石油法18①), 法定納期限前に期限後申告または修正申

告が行われることがある。この場合は通常の法定納期限までに納付すればよいとされている（酒法30の4③，石油法18③）。

(c) **更正または決定に伴う納付**　更正または決定があった場合には，更正通知書または決定通知書を発した日の翌日から起算して1月を経過する日が納期限であり，納税者はその納期限までに自主納付しなければならない（通法35②二）。

(イ) **賦課課税方式の国税の納付**

賦課課税方式の国税については，納税者は，税務署長からの納付を命ずる納税の告知を受けて納付する（通法36①一）。ただし，申告納税方式による国税に対して課税される各種の加算税については，納税の告知を待つことなく，賦課決定通知書に記載された金額を自主的に納付する（通法35③，36①一）。

納期限は，納税告知書または賦課決定通知書を発した日の翌日から起算して1月を経過する日である（通法35③，通令8①）。ただし，納税通知書が法定納期限の前に発せられる場合には，法定納期限に当たる日を納期限とし，国税に関する法律の規定により一定の事実が生じた場合に直ちに徴収するものとされている国税（酒法30の4②）は，その納税告知書の送達（☞送達とは）に要すると見込まれる期間を経過した日を納期限とする（通令8①かっこ書）。

- ☞ **送達**とは，特定の名宛人に対して行政処分等の内容を了知させる行為をいう。送達には，郵便による送達，差置送達（☞差置送達とは），交付送達（☞交付送達とは），公示送達（☞公示送達とは）がある。
- ☞ **差置送達**とは，郵便による送達や通常の交付送達ができない場合に行われる送達の1つであり，送達を受けるべき者が送達すべき場所にいない場合や正当な理由なく受領を拒んだ場合に，送達すべき場所に書類を差し置いて行う送達をいう（通法12⑤二）。
- ☞ **交付送達**とは，交付すべき場所において名宛人に手交する送達や，交付すべき場所以外の場所で手交する「出会送達」，送達すべき場所に送達を受けるべき者に出会わないときに本人の使用人その他の従業員または同居の者で書類の受領について相当のわきまえのある者に手交する「補充送達」などをいう（通法12④⑤一）。なお，差置送達も交付送達に含めて理解されている（通法12⑤二）。
- ☞ **公示送達**とは，名宛人の住所等が明らかでない場合や送達につき困難な事情があると認められるときに，所定の公示手続によって公示がされてから一定期間経過後に名宛人に対して送達があったものとみなす制度をいう（通法14）。

(ウ) **自動確定の国税の納付**

自動確定の国税は，自主納付しなければならない。

なお，納付がない場合または納付額が適正でないと認められる場合には，納

税の告知が行われ（通法36①二〜四），この場合の納期限は，納税告知書を発した日の翌日から起算して1月を経過する日である（通令8）。

エ 納付方法

納付方法には，①金銭納付，②印紙納付，③物納がある。

(ア) 金銭納付

金銭納付とは，金銭で租税を納付する方法をいい，納付の原則的方法である。なお，振替納付（☞振替納付とは）や納付受託者への納付委託（☞納付委託とは），指定代理納付者による納付（☞指定代理納付者による納付とは）なども金銭納付の一形態である。なお，証券ヲ以テスル歳入納付ニ関スル法律（いわゆる証券納付法（大正5年法律10号））1条が「租税及政府ノ歳入ハ政令ノ定ムル所ニ依リ証券ヲ以テ之ヲ納付スルコトヲ得」とするので，税制適格証券（☞税制適格証券とは）による納付も可能である（通法34①ただし書，地自法231の2③）。

その他，電子納税については**21**（217頁）参照。

- ☞ **振替納付**とは，納税者の預貯金口座から納付の振替えを行うことをいう（通法34の2，地自法231の2③，地法20の5の4）。
- ☞ **納付委託**とは，国税庁長官が指定する納付受託者に納付を委託することにより納付する制度であり，平成19年度税制改正によって導入された。これにより，コンビニエンスストアで納付することができるようになった（平成20年1月4日から実施）。また，平成28年度税制改正により，平成29年1月4日以後に国税の納付を委託する場合には，クレジットカードによる納付も可能となった。
- ☞ **指定代理納付者による納付**とは，クレジットカード等による納付を可能とする制度で，平成18年の地方自治法改正によって実現した。
- ☞ **税制適格証券**とは，小切手，国際証券の利札など「証券ヲ以テスル歳入納付ニ関スル法律施行細則」に定める証券類をいう。なお，かかる証券について支払がなされなかったときには，はじめから納付がなかったものとみなされる（証券納付法2，地自法231の2④）。

(イ) 印紙納付

印紙納付とは，税額に相当する収入印紙を一定の書類に貼付することによって納税する方法をいう（通法34②）。地方税法では証紙徴収と呼ぶ（地法1①十三）。この方式による租税は，(i)印紙税（印法8①），(ii)輸入郵便物に対する消費税（輸徴法7③），(iii)登録免許税のうち税額が3万円以下の場合その他一定の場合（登免法22）であるが，(i)および(ii)においては，この納付が原則的方法である。

(ウ) 物　納

物納とは，金銭納付の代わりに金銭以外の財産で納付する代物弁済による方

法をいう。物納は，相続税についてのみ物納許可（☞物納許可とは）のもとで認められている（相法41以下，通法34③）。なお，物納財産（☞物納財産とは）の所有権は，物納許可があった時に国に移転すると解されているが（最高裁昭和51年11月4日第一小法廷判決・訟月22巻13号2919頁），相続税は物納財産の引渡し，所有権の移転の登記その他法令により第三者に対抗できる要件を充足した時に納付があったものとされる（相法43②）。

☞ **物納許可**とは，相続税法上，相続税を延納によっても金銭納付が困難である場合に，納税義務者の申請に基づいて，納付困難とする金額を限度として税務署長が与える許可である（相法41①，42）。なお，物納財産の性質，形状その他の特徴により，やむを得ない事情があると認めるときは，税務署長は政令で定める額を超えて許可をすることもできる。

☞ **物納財産**とは，法律の施行地にあるもののうち次に掲げるもの（管理処分不適格財産を除く。）をいう。
① 国債および地方債
② 不動産および船舶
③ 社債および株式ならびに証券投資信託または貸付信託の受益証券
④ 動産

✍ 物納については，所有権の移転の時期と納付の時期との間に開差が起こり得るから，物納許可があったというだけでは，第三者対抗要件が具備されない限り時効の進行は止まらない。かような場面で時効が完成した場合には物納許可は効力を失い，国はかかる財産を取得し得なくなると解されている（金子・租税法878頁。最高裁昭和42年5月2日第三小法廷判決・民集21巻4号811頁）。

オ 納期限の延長・延納

(ア) 納期限の延長

間接消費税については，法定納期限を一定の期間延長することが認められている（消法51，酒法30の6，たばこ法22，揮発油法13等）。これらの納税資金が売上代金によって賄われることが多いことから，売上代金回収に相当の期間を要することを考慮して設けられた制度であるといわれている（金子・租税法880頁）。この制度は法定申告期限内に納税申告書を提出していることと，法定納期限内に申請書を提出していることを要件とする。

✍ 延長期間は次のとおりである。
① 消費税…2月ないし3月以内
② 酒税・たばこ税…1月ないし2月以内
③ 揮発油税…2月ないし3月以内

(イ) 延納

納期限の延長が法定納期限の延長を意味していたのとは異なり，延納は具体的納期限の延長である（通法２八）。

① 所得税…期限内申告をし，納付すべき税額の２分の１以上を法定納期限に納付した場合に，延納届出書の提出を条件（実際は確定申告書に記載することでたりる。）として，残額を５月末日まで延期することができる（所法131①②）。

② 相続税・贈与税…税額が10万円を超え，納付すべき日までの金銭納付を困難とする事由がある場合に，申請により担保を提供した上で，５年以内の年賦により延納することができる（相法38①④，39③）。

カ 第二次納税義務者による納付

納税義務者が租税を滞納した場合に，納税義務者に代わって納付する義務を第二次納税義務といい，この義務が課されている納税義務者と一定の関係を有する者を第二次納税義務者（☞第二次納税義務者とは）という（徴法32以下，地法11以下）。

この制度は，本来の納税義務者から租税を徴収することが不可能であると認められる場合に，第二次納税義務者に本来の納税義務者の納税義務に代わる義務を負担させることによって，租税の徴収確保を図ることを目的とする制度である（金子・租税法152頁）。

例えば，第二次納税義務について，大阪高裁昭和48年11月８日判決（行裁例集24巻11＝12号1227頁）は次のように説明する。

> 「第二次納税義務の制度は，納税者の財産につき滞納処分を執行しても，なおその徴収すべき額に不足すると認められる場合において，形式的には財産が第三者に帰属しているとはいえ，実質的にはこれを否認して，納税者にその財産が帰属していると認めても公平を失しないような場合に，その形式的な財産帰属を否認して，私法秩序をみだすことを避けつつ，その形式的に財産が帰属している第三者に対し補充的，第二次的に納税者の納税義務を負担させることにより租税徴収の確保を図ろうとする制度であり，第二次納税義務者の納税義務は主たる納税義務者のそれとは法律上別個のものであるが，主たる納税義務に対し附従性（主たる納税義務について生じた消滅変更の効力が原則として第二次納税義務に及ぶ）と補充性（主たる納税義務の履行がない場合に限って，第二次的に履行の責任を負う）を有するものと解するのが相当である。」

☞ **第二次納税義務者**とは，本来の納税義務者と人的・物的に特殊の関係にある者として，国税徴収法等が定めた以下の義務を有する者をいう。
① 無限責任社員の第二次納税義務（徴法33，地法11の2）
② 清算人等の第二次納税義務（徴法34①，地法11の3①）
③ 清算受託者等の第二次納税義務（徴法34②，地法22の3②）
④ 同族会社の第二次納税義務（徴法35，地法11の4）
⑤ 実質所得者課税の原則に係る第二次納税義務（徴法36一，二，地法11の5一，二）
⑥ 事業所の所得の帰属の推定に係る第二次納税義務（徴法36一）
⑦ 同族会社等の行為計算の否認規定等の適用に係る第二次納税義務（徴法36三，地法11の5三）
⑧ 共同的事業者の第二次納税義務（徴法37，地法11の6）
⑨ 事業譲受人の第二次納税義務（徴法38，地法11の7）
⑩ 無償譲受人等の第二次納税義務（徴法39，地法11の8）
⑪ 人格のない社団等に係る第二次納税義務（徴法41①，地法12の2②）

✍ なお，平成28年度税制改正により，上記⑨事業譲受人の第二次納税義務については，第二次納税義務の対象となる者の範囲を納税者が生計を一にする親族その他納税者と特殊な関係のある個人又は被支配会社に限ることや，事業の譲受人が同一とみられる場所において事業を営んでいるとの要件を廃止すること，第二次納税義務の責任について，譲受財産の価額を限度とすることの3つについて改正がなされている（平成29年1月1日以後に滞納となった国税について適用される。）。

✍ 無償譲受けがある場合は，一般に詐害行為に該当するケースも想定される。国税通則法は，債権者代位権（民423）や詐害行為取消権（民424）の規定は，国税の徴収に関して準用することを規定しているが（通法42），これらの行使に当たっては訴訟手続によることになるため，第二次納税義務の規定（上記⑩）は手続の簡略化と説明されることがある（金子・租税法156頁）。

キ　徴収納付者による納付

⑺　徴収納付の意義

徴収納付とは，納税義務者以外の第三者に租税を徴収させ，これを国または地方団体に納付させる方法をいう。国税にあっては，徴収納付の方法で徴収される国税を源泉徴収による国税というのに対して（通法2二），地方税では特別徴収という（地法1①九）。

徴収納付の意義については，最高裁昭和37年2月21日大法廷判決（刑集16巻2号107頁）が参考となろう。すなわち，同最高裁は次のように述べ，租税徴収の確保のために徴収納付制度がある旨を論じる。

「税徴収の方法としては，担税義務者に直接納入させるを常則とするが，税によっては第三者をして徴収且つ納入させるを適当とするものもあり，実際においてもその例は少くはなく，本件における遊興飲食税の特別徴収は正にこの部類に属する。けだ

し、遊興飲食税の如きものを担税者より直接徴収するが如きは徒に費用と手数を要し、もしこれを強行するときは、遊興飲食税を確保することは殆ど期し難いからである。この故に、法律は遊興飲食税の徴収は特別徴収の方法によらなければならない（地方税法118条1項）とし、特別徴収の手続として、料理店の経営者その他徴収の便宜を有する者を当該道府県条例によって、特別徴収義務者と指定の上、これに徴収させることとし（同法119条1項）、—特別徴収義務者は現実に税を徴収したると否とにかかわらず、当該税額を納入しなければならない—この特別徴収義務者に当該道府県条例で定める納期限までに徴収すべき遊興飲食税にかかる課税標準額、税額その他同条例で定める事項を記入した納入申告書を道府県知事に提出させて納入金を納入する義務を負わせ（同法119条2項）右119条2項の規定によって徴収して納入すべき遊興飲食税に係る納入金の全部又は一部を納入しなかったときは3年以下の懲役若しくは100万円以下の罰金若しくは科料に処し、又は懲役及び罰金刑を併科する（同法122条1項）、こととしているのである。そして、本件におけるが如き料理店の実質的経営者が当該道府県条例により一方的に納税義務者と指定され、且つ現実に税を徴収したると否とにかかわらず、当該税額を納入しなければならないとされている点は、いささか重い負担をかける感がないわけではないが、そのような措置を採らなければ、遊興飲食税は徴収の実を挙げることを得ないのであるのみならず、他面、徴税のため煩雑な手続、多くの費用、起り易い紛争を避けることができ、公共の福祉のためになることであるから、真に已むを得ないところと言わなければならない。」

(イ) 徴収納付の法律関係

納税義務者は、徴収納付義務者の徴収を受忍し、または徴収納付義務者に税額相当額を支払う義務を負うのみで、自ら租税を納付する義務を負わない。したがって、租税債権者たる国または地方団体と納税義務者との直接の関係は切断されている。租税債権者と納税義務者とは徴収納付義務者を介して間接的に対立し合うにすぎない。

図表3　徴収納付制度における2つの法律関係

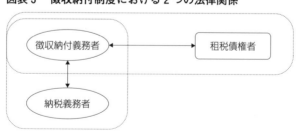

(2) 徴　収

租税徴収に当たっては督促がなされるが、納税方式の違いによりそれぞれ手

続を異にする。
① 申告納税方式…申告・更正または決定によって確定した税額が納期限までに納付されないときに督促がなされる。
② 賦課課税方式…国または地方団体が賦課決定によって税額を確定し、納税の告知（☞納税の告知とは）がなされ、それに対して任意の納付がないときに督促がなされる。
③ 自動確定方式…納税者は課税要件の充足によって自動確定した税額を法定納期限までに納付しなければならないが、それまでに納付がないときは、国は納税の告知をし、納付がないときは督促がなされる。ただし、所得税の予定納税の場合には、納税の告知ではなく国から事前に通知がなされる（所法106）。

- ☞ **納税の告知**とは、国または地方団体が納税者に対して納期限を指定して、確定した納税義務の履行を請求する行為である。納税の告知は、原則として、納税告知書（☞納税告知書とは）を送達して行う（通法36②）。
- ☞ **納税告知書**とは、納付すべき税額、納期限、納付場所などを記載した書面をいう。納税告知書に記載される納期限は、原則として、告知書を発する日の翌日から起算して1月を経過する日である（通令8）。

(3) 督　促

納期限までに納税者が租税を完納しない場合には、国や地方団体は督促（☞督促とは）を行う。督促には消滅時効の中断の効力をもつ（通法73①四、民153）。なお、督促は、強制執行手続における債務名義の送達に相当し（金子・租税法894頁）、取消訴訟の対象たる処分に該当すると解されている（☞処分性については、酒井・行訴法43頁参照）。

- ☞ **督促**とは、督促状（☞督促状とは）や納付催告書（☞納付催告書とは）によって行われる納付の催促のことをいう（通法37①、地法66①、72の66①、73の34①等）。延滞税や利子税がある場合には、それについても督促される。
- ☞ **督促状**とは、督促をするための書面であるが、別段の定めがある場合を除き、国税については納期限から50日以内（通法37②）、地方税については20日以内に発出される（地法66①、72の66①、73の34①等）。
- ☞ **納付催告書**とは、第二次納税義務者に対して督促を行う際の書面である（徴法32②、地法11②）。

(4) 徴収の繰上・納税の猶予
ア 徴収の繰上

納期限の到来する前に徴収確保のために租税が徴収されることがある。これを徴収の繰上というが，この制度としては，繰上請求（☞繰上請求とは），繰上保全差押（☞繰上保全差押とは），保全差押（☞保全差押とは）がある。

- ☞ **繰上請求**とは，すでに納付すべき税額が確定した国税について，納期限を繰り上げて納付を請求することをいう（通法38①）。地方税法上の繰上徴収も同旨である（地法13の2）。
- ☞ **繰上保全差押**とは，法定申告期限前に確定すると見込まれる税額のうち，その徴収を確保するためあらかじめ滞納処分をする必要があると認められる金額を決定し，その金額を限度として直ちに財産を差し押さえることをいう（通法38③，地法16の4⑫）。
- ☞ **保全差押**とは，納税義務があると認められる者が国税犯則取締法または刑事訴訟法による強制処分を受けた場合に，徴収確保をするために，税額確定前に確定すると見込まれる税額について財産を直ちに差し押さえることをいう（徴法159①，地法16の4①）。

繰上請求は，次の場合のように，徴収を困難ならしめる事実または国税の保全を必要ならしめる事実がある場合において，租税が納期限までに完納されないときに認められる（通法38①）

① 納税者の財産に対する強制換価手続の開始
② 相続人による限定承認
③ 納税者である法人の解散
④ 納税管理人を定めずになす住所・居所の移転
⑤ 納付義務が信託財産責任負担債務（信託法2⑨）である国税に係る信託の終了
⑥ 租税ほ脱行為または滞納処分逸脱行為の存在

イ 納税の猶予

納税の猶予とは，納税者が納税資金を欠き，その納付が困難であると認められる場合に，納期限経過後における納税義務の履行を猶予することをいう（通法46以下）。

① 震災・風水害等の自然災害によって納税者がその財産につき相当の損失を受けた場合において，その損失を受けた日以後1年以内に納付すべき国税について，災害のやんだ日から2月以内にされた申請に基づき，納期限から1年以内に期間を限ってするもの（通法46①）。

② 自然災害，盗難，病気，負傷，事業の休廃止，事業に関する著しい損失，その他これらの事実に類する事実に基づき，その国税を一時に納付することができないと認められるときは，申請に基づき，1年以内の期間を限ってするもの（通法46②）。
③ 次の場合において，税額を一時に納付することができない理由があると認められるときに，申請に基づき納期限から1年以内の期限を限ってするもの（通法46③）。
　（ⅰ）申告納税の国税の納税義務が法定申告期限から1年を経過した日以後に確定した場合
　（ⅱ）賦課課税の国税の納期限が課税標準申告書の提出期限から1年を経過した日以後に確定した場合
　（ⅲ）源泉徴収等による国税の納税告知書がその法定納期限から1年を経過した日以後に送達された場合

¶レベルアップ！　自動確定の租税に係る納税義務の存否等の争い
　納税の告知を求める争訟において，先行する租税確定行為の適否を争うことは許されるのであろうか。この点について，通説は，租税確定行為が無効な場合は別として，告知処分の取消争訟において確定行為の違法性を主張することは許されないと解している（金子・租税法893頁）。
　しかしながら，自動確定の租税については，税額が公定力（☞公定力とは）をもって確定されていないとして，この争訟において納税義務の存否および範囲を争うことができると解される（金子・租税法893頁）。

　　☞ **公定力**とは，行政行為がたとえ違法であっても，無効と認められる場合でない限り，権限ある行政庁または裁判所が取り消すまでは，一応効力のあるものとして，相手方はもちろん他の行政庁，裁判所，相手方以外の第三者もその効力を承認しなければならないとする効力をいう（金子ほか・小辞典220頁）。

　例えば，最高裁昭和45年12月24日第一小法廷判決（民集24巻13号2243頁）は，次のように説示している。

　　「一般に，納税の告知は，法〔筆者注・国税通則法〕36条所定の場合に…，国税徴収手続の第一段階をなすものとして要求され，滞納処分の不可欠の前提となるものであり，また，その性質は，税額の確定した国税債権につき，納期限を指定して納税義務

者等に履行を請求する行為，すなわち徴収処分であって…，それ自体独立して国税徴収権の消滅時効の中断事由となるもの（法73条1項）であるが，源泉徴収による所得税についての納税の告知は，前記により確定した税額がいくばくであるかについての税務署長の意見が初めて公にされるものであるから，支払者がこれと意見を異にするときは，当該税額による所得税の徴収を防止するため，異議申立てまたは審査請求（法76条，79条）のほか，抗告訴訟をもなしうるものと解すべきであり，この場合，支払者は，納税の告知の前提となる納税義務の存否または範囲を争って，納税の告知の違法を主張することができるものと解される。けだし，右の納税の告知に先だって，税額の確定（およびその前提となる納税義務の成立の確認）が，納税者の申告または税務署長の処分によってなされるわけではなく，支払者が納税義務の存否または範囲を争ううえで，障害となるべきものは存しないからである。」

「源泉徴収による所得税についての納税の告知は，課税処分ではなく徴収処分であって，支払者の納税義務の存否・範囲は右処分の前提問題たるにすぎないから，支払者においてこれに対する不服申立てをせず，または不服申立てをしてそれが排斥されたとしても，受給者の源泉納税義務の存否・範囲にはいかなる影響も及ぼしうるものではない。したがって，受給者は，源泉徴収による所得税を徴収されまたは期限後に納付した支払者から，その税額に相当する金額の支払を請求されたときは，自己において源泉納税義務を負わないことまたはその義務の範囲を争って，支払者の請求の全部または一部を拒むことができるものと解される」

Tax Lounge　連結納税制度の適用要件と記帳義務

　平成23年度税制改正において白色申告者であっても記帳義務が課されることになった。
　そもそも，青色申告制度の適用要件として記帳義務が課されているのは周知のとおりである。他方，連結納税制度の適用要件にもこの記帳義務が課されている。すると，連結納税制度の利用者は仮に青色申告制度の申請をせずともそもそも記帳義務が課されていることからすると，これまで白色申告者であっても記帳義務が課されてきたのである。
　このように，平成23年度税制改正以前においても，「白色申告者＝記帳義務が一定程度軽減されている者」という図式は崩壊していたのである。むしろ，連結納税制度における記帳義務は青色申告制度のそれよりもより厳格であるから，場合によっては，青色申告者よりもより厳しく記帳義務が課される白色申告者（連結納税制度採用者）を観念することができたのだ。

19　滞納処分

(1)　徴収手続
ア　自力執行権
　租税が滞納された場合，国または地方団体は，滞納者に対し納付の履行の催告として原則として督促を行う（☞⓲―191頁参照）。この督促は納付の催告という性格のほか，差押の前提要件となる。すなわち，督促をしても租税が完納されないときには，納税者の財産から租税債権の強制的満足を図るための自力執行権（☞自力執行権とは）に基づく滞納処分（☞滞納処分とは）を行うことになる。
　滞納処分は，狭義の滞納処分（☞狭義の滞納処分とは）と交付要求（☞交付要求とは）とに分かれる。

- **自力執行権**とは，行政行為の内容を，裁判所の強制執行手続によらずに自力で実現することができる権限をいう。従来はこのような権限は行政行為に本来的に内在するものと考えられてきたが，現在は，実定法上の根拠が必要であると考えられている。
- **滞納処分**とは，納税義務の任意の履行がない場合に，納税者の財産から租税債権の強制的実現を図る手続をいう（金子・租税法905頁）。
- **狭義の滞納処分**とは，国または地方団体が自ら納税者の財産を差し押さえて，そこから租税債権の満足を図る手続をいい（金子・租税法905頁），「差押（☞差押とは）→換価（☞換価とは）→充当（☞充当とは）」という一連の行政処分をいう。
- **交付要求**とは，すでに他の原因による強制換価手続がされている場合に，その進行中の強制換価手続をしている税務署長や地方団体の徴収官員に換価代金の交付を求め，それによって租税債権の満足を図る手続をいう。民事執行手続において，執行債権者以外の債権者が自己の金銭債権に対しても弁済をなすよう要求して手続に参加する「配当要求」に相当する（民執法51）。
- **差押**とは，特定の有体物または権利について国家権力によって私人の事実上または法律上の処分を禁止することをいう（金子ほか・小辞典468頁）。
- **換価**とは，差し押さえた財産を金銭に換えて滞納租税に充当するため，金銭へ換価することをいう。
- **充当**とは，還付金等を受けるべき者につき納付すべきこととなっている国税があるときに，還付金等をその国税に充てることをいう（通法57）。その国税のうちに延滞税または利子税があるときは，その還付金等は，まず延滞税または利子税の計算の基礎となる国税に充当しなければならないとされている。

イ　差　押
　督促後一定期間を経過しても納付が完全に履行されないときは，財産の差押

を行う（徴法47）。差押は，滞納者の特定財産について，その財産の処分を禁止して換価できる状態におく滞納処分の最初の手続である。

なお，交付要求の一種である参加差押は，配当を受ける効果があり，先行の滞納処分による差押が解除された場合に差押の効力が発生する（徴法86，87）。

差押対象財産は次の要件を満たすものでなければならない。

① 滞納者の所有に属する財産であること。
② 金銭的価値を有する財産であること。
③ 譲渡性を有する財産であること。
④ 差押禁止財産（☞差押禁止財産とは）でないこと。

☞ **差押禁止財産**とは，次のようなものをいう。

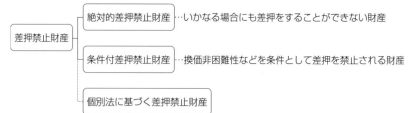

絶対的差押禁止財産には，①一般の差押禁止財産（☞一般の差押禁止財産とは），②給与のうち一定の基準に達するまでの金額（徴法76），③各種社会保険給付のうち一定の基準に達するまでの金額（徴法77）がこれに属する。

☞ **一般の差押禁止財産**とは，①衣服，寝具，家具，台所用具，畳および建具，②生活に必要な3月間の食料および燃料，③農業器具，肥料，家畜およびその飼料，種子，④水産物の採捕，養殖用漁網その他の漁具，えさ，⑤業務に欠くことができない器具その他の物，⑥実印，⑦仏像，位牌，⑧系譜，日記，⑨勲章その他名誉の章票，⑩学習に必要な書籍および器具，⑪未発表の発明，著作，⑫義手，義足，⑬消防用の機械または器具，避難器具など，国税徴収法75条（一般の差押禁止財産）に掲げる財産をいう。

🔎 条件付差押禁止財産には，①農業に必要な機械，器具，家畜類，飼料，種子その他の農産物，肥料，農地および採草放牧地，②漁業

図表1　1億円以上の滞納整理中のものの業種別状況　（平成26年度末）

業種	人員		税額	
	人	％	百万円	％
製造業	23	2.9	4,332	1.9
販売業	46	5.9	25,529	11.0
不動産・建設業	211	26.9	57,839	25.0
料理飲食業	39	5.0	6,454	2.8
金融業	12	1.5	4,048	1.8
その他の事業[※1]	265	33.8	61,905	26.8
その他[※2]	188	24.0	71,200	30.7
合　計	784	100.0	231,307	100.0

※1　「その他の事業」とは，病院（医師），サービス業，レジャー産業などをいいます。
※2　「その他」とは，サラリーマン，年金所得者などをいいます。

（国税庁レポート2015より）

に必要な漁網その他の漁具，えさ，稚魚その他の水産物および漁船，③職業または事業の継続に必要な機械，器具その他の備品および原材料その他たな卸をすべき資産などがある（徴法78）。

ウ　換　価

換価には，財産の売却と債権の取立ての2つの方法がある。差押財産が，金銭および取立てをする債権（取立てをする有価証券および無体財産権を含む。）以外の財産である場合には，これを売却して金銭に換え滞納租税に充てる。売却の方法は原則的に公売（☞公売とは）によるのであるが（徴法94），例外として随意契約による売却および国による買入れの方法もある（徴法89，94，109，110等）。

- ✍ 財産の売却は，公正な手続で換価を行い滞納者の利益保護を図るため，入札やせり売といった公売により行う（徴法94②）。手続の公正を維持するため，滞納者や税務職員は，換価の目的となった自己の財産を買い受けることができない（徴法92）。
- ☞ **公売**とは，滞納者の財産を他に移転させる行政処分をいう。滞納税額の徴収に必要な限度を超えて行った公売処分は違法である（超過公売の禁止）。ただし，差押財産が不可分の場合には，滞納税額の徴収に必要な限度を超えて行った公売処分であっても違法とはならないと解されている。

エ　配　当

差押財産を換価した金銭は，原則として，滞納租税その他公課・私債権（徴法129①）に配当し，残余金があれば滞納者に交付する（徴法128，129，137等）。配当による租税債権の充当により充当された金額の範囲で納税義務が消滅する。

- ✍ その他国税の消滅原因を整理すると以下のようになる。
  ①納付，②滞納処分による換価代金等の配当，③還付金等の充当，④免除（国税通則法63条等の規定に基づく免除），⑤課税の取消し等（課税の取消しまたは減額の更正処分），⑥徴収権の消滅時効の完成（5年の消滅時効の完成（通法72）），⑦滞納処分の停止（滞納処分の停止が3年間継続したとき（徴法153））。

(2)　租税優先の原則

滞納者の財産について，他の公課や私債権に優先して租税が徴収されることを租税優先の原則という（徴法8）。すなわち，滞納処分，強制執行等の強制換価手続により滞納者の財産が換価された際の換価代金については，原則として競合する債権に優先して租税債権が満足を受ける地位にあるという考え方である。このような法原則があるのは，租税債権の公益性や共益性，租税債権の脆弱性（☞租税債権の脆弱性とは）などの理由により，租税の確実かつ効率的な徴収

のために，優先徴収権または一般的優先権を認めようとする趣旨に出たものである。

☞ **租税債権の脆弱性**とは，納税義務が受益との対価性のないところに生ずることに由来する納付に対するインセンティブの低さや，租税債権者が私法等の取引関係者とは異なり，滞納者との距離が遠いことからくる履行可能性の低さなどを指す。

租税優先の原則については，以下の3つの点に留意する必要がある（谷口・講義174頁）。

① 租税優先の原則の例外…共益費優先の原則（民306一，307参照）に従って，強制換価手続の費用の優先（徴法9）および直接の滞納処分費の優先（徴法10）が定められている。

② 租税相互間の関係…競合する租税は同順位とされ，原則として，差押先着手主義（徴法12）および交付要求先着手主義（徴法13）によって，優先劣後の関係が決められる。ただし，当該担保財産があるときは，その換価代金につき当該租税が他の租税に優先する（徴法14）。

③ 租税と被担保債権との関係…取引の安全や私債権者の予測可能性の保護を図るために，基本的には法定納期限と担保設定日の先後によって，優先劣後の関係が決められる（徴法15，16，20，23，24⑧）。ただし，先取特権のうち不動産保存の先取特権等の一定の先取特権により担保されている債権，および留置権により担保されている債権は，租税債権に常に優先する（徴法19，21）。

¶レベルアップ1！　全部差押か一部差押かの決定や取立て範囲をめぐる裁判例

㋐　東京高裁昭和45年4月30日判決

東京高裁昭和45年4月30日判決（訟月16巻7号712頁）は，全部差押か一部差押かの決定は徴収職員の自由裁量であるが，全部差押の場合，必要な範囲を超えて取立てをすることはできないとした。

> 「国税徴収法は，国税の滞納処分における財産の差押に関する通則として，法第48条第1項により，国税を徴収するために必要な財産以外の財産は，差し押えることができないとし，超過差押を禁止しているが，債権の差押については，右の特則として，法第63条が滞納国税の額にかかわらず全額差押を原則とし，徴収職員が全額差押の必要がないと認めるときは一部差押をすることができると規定している。これは，債権の実質的な価値が第三債務者の支払能力，第三債務者の滞納者に対する反対債権その他抗弁権，その他種々の事情に左右されるものであって，名目上の債権額からこれを把握することが困難であり，どれ程の債権額を差し押えれば国税徴収に支障がないかを予め知り難いという他の種類の財産とは異なる債権特有の事情から全額差押を原則とし，ただ徴収職員が差押債権の実質的な価値を把握し，一部差押によって国税徴収に支障がなく，従って全額差押の必要がないと認めた場合には一部差押をすることができることをも認めたものと解せられるのであって，このような差し押えるべき債権の範囲をその一部とするか否かの決定は当該徴収職員のいわゆる自由裁量行為というべきであるから，その裁量権の範囲内の行為である限り，これを違法行為とすることはできない。
> 　そして，徴収職員は，差し押えた債権の取立てをすることができ，その取立てに必要な滞納者（債権者）の有する権利の行使をすることができるけれども（法第67条第1項），徴収職員がこれにより金銭を取り立てたときは，その限度において滞納者から差押に係る国税を徴収したものとみなされるのであるから（同条第3項），たとえ全額差押をした債権であっても，それが金銭債権であって，その一部の取立てによって，取立ての日までに交付要求のあった国税，地方税または公課に配当するに足るだけの金銭を取得することができるときは，それ以上に債権の取立てをする必要はないと解せられるから，そのような場合に必要の限度を超えて債権全額を取り立てることは許されないというべきであり（旧国税徴収法第23条ノ1第2項参照），差押債権の全額を取り立てるか否かの決定までも当該徴収職員の自由裁量に委ねられているとは到底解することができない。」

(イ)　名古屋地裁平成18年12月4日判決

　これに対し，名古屋地裁平成18年12月4日判決（訟月54巻5号1087頁）は，差押および取立てのいずれも滞納税額の如何にかかわらず，被差押債権の全額に及び，全額の取立てを適法と判示する。すなわち，同地裁は，取立てに先行する差押の適否について，次のように論じる。

> 「徴収法は，国税の滞納処分における財産の差押に関する通則として，同法48条1項により，国税を徴収するために必要な財産以外の財産は，差し押さえることができないとし，超過差押を禁止しているが，債権の差押については，上記特則として，同法63条において『徴収職員は，債権を差し押さえるときは，その全額を差し押さえなければならない。ただし，その全額を差し押さえる必要がないと認めるときは，その一部を差し押さえることができる。』と規定している。これは，債権の実質的な価値

> は、名目上の額によって定まるものではなく、第三債務者の弁済能力、第三債務者の滞納者に対する反対債権その他の抗弁権によって左右されるものであり、また、取立をするため第三債務者の財産に民事上の強制執行をするときは、他の債権者が配当要求をすることも考えられ、この場合には、平等弁済となることから、徴収職員において、どれ程の債権額を差し押さえれば国税徴収に支障がないかを予め知りがたいという債権特有の事情に基づき、徴収すべき滞納金額にかかわらず、債権の全額を差し押さえることを原則とし、ただ、第三債務者の資力が十分で、履行が確実と認められるなどの特段の事情がある場合には、一部差押をすることができることをも認めたものと解すべきである。」

そして、本件債権全額の差押に基づき、本体債権全額の取立てをすることの適否については、次のように判示している。

> 「民事執行法では、徴収法63条1項と同様に、請求債権額を超過して債権全額の差押を許容する規定を置きながら（同法146条1項）、全額の差押に基づいて、第三債務者から取立をする場合には、請求債権及び執行費用の額を超えて支払を受けることができない旨規定している（同法155条1項ただし書）。これに対し、徴収法67条1項は『徴収職員は、差し押さえた債権の取立をすることができる。』と規定し、取立権を制約する規定を置いていない。
> 思うに、旧国税徴収法（明治30年法律第21号。以下「旧徴収法」という。）では『政府ハ滞納処分費及税金額ヲ限度トシテ債権者ニ代位ス』と取立権を制約する旨の規定がおかれていたのに（同法23条の1第2項）、現行の徴収法では上記のとおり取立権を制約する規定が削除されたこと、また、徴収法は、徴収職員が債権の取立てにより第三債務者から金銭の給付を受けた場合に、国税に劣後する者に配当し（同法129条1項）、配当後残余金額があるときは滞納者に交付する（同法同条3項）旨の規定を置いていることに照らすと、徴収職員（同法2条11号）は、単に一債権者としての地位に基づいて自己の債権（国税）の実現を図ることを目的とするものではなく、執行裁判所、執行官及び破産管財人と同様に、強制換価手続における執行機関としての地位に基づいて、滞納者の財産を換価する権能を有し、さらには、現実の取立が完了するまでは、差押の解除をなさないかぎり（徴収法79条）、上記権能に基づいて、その債権の全額について履行の請求をなすべき取立責任を負うというべきである。」

なお、この立場は、すでに、東京高裁昭和50年11月6日判決（訟月21巻12号2460頁）およびその上告審最高裁昭和52年12月23日第三小法廷判決（租税徴収関係裁判例集604頁）において示されていたところでもある。

¶レベルアップ2！　国税徴収法26条の反復行使

(ｱ)　問題の所在

租税債権は原則として一般的優先権をもって私債権に優先し（徴法8、地法

14),租税債権間においては,差押先着手主義により,差押をした租税はこれに交付要求をした租税に優先するとされている（徴法12,地方14の6）。また,国税徴収法16条《法定納期限等以前に設定された抵当権の優先》および地方税法14条の10《法定納期限等以前に設定された抵当権の優先》は,法定納期限を原則的な基準として,それ以前に納税者が財産上に抵当権を設定している場合に,かかる抵当権に担保される私債権を租税債権に優先するとして規定している。また,健康保険料や労働保険料等の公課については,各公課の徴収に関する規定の適用により,国税徴収の例によって徴収することとされているため,公課の相互間においても,差押先着手主義や交付要求先着手主義が準用されることになる。

そこで,ぐるぐる回り（☞ぐるぐる回りとは）が生じた場合に対処するために,国税徴収法26条により,立法的な対処がなされている（地方税法においては,同法14条の20）。

☞ **ぐるぐる回り**とは,国税が地方税に優先し,地方税は私債権に優先するものの,私債権が上記のような抵当権の設定のタイミングの関係で国税に優先するというような状態をいう。

国税徴収法26条《国税及び地方税等と私債権との競合の調整》

強制換価手続において国税が他の国税,地方税又は公課（以下この条において「地方税等」という。）及びその他の債権（以下この条において「私債権」という。）と競合する場合において,この章又は地方税法その他の法律の規定により,国税が地方税等に先だち,私債権がその地方税等におくれ,かつ,当該国税に先だつとき,又は国税が地方税等におくれ,私債権がその地方税等に先だち,かつ,当該国税におくれるときは,換価代金の配当については,次に定めるところによる。

一　第9条《強制換価手続の費用の優先》若しくは第10条《直接の滞納処分費の優先》に規定する費用若しくは滞納処分費,第11条《強制換価の場合の消費税等の優先》に規定する国税（地方税法の規定によりこれに相当する優先権を有する地方税を含む。）,第21条《留置権の優先》の規定の適用を受ける債権,第59条第3項若しくは第4項《前払賃料の優先》（…）の規定の適用を受ける債権又は第19条《不動産保存の先取特権等の優先》の規定の適用を受ける債権があるときは,これらの順序に従い,それぞれこれらに充てる。

二　国税及び地方税等並びに私債権（前号の規定の適用を受けるものを除く。）につき,法定納期限等（地方税又は公課のこれに相当する納期限等を含む。）又は設定,登記,譲渡若しくは成立の時期の古いものからそれぞれ順次にこの章又は地方税法その他の法律の規定を適用して国税及び地方税等並びに私債権に充てるべき金額の総額をそれぞれ定める。

三　前号の規定により定めた国税及び地方税等に充てるべき金額の総額を第8条《国税優先の原則》若しくは第12条から第14条まで《差押先着手による国税の優先等》の規定又は地方税法その他の法律のこれらに相当する規定により,順次国

> 税及び地方税等に充てる。
> 四　第2号の規定により定めた私債権に充てるべき金額の総額を民法その他の法律の規定により順次私債権に充てる。

すなわち，強制換価手続費用等の債権（徴法26一）を除く国税について，次のような構造で調整することとしている。

① 法定納期限等と担保権の設定などの時期を比較し，租税公課グループに充てられるべき金額を定める（徴法26二）。

② 租税債権グループに充てる総額から，租税公課内部により，個々の租税公課に充てるべき金額を定める（徴法26三）。

③ 私債権グループに充てる総額から，民法等の規定に従い，個々の債権に充てるべき金額を定める（徴法26四）。

(イ)　事例による分析

次に，この問題につき最高裁平成11年4月22日第一小法廷判決（訟月46巻8号3418頁）の事案を素材に検討することとする（ここでの記述は，橘素子『最近の判例に学ぶ徴収実務〔最新版〕』400頁（大蔵財務協会2009）を参考にさせていただいた。）。

事案の概要は次のとおりである。

> 〔1〕X（原告・控訴人・被上告人）は，滞納者所有の不動産について根抵当権（平成3年8月27日登記）の実行としての競売を申し立て（以下「本件競売事件」という。），裁判所は競売開始を決定した。
> 〔2〕国Y（被告人・被控訴人・上告人）は，本件競売事件に対して，平成4年11月25日，健康保険料等の公課につき交付要求をした。
> その内訳は，①平成3年2月28日から同年7月31日までを納期限とするもの208万2,000円，②平成3年9月2日から同4年9月17日までを納期限とするもの2,262万1,621円であった。
> A労働基準局は本件競売事件に対して平成4年12月24日，労働保険料等の公課109万3,673円（平成3年5月15日を納期限とするもの。以下「A労働基準局の本件債権」という。）につき交付要求をした。
> 〔3〕裁判所は，平成5年12月1日，本件競売事件に基づき，一部不動産（以下「イ不動産」という。）の売却決定をし，手続費用を除いた配当すべき額1,530万8,722円につき，①Xに対し，根抵当権の被担保債権について，1,213万3,049円を，②Yに対し，Xの根抵当権設定登記の日より先行して納期限等が到来するYの債権208万2,000円とA労働基準局の本件債権109万3,673円の合計317万5,673円を配当する旨の「イ不動産配当表」を作成した。
> 〔4〕次いで，裁判所は，平成6年4月27日，本件競売事件に基づき，一部不動産（以下「ロ　不動産」という。）の売却決定をし，手続費用を除いた配当すべき額」1,493

事実関係図

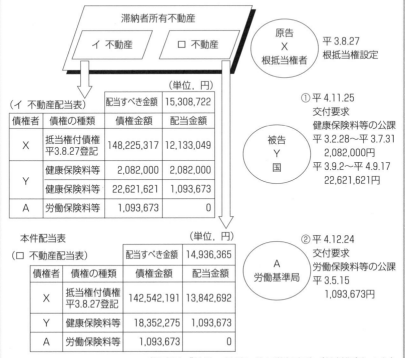

（橘素子『最近の判例に学ぶ徴収実務〔最新版〕』より）

万6,365円につき、①Xに対し、根抵当権の被担保債権について1,384万2,692円を、②Yに対し、公課の法定納期限等と根抵当権設定登記の日の先後を比較して根抵当権に先行するA労働基準局の本件債権109万3,673円を配当する旨の配当表（以下「本件配当表」という。）を作成した。

〔5〕　Xは、本件配当表に記載されたYに対する配当額は全額Xに配当されるべきである旨の異議の申立てをし、配当異議の訴えを提起した。

（注）「イ　不動産」の配当手続について

　　　手続費用を除いた配当すべき金額が金1,530万8,722円のところ、保険料等の滞納金債権の法定納期限等と根抵当権設定登記日を比較し、Xの根抵当権設定登記の日（平成3年8月27日）より先行して法定納期限等が到来しているYの債権208万2,000円（平成3年2月28日から同年7月31日までを納期限とするもの）とA労働基準局の本件債権109万3,673円（平成3年5月15日を納期限とするもの）の合計317万5,673円を公課債権グループの取り分とし、私債権グループとしては、1,213万3,049円をその取り分とする。そして公課債権相互間の順位は交付要求先着手主義の規定により定まり、公課債権グループの取り分とされた317万5,673円はすべてYに配当され（前記〔3〕記載のYの債権のうち、平成3年2月28日から同年7月31

日までを納期限とするものに全額，その余の2,262万1,621円の債権に対し，109万3,673円が配当された。），A労働基準局には現実には配当がなされなかった。

　本件において，第一審山口地裁平成7年6月8日判決（訟月46巻8号3431頁）はXの請求を棄却したが，控訴審広島高裁平成8年1月31日判決（訟月46巻8号3446頁）は第一審判決を取り消し，Xの請求を認容した。

　上告審最高裁平成11年4月22日第一小法廷判決は，次のように判示して，原審判決を破棄し，Xの請求を棄却した。

> 「同一の不動産競売事件について，不動産が順次売却されてその都度配当がされるなど，配当手続が数次に及び，先行する配当手続で国税及び地方税等と私債権とが競合したことから国税徴収法26条の規定による調整が行われた場合において，私債権に優先するものとして国税及び地方税等に充てるべき金額の総額を決定するために用いられながら（同条2号），国税，地方税等相互間では劣後するため（同条3号），現実には配当を受けることができなかった国税，地方税等は，後行の配当手続においても，同条2号（地方税法14条の20第2号）の規定ないし国税徴収法16条等（地方税法14条の10等）の規定の適用上再び私債権に優先するものとして取り扱われることを妨げられないと解するのが相当である。けだし，国税及び地方税は，強制換価手続において他の債権と競合する場合には，別段の規定がない限り，すべての公課その他の債権に優先するものであり（国税徴収法8条，地方税法14条。租税の一般的優先の原則），国税徴収の例により徴収される公課も，国税徴収法8条の規定の準用により，別段の規定がない限り，私債権に優先するところ，現行法は，国税，地方税等と担保権の設定された私債権との調整を図るために，国税徴収法16条等（地方税法14条の10等）の規定を置いて，私債権が優先する場合を定めているものの，国税徴収法26条を適用したことにより国税，地方税等が再度私債権に優先する結果になることを制限する趣旨の規定を置いておらず，右別段の規定がない以上，租税の一般的優先の原則が適用されると解すべきだからである。そして，公課の徴収につき国税徴収法26条の規定が準用される場合についても，右と別異に解すべき理由はない。
> 　これを本件について見るに，本件配当表に関し，A労働基準局の公課109万3,673円の法定納期限はXの根抵当権設定登記の日に先行するから，右同額は公課に充てるべき金額の総額となり（同法26条2号），これは公課相互間で優先するYの公課に充てられることになる（同条3号）。」

　このように最高裁は，別段の規定がない以上，国税徴収法26条の規定により，租税の一般的優先の原則が適用される。したがって，同一の競売事件について配当手続が数次に及び，先行する配当手続で同条の規定による調整が行われた場合においては，私債権に優先するものとして国税および地方税等に充てるべき金額の総額を決定するために用いられながら，国税，地方税等相互間では劣後するため現実には配当を受けることができなかった国税，地方税等は，後行

の配当手続において再び私債権に優先するとして取り扱われることは妨げられないとしたのである。

第5章
納税環境整備

20　納税者保護論

(1)　納税者権利憲章
ア　平成23年度税制改正提案までの議論
　政府税制調査会の納税環境整備検討PTが平成22年11月に提出した「報告書」では，「納税者権利憲章（仮称）」策定の方向性が以下のように示されていた。

> （基本的考え方）
> 　以下の基本的な考え方に沿って「憲章」を策定する。
> (1)　専門家委員会の多数意見（「納税者権利憲章（仮称）については，納税者にとってのわかり易さを重視するとともに，納税者の権利・義務をバランスよく記載すべき」）を踏まえ，納税者の立場に立って，複雑な税務手続を納税者の目から見てわかり易い形でお知らせするため，
> 　①　納税者が受けられるサービス
> 　②　納税者が求めることのできる内容
> 　③　納税者に求められる内容
> 　④　納税者に気をつけていただきたいこと
> を一連の税務手続に沿って，簡潔・明瞭に示す必要がある。
> 　これを踏まえ，税務当局も納税者からより一層信頼される税務行政に向け，取り組むものとする。
> (2)　納税者にとってのわかり易さを追求する観点から，納税者に関わる様々な事柄や国税庁が行っているサービス（上記(1)）を一覧性のある形で，できるだけ法令用語に縛られずに平易な言葉で納税者にお示しする。
> （具体的内容・位置付け）
> (1)　諸外国の例も踏まえ，「憲章」に記載すべき具体的な項目は，以下のとおりとする。
> 　①　国税庁の使命と税務職員の行動規範
> 　②　納税者の自発的な申告・納税をサポートするため，納税者に提供される各種サービス
> 　③　税務手続の全体像，個々の税務手続に係る納税者の権利利益や納税者・国税庁に求められる役割・行動
> 　④　納税者が国税庁の処分に不服がある場合の救済手続，税務行政全般に関する苦情等への対応
> (2)　上記の項目は，現在，法律・政省令・告示・通達等，様々なレベルに記載されており，一覧性に欠けている。一連の税務手続に関して，これらを納税者にわかり易くお示しする観点から，諸外国の例も踏まえ，平易な表現で一覧性のある文書として作成し，公表する。

また,「憲章」の制定を法律上義務付けることとし,その策定根拠,内容の概容を国税通則法に規定するとともに,国税通則法(第1条)の目的規定を改正し,税務行政において納税者の権利利益の保護を図る趣旨を明確にする。
(3)　加えて,以下のような各種税務手続の明確化等について同法に規定を集約する。
　① 税務調査における事前通知(通知対象者,開始日時・場所・目的・対象税目・課税期間等の通知内容,通知方法などを規定)
　② 税務職員による質問検査権(所得税法,法人税法,相続税法,消費税法,酒税法,たばこ税法,揮発油税法,印紙税法などの各税法の関連規定を集約)
　③ 税務調査終了後における調査内容の説明(更正・決定等すべきと認められる場合について,調査結果(非違の内容,金額,理由),「修正申告又は期限後申告を行った場合にはその部分について不服申立てができないこと」などを説明)
　④ 税務調査において申告内容に問題がある場合の修正申告等の勧奨
　⑤ 税務調査における終了通知(納税者から修正申告書又は期限後申告書の提出があった場合及び税務署長が更正・決定等をした場合には「調査が終了した」旨,更正・決定等すべきと認められない場合には「その時点で更正・決定等をすべきと認められない」旨を通知)
　⑥ 税務調査において納税者から提出された物件の預かり・返還等に関する手続(納税者から物件を預かる際の「預かり証」の発行等を規定)
　⑦ 更正の請求期間の延長
　⑧ 更正の請求における「事実を証明する書類」の添付の義務化
　⑨ 内容虚偽の更正の請求書の提出に対する処罰規定
　⑩ 処分の理由附記(更正決定・加算税・青色申告承認取消・督促・差押え等の「不利益処分」,更正の請求に対する拒否処分・青色申告承認申請の却下等の「申請に対する処分」についての理由附記)

✐　「憲章」の名称については,「納税者権利憲章」とする方向で検討し,国税通則法については,上記の改正後の法律の内容をよく表すものとなるよう,題名の変更を検討するとされた。これを受けて,その後,平成23年度税制改正大綱が,上記の PT 報告書を受けたかたちで提出された。
✐　1989年(平成元年)4月に OECD が刊行した報告書は,「租税行政庁は,課税ベースを決定し,納税者及び第三者によって提供された情報の正確性を確認し,納税されるべき税額を徴収するために強大な権力を付与されている。脱税や租税回避を最小限度に食い止めるためのかかる権力の行使と,すべての納税者が各人の権利を尊重されて公正に取り扱われることが保障されることとの間には潜在的な相剋が存在する。プライバシー保護の権利,行政決定に対する争訟権,そして情報請求権といった権利は,民主主義社会における基本的権利である。複雑な租税制度が効率的に運用されるためには,高い程度の納税者の協力が要求されることになる。納税者がかかる制度を公正なものと認識し,彼等の基本的権利が明確に確立され,尊重されているならば,納税者の協力は当然得られることになる。実際に,すべての OECD 諸国の政府は,かかる納税者の権利が尊重されることを確保するために大きな注意を払っている。
　各国政府は,租税行政庁による誤った権力統制から納税者を保護するための手段の重

要性を常に意識してきている。…このことは，課税水準が増大し，租税立法が益々複雑化し，新しい科学技術が異なる発信地の情報交換の新手法を開拓し，各国の租税行政庁間の国際協力が改善されつつあるまさにこの時代に，納税者の権利を保護する，より明確で包括的な法規定が必要であるとの認識の結果としてとらえることができる。」として，納税者の権利保護に取り組むことの必要性を指摘している。

　ただし，ここでは，権力行使と納税者の権利の尊重との間に相剋があることを前提として出発しているが，納税者の権利保護の議論を展開するに当たって，この視点の必要性については議論のあるところであろう。すなわち，議論以前に「納税者対租税行政庁」という対立軸を措定する必要があるかどうかという問題意識である。このような対立構造で捉えずとも，納税者の権利保護と租税行政庁の権限との間のバランスという視点によって，ここに介在する論点を検討する視角も十分にあり得るからである。なお，このことは，具体的には，納税者権利憲章を考えるに当たって，「納税者の権利」と「納税者の義務」を併記すべきかどうかという点にも結びつく議論でもある（🔍次頁の📖参照）。

　租税手続については，納税者に理解され信頼される行政がなされることが肝要であり，そこでは，適正な手続のもとでの適正な納税義務の履行が図られる必要があるのはいうまでもない。したがって，納税者の信頼を得るための考慮として納税者の権利保護というものを捉える必要があると思われる。とりわけ，我が国の現行申告納税制度は，賦課課税制度に比して納税者による第一義的な関与が大きく，およそ納税者の協力なくしては成立し得ない制度として構築されているものである。そのことにかんがみても，適正公平な課税の実現が適正な手続の保障のもとになされ，もって，納税者に信頼される租税行政がなされることは何よりも重要な論点であるといえよう。

　このことは，租税というものが国民社会における共通経費であるとの認識を前提とすると，さらに次のような議論にもつながり得る。すなわち，課税の公平の実現が図られることもまた国民の権利であり，かかる権利を擁護するためにも，「課税の公平の実現が適正になされること」が要請されるところ，当然ながら，その適正性は適正な手続のもとにおいてこそ実現されるのである。

イ　納税者権利憲章の制定

　納税者権利憲章については名称や位置付けを含めてさまざまな議論が起こり得る。以下，政府税制調査会・専門家委員会における論点整理に従って議論を簡単に概観してみたい。

A説	国税通則法から独立した「納税者権利保護法（仮称）」を制定し，その中に章を設け，納税者権利憲章を実定法規範（裁判規範性）のあるものとして規定すべきとする考え方
B説	国税通則法を改組し，納税者の保護に関する総論的な条項を設けて，それを憲章とする。国税通則法上の各論的手続規定を解釈する際に，その総論部分について裁判規範性をもって影響を与えるとする考え方

| C説 | 必ずしも法理として定める必要はない。手続規定については，別途規定を国税通則法などに設けることを検討すればよいとする考え方 |

| D説 | 国税通則法の中に納税者権利憲章の制定根拠を設け，それに基づいて納税者権利憲章を作成すれば，そこに法規範性をもたせることもできるとする考え方 |

　上記のようなさまざまな見解の中，D説に沿って平成23年度税制改正（案）が提案された。

　　✎　OECD租税委員会「納税者の権利と義務」プラクティス・ノートには，納税者の権利と並列的に納税者の義務についても記載されているが，権利と義務が納税者権利憲章に併記されるべきか否かについても議論のあるところである。平成23年度税制改正での提案はb説によっている。

| a説 | PTには，納税者の権利と並列的に義務も記載されているが，このレポートは各国の租税行政庁職員からなる会議で作成されるものであるから，義務記載について重要視する必要はない。 |

| b説 | PTにおいても，納税者の権利と並行して義務が記載されており，バランスのとれた合理的なものである。憲法上の「納税の義務」の存在を前提として，租税手続上の「納税者の権利と義務」を制定すべき。 |

ウ　平成23年度税制改正

　当初，所得税法等の一部を改正する法律（案）17条《国税通則法の一部改正（第17条関係）》は，次のとおりであった。

> 1　題名を国税に係る共通的な手続並びに納税者の権利及び義務に関する法律に改める。
> 2　目的について，国税に関する国民の権利利益の保護を図る趣旨を明確化する。
> （国税に係る共通的な手続並びに納税者の権利及び義務に関する法律第1条関係）
> 3　納税者権利憲章の作成及び公表
> 　　国税庁長官は，一連の税務手続に関する事項について，平易な表現を用いて簡潔に記載した文書（以下「納税者権利憲章」という。）を作成し，これを公表することとする。（国税に係る共通的な手続並びに納税者の権利及び義務に関する法律第4条関係）
> （注）納税者権利憲章は，平成24年1月1日に公表することとする。（附則第51条関係）

平成23年度税制改正は，当初の法案が成立せず，紆余曲折の議論があった後に，「経済社会の構造の変化に対応した税制の構築を図るための所得税法等の一部を改正する法律」として国会を通過した。そこでは，野党の反対などがあり上記部分は削除された。すなわち，国税通則法の名称変更や，納税者権利憲章の制定については見合わせられることになったのである。

　もっとも，同法附則106条（納税環境の整備に向けた検討）は，「政府は，国税に関する納税者の利益の保護に資するとともに，税務行政の適正かつ円滑な運営を確保する観点から，納税環境の整備に向け，引き続き検討を行うものとする。」としており，引き続き納税環境整備の検討が続けられることになっている（酒井克彦「国税通則法改正と税務調査手続」東京税理士界662号4頁も参照）。

　しかしながら，民主党政権から自民党政権に戻って以降，最近は納税者権利憲章についての議論はやや下火になっているようにも見受けられる。

(2) OECD租税委員会「納税者の権利と義務」

　OECD租税委員会が租税ガイダンス・シリーズ「税務行政一般原則―GAP002―」("Taxpayers' Rights and Obligations-Practice Note" Prepared by the OECD Committee of Fiscal Affairs Forum on Tax Administration.）として出している「納税者の権利と義務（抄）」は次のようなものである（平成22年4月付け政府税制調査会・第6回納税環境整備小委員会資料）。

はじめに
1．いかなる民主主義社会においても，納税者たる市民は，政府及び行政当局との関係において基本的義務と同様に多くの基本的権利を有している。税務当局も例外ではなく，多くの国では，課税・徴税に関する納税者の権利や義務を規定する法律を有している。
2．予想されるとおり，世界各国の税務当局が直面する多様な環境の下では，納税者の権利義務の詳細は国によって様々であるが，いくつかの共通の道筋を見出すことは可能である。
　1990年，OECD租税委員会の第8作業部会は，「納税者の権利と義務― OECD加盟国における立法状況の調査」（注1）という報告書を公表している。
　（注1）1990年4月27日付OECDで承認。1988年の各国への質問状の回答を基礎としている。
3．その報告書によれば，当時はほとんどの国が明確な納税者憲章を有していなかったものの，全ての国で以下の基本的な納税者の権利が存在していた。
　・税務情報の提供を受ける権利，税務手続上の支援を受ける権利，税務に関する意

見を聴取してもらう権利
- 不服申立の権利
- 正しい税額のみを支払う権利
- 税務の確実性（予測可能性）に関する権利
- プライバシーの権利
- 納税者情報の守秘が確保される権利

4. これらの基本的権利は，同時に基本的義務を伴うものであり，政府が納税者に関して期待するいくつかの行動規範がある。これら期待される行動は，税務行政の成功にとって基本的なものであることから，全ての国ではないにしても，多くの国で法律上の義務（要件）となっている。このような納税者の権利と義務が均衡を欠いた場合には，税務行政は有効かつ効果的に機能しない。これらの納税者の義務は以下のとおり。
- 税務に誠実である義務
- 税務に協力的である義務
- 期限内に正確な情報及び文書を提出する義務
- 帳簿記録を記帳・保持する義務
- 期限内に納税する義務

5. 多くの国がこれらの権利及び義務をその納税者憲章の中で詳述している。これら文書は，税務職員と納税者に期待される行動規範に関する声明等を含む。ある国では，納税者を保護するために納税者憲章や納税者宣言という形式を選択している。ある国では，税務当局と納税者の関係を律する一般原則に関する文書という形式を選択している。一方，税務手続における納税者の権利に関する詳細なガイダンスを提供している国もある。更に，税務職員と納税者に期待される行動規範を示した，例えば「税務当局の使命」のような文書もある。従って，たとえ納税者憲章のない国であっても，納税者憲章を定めている国と同様に，納税者の権利が尊重され，保護されていることは強調されなくてはならない。

納税者憲章
21. 納税者憲章は，税務問題に関する納税者の権利及び義務を平易な言葉で要約，説明し，より幅広い納税者がこれらに係る情報を入手し理解することに資するための試みである。
22. 納税者憲章が1つの規則（ruling）となっている税制もあるが，殆どの納税者憲章は，税法の案内であって，それ自体は法的な文書ではない。一般的に，納税者憲章は，関連する法律に含まれる権利や義務を超えて追加的な権利や義務を提供するものではない。
23. 本ガイダンスノートに含まれる議論を基礎として納税者憲章に含まれる要素の例を添付する。添付の憲章例と憲章例に含まれる声明は，すべての税務行政に当てはまるわけではないことを強調する。憲章策定にあたって，各租税管轄は個々の租税政策，税法，執行実務及び文化を適切に反映させなくてはならない。納税者憲章を持たない国でも納税者の権利は尊重され，かつ他国の公式の納税者憲章に示されているものと同様の権利を税制執行上有していることにも注意されたい。

ガイダンス
1. 納税者憲章を発遣していない歳入当局は，納税者の権利及び義務を概説した納税者憲章の発遣を検討することができる。
2. 納税者憲章を発遣しようとする歳入当局は，本ペーパーで概説した納税者の基本的権利及び義務をカバーすることが推奨される。

（添付）本ノートで示した基本的権利及び義務を用いた納税者憲章の例
注意…この憲章は，納税者憲章に含まれる要素を用いた例にすぎない。憲章策定にあたっては，各租税管轄は個々の租税政策，税法，執行実務及び文化を適切に反映させなくてはならない。

納税者憲章
はじめに
1. 我々の社会では，教育，福祉，医療，防衛，警察，交通網整備など，政府の実施する多くの施策や公共サービスの財源とするために，税法によって税金や負担金を求められている。
2. あなたの国の税務当局は，税金や負担金を徴収するにあたって，市民は，敬意と公平性をもって接され，義務を果たすために必要な情報，アドバイス，助言またその他のサービスが提供される時，法令に従った行動をとるという大原則のもとに運営されている。
3. この納税者憲章は税制におけるあなたの重要な権利や義務を幅広く要約している。我々が追求する，相互の信頼と敬意を支えとした，社会との協力的な関係を構築する一助とするために，憲章を公表するものとする。

納税者の権利
1. 情報提供を受ける権利，支援される権利，知る権利
    我々は，常に礼儀と思いやりをもって納税者に対処し，次のことを行うよう努めます。
    ・納税者が税務上の義務を理解，遂行するのを支援すること。
    ・税務問題に関する当局の決定の理由を納税者に説明すること。
    ・一定期間内に還付申告を処理し，税法が認める場合には利子を支払うこと。
    ・書面による質問に一定期間内に回答すること。
    ・緊急の質問に対して可能な限り迅速に対応すること。
    ・電話による照会に対して不必要な転送を避け，迅速に回答すること。
    ・電話を受けた場合には可能な限り迅速に折り返すこと。
    ・納税者の税法遵守コストを最少化すること。
    ・調査の際，納税者に法律あるいは税務アドバイザーの立会いを認めること。
    ・調査終了後一定期間内に，決定の理由や課税額計算の詳細（課税が行われる場合）を含む調査結果を書面により通知すること。
2. 不服申立ての権利
    我々は，次のことを行うよう努めます。
    ・納税者が諸制度について十分に承知していない場合あるいは明確な説明を必要と

する場合には，見直し，異議申立て，及び不服申立てに関する納税者の権利を十分に説明すること。
  ・納税者が不適切と考える場合には事案の見直しを行うこと。
  ・異議審査は当初処理を行った者と独立した者が行うことを確保すること。
  ・追加情報が必要な事案あるいは通常と比べて複雑な事案でない限り，一定期間内に異議申立てに対する決定を行うこと。
  ・納税者による異議申立てが部分的にあるいは全面的に退けられた場合にはその理由を説明すること。
  ・問題の解決に必要な場合に限り納税者に追加情報を求めること。
3．正しい税額のみを支払う権利
  我々は，次のことを行うよう努めます。
  ・納税者が法律が求め，すべての控除・還付等の権利が適切に適用された税額のみを納付するように，誠実かつ公明正大に納税者に対処すること。
4．予測可能性が確保される権利
  我々は，以下のことを行うよう努めます。
  ・納税者の取引に関する課税関係について説明すること。
  ・通常の場合には，一定期間前に調査の事前通知を行うこと。
  ・調査の範囲，調査に必要なものについて通知すること。
  ・調査のために適切な時間と場所を設定し，書類等の準備の時間を与えること。
5．プライバシーの権利
  我々は，次のことを行うよう努めます。
  ・税務上の義務を遵守していることをチェックするために必要な場合にのみ質問を行うこと。
  ・質問に関連する情報についてのみ情報提供を求めること。
  ・当局が入手した情報は，機密の情報として扱うこと。
6．納税者情報の守秘が確保される権利
  我々は，以下のことを行うよう努めます。
  ・納税者が書面によって当局に権限を与えた場合，又は法律が認める場合を除いて，納税者の個人又は財産情報を使用・漏洩しないこと。
  ・法律によって権限を与えられ，当局の施策や税制執行を行うために個人又は財産情報を必要とする職員のみに，納税者の情報を入手することを許可すること。

納税者の義務
7．税務に誠実である義務
  我々は，納税者に次のことを期待します。
  ・当局の必要に応じて完全かつ正確な情報を提供すること。
  ・確定申告の際にすべての算定可能な所得を申告すること。
  ・納税者が権利を持つ控除，還付のみ請求すること。
  ・当局の質問に対し完全に，正確に，そして誠実に答えること。
  ・税法上の取扱や事前確認を当局に依頼する時は，全ての事実とその背景について説明すること。
8．税務に協力的である義務

　　　　　我々は，納税者に次のことを期待します。
　　　　・税務当局に協力し，当局が納税者に接する態度と同様，丁重，考慮，そして敬意を持った態度で臨むこと。
　　9．正確な情報及び文書を期限内に提出する義務
　　　　　我々は，納税者に次のことを期待します。
　　　　・決められた期日内に正しい所得申告や書類提出を行うこと。
　　　　・一定の期限までに完全で正確な情報を提供すること。
　　　　・申告，書類提出，または情報提供の準備には相応な注意を払うこと。
　　　　・法人設立，起業，住所変更，事務所移転，廃業等重要な情報については，必要とされている納税者証明と共に適切な時期に知らせること。そうすれば，より適切に，効率的に，そして効果的に税法の執行を行うことができる。
　　10．記帳する義務
　　　　　我々は，納税者に次のことを期待します。
　　　　・納税義務を達成できるよう十分に記帳すること。
　　　　・必要とされる保存期間内は記録を保持すること。
　　　　・記帳の準備には相応な注意を払うこと。
　　　　・納税義務を達成できるよう当局に帳簿や記録を公開すること。
　　11．期限内に納税する義務
　　　　　我々は，納税者に次のことを期待します。
　　　　・期日までに総課税額を納付すること。
　　　　・課税額計算の結果判明した未払い残高を全額納付すること。
　　　　・未払い残高を払えず，また，借金等による資金繰りの調整等を以って払うために必要な資金を調達することができない場合，当局と納税者双方が受け入れ可能な納付方法を探すこと。
　　　　・源泉徴収額は，期日までに支払うこと。

法定義務に従わないリスク
　　　　　もし，納税者が納税義務を果たさないのであれば，
　　　　・税法により，加算税または延滞税が課されることもありうる。
　　　　・重大な脱税に関しては，刑事告発されることもありうる。

　このノートに対しては，租税ガイダンス・シリーズの1つでしかなく，また，プラクティス・ノートであってガイダンスのノートにすぎないこと，例示にとどまる記述も目立つこと，租税委員会の承認があるのみであり，OECD理事会で採択されるモデル租税条約などとは異なり，重要な位置付けのものと捉えることに対する疑問の声も上がり得るところである（納税者権利保護法を制定する会「納税者権利保護法の制定について」租税訴訟4号6頁）。

21　電子申告・電子納税

(1)　電子申告
ア　概要

　平成14年6月付け政府税制調査会「個人所得課税に関する論点整理」は，給与所得者への確定申告の途を示唆しているが，そのこととの関係で，「電子申告をはじめとする申告手続簡便化の環境整備など，税務執行面にも配慮しつつ，これを拡充する方策について引き続き検討する必要がある。」とも付言している。所得税のe-Tax利用件数は，開始当初の平成17年分確定申告では3万件であったものが，平成26年分については954万件にまで飛躍的に増加している。これは，各種の広報活動による周知や，e-Tax制度導入初期に行われた税額控除のほか，還付金の支払がスピーディになっているという点が功を奏しているのではなかろうか。なお，国税庁は，e-Taxのさらなる利便性の向上を図るため，平成28年4月以降，e-Taxにおける法人税法等による添付書類のイメージデータ（画像）による提出を可能としたほか，平成29年1月から所得税法等による添付書類についてもイメージデータでの提出を可能としていくこととしており，一層の利便性向上が期待されている（「国税庁レポート2016」17頁参照）。

　　　仮に給与所得者に確定申告の途を拓くとした場合には，膨大な紙ベースの申告書への対応ではおのずと限界があろう。職員の対応にも限界がある。また，給与所得者の多くは平日に税務署に赴く時間的制約があるため，いくつかの税務署では土日に税務署を臨時に開庁したり，大都市では集中還付センターなどを設けることによって，通勤途中に確定申告書の提出を可能とするように対応しているが，給与所得者に確定申告の途を拓くこととなれば，さらにこれらの対応を充実させなければならなくなる。この文脈でも，今後もe-Taxの積極的活用の方策を模索する必要があると思われる。

イ　電子申告普及・進展の背景

　平成12年12月に成立し，平成13年1月6日から施行された高度情報通信ネットワーク社会形成基本法（以下「IT基本法」という。）は，情報通信技術の活用により世界的規模で生じている急激かつ大幅な社会経済構造の変化に的確に対応することの緊要性にかんがみ，高度情報通信ネットワーク社会（☞高度情報通信ネットワーク社会とは）の形成に関し，基本理念および施策の策定に係る基本方

針を定め，国および地方公共団体の責務を明らかにし，ならびに高度情報通信ネットワーク社会推進戦略本部を設置するとともに，高度情報通信ネットワーク社会の形成に関する重点計画の作成について定めることにより，高度情報通信ネットワーク社会の形成に関する施策を迅速かつ重点的に推進することを目的として制定された法律である（IT基本法1）。

そこでは，すべての国民が，インターネットその他の高度情報通信ネットワークを容易にかつ主体的に利用する機会を有し，その利用の機会を通じて個々の能力を創造的かつ最大限に発揮することが可能となり，もって情報通信技術の恵沢をあまねく享受できる高度情報通信ネットワーク社会が実現されることを旨として，行われなければならないと考えられている（IT基本法3）。

☞ **高度情報通信ネットワーク社会**とは，インターネットその他の高度情報通信ネットワークを通じて自由かつ安全に多様な情報または知識を世界的規模で入手し，共有し，または発信することにより，あらゆる分野における創造的かつ活力ある発展が可能となる社会をいう（IT基本法2）。

IT基本法20条《行政の情報化》
　高度情報通信ネットワーク社会の形成に関する施策の策定に当たっては，国民の利便性の向上を図るとともに，行政運営の簡素化，効率化及び透明性の向上に資するため，国及び地方公共団体の事務におけるインターネットその他の高度情報通信ネットワークの利用の拡大等行政の情報化を積極的に推進するために必要な措置が講じられなければならない。

IT基本法21条《公共分野における情報通信技術の活用》
　高度情報通信ネットワーク社会の形成に関する施策の策定に当たっては，国民の利便性の向上を図るため，情報通信技術の活用による公共分野におけるサービスの多様化及び質の向上のために必要な措置が講じられなければならない。

📖 IT基本法の施行後，政府IT戦略本部は，平成13年1月に「e-Japan戦略」を決定し，行政情報化推進基本計画に代えて「e-Japan重点計画」を策定した。ここで，IT推進が重点計画として体系化された。さらに，IT戦略本部のもとに設置されたCIO連絡会議は，平成15年7月に「電子政府構築計画」を発表し，平成18年8月には電子申請等のオンライン利用率の目標等について示した「電子政府推進計画」を策定した。

その後，行政機関等に係る申請，届出その他の手続等に関し，電子情報処理組織を使用する方法その他の情報通信の技術を利用する方法により行うことができるようにするための共通する事項を定める行政手続等における情報通信の技術の利用に関する法律（平成14年12月13日法律第151号。以下「行政手続オンライン化法」という。）が制定された。なお，平成26年には，「世界最先端IT国家創造宣

言」（🔍レベルアップ３！―246頁参照）が閣議決定され，IT利活用の促進がうたわれている。

図表1　e-Taxの利用件数について

区分	年度	平成25年度	平成26年度	前年対比
		件	件	%
財務省改善取組計画の改善促進手続	所　得　税　申　告　①	9,377,932	9,536,950	101.7
	消　費　税　申　告（個　人）②	599,094	630,359	105.2
	公的個人認証の普及割合等に左右される国税申告2手続（①～②の計）③	9,977,026	10,167,309	101.9
	法　人　税　申　告　④	1,733,944	1,848,056	106.6
	消　費　税　申　告（法　人）⑤	1,286,024	1,367,749	106.4
	酒　税　申　告　⑥	38,655	38,303	99.1
	印　紙　税　申　告　⑦	84,858	85,083	100.3
	上記以外の国税申告4手続（④～⑦の計）⑧	3,143,481	3,339,191	106.2
	給与所得の源泉徴収票等（6手続）⑨	1,711,421	1,796,095	104.9
	利　子　等　の　支　払　調　書　⑩	26,115	25,335	97.0
	納　税　証　明　書　の　交　付　請　求　⑪	37,223	83,663	224.8
	電子申告・納税等開始（変更等）届出書⑫	2,812,527	2,683,560	95.4
	申請・届出等9手続（⑨～⑫の計）⑬	4,587,286	4,588,653	100.0
財務省改善取組計画の改善促進手続全体（③，⑧及び⑬の計）⑭		17,707,793	18,095,153	102.2
上記⑭以外の申請・届出等　⑮		4,468,291	5,101,061	114.2
納　付　手　続　⑯		3,369,145	3,816,196	113.3
合　計（⑭～⑯の計）		25,545,229	27,012,410	105.7

(注)　1　財務省改善取組計画は，平成26年度から平成28年度までを対象期間とするものですが，前年比較等の便宜上，平成25年度についても利用件数を算出しています。
　　　2　「給与所得の源泉徴収票等（6手続）⑨」とは，「給与所得の源泉徴収票（及び同合計表）」，「退職所得の源泉徴収票（及び同合計表）」，「報酬，料金，契約金及び賞金の支払調書（及び同合計表）」，「不動産の使用料等の支払調書（及び同合計表）」，「不動産等の譲受けの対価の支払調書（及び同合計表）」及び「不動産等の売買又は貸付けのあっせん手数料の支払調書（及び同合計表）」の6調書をいいます。

（国税庁HPより）

図表 2　e-Tax の利用率について

区分		年度	平成25年度	平成26年度	前年対比
財務省改善取組計画の改善促進手続			%	%	ポイント
	公的個人認証の普及割合等に左右される国税申告2手続	所　得　税　申　告　①	51.8	52.8	+1.0
		消費税申告（個人）②	53.5	56.0	+2.5
		国税申告2手続（①～②の計）③	51.9	53.0	+1.1
	上記以外の国税申告4手続	法　人　税　申　告　④	67.3	71.6	+4.3
		消費税申告（法人）⑤	65.9	70.3	+4.4
		酒　税　申　告　⑥	92.3	90.9	▲1.4
		印　紙　税　申　告　⑦	64.5	62.8	▲1.7
		上記以外の国税申告4手続（④～⑦の計）⑧	66.9	71.0	+4.1
	申請・届出等9手続	給与所得の源泉徴収票等（6手続）⑨	47.5	49.4	+1.9
		利子等の支払調書　⑩	26.1	29.1	+3.0
		納税証明書の交付請求　⑪	2.6	5.8	+3.2
		電子申告・納税等開始（変更等）届出書⑫	99.5	99.5	0.0
		申請・届出等9手続（⑨～⑫の計）⑬	57.7	58.4	+0.7

（注）1　財務省改善取組計画は，平成26年度から平成28年度までを対象期間とするものですが，前年比較等の便宜上，平成25年度についても利用率を算出しています。
　　　2　「法人税申告④」及び「消費税申告（法人）⑤」のオンライン利用率については，分母となる年間申請等件数の確定時期の便宜上，前年度の年間申請等件数により利用率を算出しています。
　　　3　「給与所得の源泉徴収票等（6手続）⑨」とは，「給与所得の源泉徴収票（及び同合計表）」，「退職所得の源泉徴収票（及び同合計表）」，「報酬，料金，契約金及び賞金の支払調書（及び同合計表）」，「不動産の使用料等の支払調書（及び同合計表）」，「不動産等の譲受けの対価の支払調書（及び同合計表）」及び「不動産等の売買又は貸付けのあっせん手数料の支払調書（及び同合計表）」の6調書をいいます。

（国税庁 HP より）

(2)　電子納税

　平成15年度税制改正により，納税者は財務省令の定めるところによりあらかじめ税務署長に届け出た場合には，電子納税（☞電子納税とは）により国税を納付することができることとなった（行オ法3，国税関係情報通信技術利用省令7）。

　　☞　**電子納税**とは，電子申告と並べて e-Tax と呼ばれるもので，国税庁の使用に係る電子計算機と電気通信回線を通じて通信できる機能を備えた電子計算機から，国税通則法34

条1項《納付の手続》に規定する納付書に記載すべきこととされている事項ならびに特定納付手続を行う者にあっては識別符号を，特定納付手続以外の納付手続を行う者にあっては入出力用プログラム（国税関係情報通信技術利用省令4②）またはこれと同様の機能を有するものを用いて識別符号および暗証符号を，それぞれ入力して納付する方法をいう（国税関係情報通信技術利用省令7）。

🖉 地方税についても，eLTax と称して同種の制度が構築されている。

¶レベルアップ！　電子申告等の提出時期と到達主義

　申告納税方式による国税の納税者は，国税に関する法律の定めるところにより，納税申告書を法定申告期限までに税務署長に提出しなければならない（通法17①）。このように提出期限がある手続においては，当該期限の到来とその提出時期との前後関係が重要な意味を有する。納税申告書等の提出の時期（提出による法律上の効果の生じる時期）については，一般的には，民法における「隔地者に対する意思表示」の原則である到達主義（隔地者に対する意思表示は，その通知が相手方に到達した時からその効力を生ずる（民97①)。）によると解されている。

　なお，平成6年に施行された行政手続法でも，「届出〔筆者注：納税申告が該当する。〕が…法令に定められた届出の形式上の要件に適合している場合は，当該届出が法令により当該届出の提出先とされている機関の事務所に到達したときに，当該届出をすべき手続上の義務が履行されたものとする。」と規定されている（行手法37）。電子申請等においても，書面と特に異なる扱いを行う理由はないことから，到達主義によることとなる。

　ところで，行政手続オンライン化法3条《電子情報処理組織による申請等》3項は，「行政機関等の使用に係る電子計算機に備えられたファイルへの記録がされた時に当該行政機関等に到達したものとみなす」と規定する。宇賀克也教授は，「一般に到達時期については，相手方が了知できる状態に置かれる時点と解されており，この考え方をオンラインによる申請等に当てはめると，行政機関等の使用に係る電子計算機に備えられたファイルへの記録がされたときに，当該行政機関等が了知可能な状態に置かれたといえることになる。」と論じられる（宇賀『行政手続オンライン化3法―電子化時代の行政手続―』44頁（第一法規2003))。これに対しては，データが行政機関内の電子計算機に到達してから，ファイルに記録されるまでの間のタイムラグやその間の危険負担を考慮に入れれば，行政機関等の支配下に入った段階をもって，到達時期とみる方が実情に即してい

るともいえそうである (酒井克彦「納税者の権利保護と事前手続の充実策―国税基本法制定の提案に向けて」慶應法学12号1頁)。

- この問題と期限後申告との関係につき, 申告手続の電子化等に関する研究会 (座長：水野忠恒教授) での検討結果「望ましい電子申告制度の在り方について」(平成12年4月19日) が,「申告を含む届出手続において, いつ到達したと考えるべきかは, 行政手続法上, 届出が行政庁等の事務所に物理的に到着し了知可能な状態に置かれる, すなわち届出が当該部局の支配圏内に置かれる時点と解されていることを勘案すれば, 電子申告における到達時期も, これと同様の考え方に立って, 納税者から送信された申告データが税務当局の受付システムに入った時点で当局としていつでもその内容を見ることが可能となることから, その時点で到達したと考えるべきである。」として, 行政手続オンライン化法3条3項の考え方を是認した上で,「電子申告の場合, 納税者が期限内に送信し, 通常であれ期限内に到達したにもかかわらず, 通信の混雑やトラブルなど納税者の責めに帰することのできない理由により期限後申告となり, 納税者にとって不利益な結果を招く場合が有り得ることなど電子申告特有の問題があり, これに対する何らかの措置が必要ではないかと考えられる。」として問題点を指摘する。

- 「受付システムに入った」時点と「受付ファイルに記録された」時点とは, 概念的には区別が可能であるとしても, 事実上は両者とも当該電子申請等に係るコンピュータ間の通信が完了した時点に等しく, したがって両者の間に議論に値する時間差はないとする見解もある (岩崎吉彦「電子申告等に関する一考察」税大ジャーナル10号177頁)。

(3) 行政手続の電子化

　行政手続オンライン化法は, 行政機関等に係る申請, 届出その他の手続等に関し, 電子情報処理組織を使用する方法その他の情報通信の技術を利用する方法により行うことができるようにするための共通する事項を定めることにより, 国民の利便性の向上を図るとともに, 行政運営の簡素化および効率化に資することを目的として制定された (同法1)。

　この法律には, さまざまな行政手続の電子化推進を目指し, 国民の利便性の向上がうたわれているが, その第8条は以下のように規定されている。

> **行政手続オンライン化法8条《国の手続等に係る情報システムの整備等》**
> 　国は, 行政機関等に係る手続等における情報通信の技術の利用の推進を図るため, 情報システムの整備その他必要な措置を講ずるよう努めなければならない。
> 2　国は, 前項の措置を講ずるに当たっては, 情報通信の技術の利用における安全性及び信頼性を確保するよう努めなければならない。
> 3　国は, 行政機関等に係る手続等における情報通信の技術の利用の推進に当たっては, 当該手続等の簡素化又は合理化を図るよう努めなければならない。

22　資料情報制度

(1)　資料情報制度
ア　法定資料

以下に所得税法の例を示すように，一定の要件に該当する場合には，法定された資料情報を税務署長等に提出しなければならないこととされている。

> **所得税法225条《支払調書及び支払通知書》**
> 　次の各号に掲げる者は，当該各号に規定する「支払調書」を，税務署長に提出しなければならない。
> 　一　利子等の支払をする者
> 　二　配当等の支払をする者
> 　三　報酬，料金，契約金若しくは賞金，定期積金の給付補てん金等，匿名組合契約等の利益の分配につき支払をする者
> 　四　生命保険契約に基づく保険金その他これに類する給付の支払をする者
> 　五　損害保険契約に基づく給付その他これに類する給付の支払をする者
> 　六　生命保険契約等の締結の代理をする居住者等に対しその報酬の支払をする者
> 　七　削除
> 　八　非居住者又は外国法人に対し国内において一定の国内源泉所得又は年金の支払をする者
> 　九　国内において不動産等の貸付け若しくは不動産等の譲渡に係る対価又は不動産等の売買若しくは貸付けのあっせんに係る手数料の支払をする法人又は不動産業者である個人
> 　十　居住者又は国内に恒久的施設を有する非居住者に対し国内において株式等の譲渡の対価の支払をする者又は償還金等の交付をする者
> 　…
> 　2　次の各号に掲げる者は，「支払通知書」を，その支払を受ける者に交付しなければならない。
> 　一　オープン型の証券投資信託の収益の分配につき支払をする者
> 　二　剰余金の配当，利益の配当又は剰余金の分配とみなされるものの支払をする者
>
> **所得税法226条《源泉徴収票》**
> 　給与等及び退職手当等，公的年金等の支払をする者は，「源泉徴収票」2通を作成し，1通を税務署長に提出し，他の1通を給与等の支払を受ける者に交付しなければならない。
>
> **所得税法227条《信託の計算書》**
> 　信託の受託者は，その「信託計算書」を税務署長に提出しなければならない。

所得税法227条の2《有限責任事業組合等に係る組合員所得に関する計算書》
　有限責任事業組合の業務を執行する組合員又は投資事業有限責任組合の業務を執行する無限責任組合員は、「組合員所得に関する計算書」を税務署長に提出しなければならない。

所得税法228条《名義人受領の配当所得等の調書》
　業務に関連して他人のために名義人として利子等又は配当等、株式等の譲渡対価の支払を受ける者は、「名義人受領の配当所得等の調書」を税務署長に提出しなければならない。

所得税法228条の2《新株予約権の行使に関する調書》
　新株予約権等の発行又は割当てをした株式会社は、「新株予約権の行使に関する調書」を税務署長に提出しなければならない。

所得税法228条の3《株式無償割当てに関する調書》
　株式無償割当てをした株式会社は、「株式無償割当てに関する調書」を税務署長に提出しなければならない。

　これら支払調書等のほか、開業等届出（所法229）、給与等の支払をする事務所の開設等届出（所法230）を税務署長に提出することとされており、給与等、退職手当等または公的年金等の支払をする者は、金額その他必要な事項を記載した支払明細書を、その支払を受ける者に交付しなければならないこととされている（所法231）。

　また、不動産所得、事業所得もしくは山林所得を生ずべき業務を行う者で、これらの所得に係る総収入金額の合計額が3,000万円を超えるものは、確定申告書を提出している場合を除き、「総収入金額報告書」を税務署長に提出しなければならない（所法233）。

　加えて、平成27年度税制改正により、所得税の確定申告書を提出しなければならない者で、その年分の総所得金額および山林所得金額の合計額が2,000万円を超え、かつ、その年の12月31日において、合計3億円以上の財産または合計1億円以上の国外転出特例対象財産（☞国外転出特例対象財産とは）を有する場合には、氏名および住所、有する財産の種類、数量および価額ならびに債務の金額その他必要な事項を記載した「財産債務調書」を、税務署長に提出しなけ

図表　法定資料収集枚数

（平成26事務年度）

法定資料	収集枚数
	千枚
給与所得の源泉徴収票	19,756
利子等の支払調書	1,114
配当等の支払調書	73,597
その他	226,296
合　計	320,793

（「国税庁レポート2016」より）

法定調書の種類

【所得税法に規定するもの】

1 給与所得の源泉徴収票
2 退職所得の源泉徴収票
3 報酬, 料金, 契約金及び賞金の支払調書
4 不動産の使用料等の支払調書
5 不動産の譲受けの対価の支払調書
6 不動産等の売買又は貸付けのあっせん手数料の支払調書
7 利子等の支払調書
8 国外公社債等の利子等の支払調書
9 配当, 剰余金の分配及び基金利息の支払調書
10 国外投資信託等又は国外株式の配当等の支払調書
11 投資信託又は特定受益証券発行信託収益の分配の支払調書
12 オープン型証券投資信託収益の分配の支払調書
13 配当とみなす金額に関する支払調書
14 定期積金の給付補てん金等の支払調書
15 匿名組合契約等の利益の分配の支払調書
16 生命保険契約等の一時金の支払調書
17 生命保険契約等の年金の支払調書
18 損害保険契約等の満期返戻金等の支払調書
19 損害保険契約等の年金の支払調書
20 保険等代理報酬の支払調書
21 無記名割引債の償還金の支払調書
22 非居住者等に支払われる組合契約に基づく利益の支払調書
23 非居住者等に支払われる人的役務提供事業の対価の支払調書
24 非居住者等に支払われる不動産の使用料等の支払調書
25 非居住者等に支払われる借入金の利子の支払調書
26 非居住者等に支払われる工業所有権の使用料等の支払調書
27 非居住者等に支払われる機械等の使用料の支払調書
28 非居住者等に支払われる給与, 報酬, 年金及び賞金の支払調書
29 非居住者等に支払われる不動産の譲受けの対価の支払調書
30 株式等の譲渡の対価等の支払調書
31 交付金銭等の支払調書
32 信託受益権の譲渡の対価の支払調書
33 公的年金等の源泉徴収票
34 信託の計算書
35 有限責任事業組合等に係る組合員所得に関する計算書
36 名義人受領の利子所得の調書
37 名義人受領の配当所得の調書
38 名義人受領の株式等の譲渡の対価の調書
39 譲渡性預金の譲渡等に関する調書
40 新株予約権の行使に関する調書
41 株式無償割当てに関する調書
42 先物取引に関する支払調書
43 金地金等の譲渡の対価の支払調書
44 外国親会社等が国内の役員等に供与等をした経済的利益に関する調書

【相続税法に規定するもの】

45 生命保険金・共済金受取人別支払調書
46 損害(死亡)保険金・共済金受取人別支払調書
47 退職手当金等受給者別支払調書
48 信託に関する受益者別(委託者別)調書

【租税特別措置法に規定するもの】

49 上場証券投資信託等の償還金等の支払調書
50 特定新株予約権等・特定外国新株予約権の付与に関する調書
51 特定株式等・特定外国株式の異動状況に関する調書
52 特定口座年間取引報告書
53 非課税口座・未成年者口座年間取引報告書
54 特定振替国債等の譲渡対価の支払調書
55 特定振替国債等の償還金等の支払調書
56 教育資金管理契約の終了に関する調書
57 結婚・子育て資金管理契約の終了に関する調書

【国外送金等調書法に規定するもの】

58 国外送金等調書
59 国外財産調書
60 国外証券移管等調書
61 財産債務調書

ればならないこととされた（調書提出法6の2）。なお，かかる財産債務調書の適正な提出を推進するため，財産債務調書の提出がある場合の過少申告加算税等の軽減措置，および提出がない場合等の過少申告加算税等の加重措置が規定されている（調書提出法6の3）。（財産債務調書の創設に伴い，従来一定の者に提出が求められていた「財産債務の明細書」は廃止された（旧所法232）。）

☞ **国外転出特例対象財産**とは，所得税法60条の2《国外転出をする場合の譲渡所得等の特例》1項に規定する有価証券等，同条2項に規定する未決済信用取引等および同条3項に規定する未決済デリバティブ取引に係る権利をいう。

なお，前述の支払調書制度を実効あるものとするために，利子等または配当等につき支払を受ける者は，その者の氏名または名称および住所を，利子等の支払をする者に告知しなければならないなどの告知制度を設けている（所法224①）。

- その他，告知制度には，無記名の公社債の利子，無記名株式等の剰余金の配当または無記名の貸付信託，投資信託もしくは特定受益証券発行信託の受益証券に係る告知（所法224②），譲渡性預金の譲渡等に関する告知（所法224の2），株式等の譲渡の対価の受領者等の告知（所法224の3），信託受益権の譲渡の対価の受領者の告知（所法224の4），先物取引の差金等決済をする者の告知（所法224の5），金地金等の譲渡の対価の受領者の告知（所法224の6）などがある。
- 東京高裁昭和55年3月12日判決（税資124号180頁）は，「支払調書などに地主の売値を低く記載したことは，証拠上地主の所得を隠ぺいすることになり地主のためになることはもとよりであるが，他方中間介在者である被告人〔筆者注：納税者〕の発覚を困難にする一面もあり，またもし被告人の介在が発覚した場合にもなお被告人の所得を争う資料として利用されることもあり得るので，この点も被告人の所得を免れるための不正行為と認めることになんら妨げはない。」として，所得税ほ脱罪に問われた被告人に所得隠蔽の行為および犯意のあったことは明らかである旨判示している。
- 我が国では，昭和63年に利子所得に対する一律源泉分離課税制度の採用と同時に，所得税法の定める利子等の支払調書の提出義務の規定の適用が停止されている。利子所得の基因となる預貯金の中には種々の脱漏所得が入り込んでいる可能性が大きいと考えると，この停止措置は決して好ましいものとはいえないだろう。

イ　法定外資料

法定外資料とは，官公署や民間企業等から協力を得て，租税行政庁が任意で収集する資料をいう。前述の法定資料とは異なり，提出義務が規定されていない。これは，税務署長から納税者に対して提出依頼がなされるいわゆる「お尋ね」や「資料提出の依頼」などと同様に「純粋な任意調査」によるものも多かろう（🔍**12**—128頁参照）。

ところで，国税通則法74条の12《当該職員の団体に対する諮問及び官公署等への協力要請》5項は，「国税庁等又は税関の当該職員…は，所得税に関する調査について必要があるときは，官公署又は政府関係機関に，当該調査に関し参考となるべき帳簿書類その他の物件の閲覧又は提供その他の協力を求めることができる。」として，協力要請を規定している。

　このような条項を基礎として，国税庁，国税局または税務署の当該職員は，他の政府関係機関に協力を求め，調査に必要となる資料を得ることができるのである。

　税務調査においては，国家行政組織法上の行政庁間の共助関係（☞共助関係とは）や調整関係（☞調整関係とは）が求められるが，他方で，国家公務員法上の守秘義務との対立が起こり得るため，上記のような規定によって調整を図っている（水野・租税法44頁）。

> ☞ **共助関係**とは，対等または相互に独立の行政機関が協力し合うことをいう（塩野・行政法Ⅲ49頁）。
> ☞ **調整関係**とは，国家行政組織法15条が「各省大臣，各委員会及び各庁の長官は，その機関の任務を遂行するため政策について行政機関相互の調整を図る必要があると認めるときは，その必要性を明らかにした上で，関係行政機関の長に対し，必要な資料の提出及び説明を求め，並びに当該関係行政機関の政策に関し意見を述べることができる。」とするように，行政の総合性の維持の観点から行政を調整することをいう（塩野・行政法Ⅲ49頁）。

(2) 国外送金等調書制度
ア　従来の国外送金等調書制度

　納税者の外国為替その他の対外取引および国外にある資産の国税当局による把握に資するため，国外送金等に係る調書の提出等に関する制度を整備し，もって所得税，法人税，相続税その他の内国税の適正な課税の確保を図ることを目的として，平成9年に「内国税の適正な課税の確保を図るための国外送金等に係る調書の提出等に関する法律」が制定され，翌平成10年から施行されている（調書提出法1）。

　国外送金または国外からの送金等の受領をする者は，国外送金等がそれぞれ特定送金（☞特定送金とは）または特定受領（☞特定受領とは）に該当する場合を除き，その者の氏名，名称，住所，送金原因などを記載した「告知書」を，国外送金等に係る金融機関の営業所長等に対し提出しなければならない。

☞ **特定送金**とは，国外送金をする者の本人口座からの振替によりされる国外送金などをいう。
☞ **特定受領**とは，国外送金等の受領をする者の本人口座においてされる送金等の受領などをいう。

金融機関は，その顧客がする国外送金等に係る為替取引を行ったときは，その国外送金等ごとにその者の氏名，名称，住所，送金等額，送金原因などを記載した「国外送金等調書」を，所轄税務署長に提出しなければならない。

イ　国外財産調書提出制度

平成24年度税制改正において，国外財産調書提出制度が創設された。

同制度は，合計額が5,000万円を超える国外財産を有する居住者は，国外財産調書（☞国外財産調書とは）を税務署長に提出しなければならないとするものである（調書提出法5①）。

国外財産調書の提出を要する居住者（☞居住者とは）には非永住者（☞非永住者とは）は含まれない。

☞ **国外財産調書**とは，財産の種類，数量および価額（原則：時価）その他必要な事項を記載した調書をいう。
☞ **居住者**とは，国内に住所を有し，または現在まで引き続いて1年以上居所を有する個人をいう（所法2①三）
☞ **非永住者**とは，居住者のうち，日本の国籍を有しておらず，かつ，過去10年以内において国内に住所または居所を有していた期間の合計が5年以下である個人をいう（所法2①四）。

なお，国外財産調書に記載した国外財産については，所得税法の規定にかかわらず，財産債務明細書への内容の記載は要しないこととなる。

(3)　情報交換制度

二重課税の排除や脱税の防止という租税条約の目的を達成するために，締約国における行政機関相互の協力が行われているが，その中の1つに情報交換がある。OECDモデル租税条約では，締約国の国内法令を執行し，かつ，租税条約の規定を適用するための条件整備の目的で可能な範囲の情報の交換を行うべく，その基礎となる規定を設けている（OECDモデル26）。

情報交換については，①個別的情報交換（☞個別的情報交換とは），②自発的情報交換（☞自発的情報交換とは），③自動的情報交換（☞自動的情報交換とは）がある

が，租税条約締約国間において行われる個別的情報交換については，近年その整備が進みつつある。

☞ **個別的情報交換**（Exchange of information on request）とは，特定の事案の処理に関して必要となる情報の提供を租税条約締約国のいずれか一方の国が要請し，これに基づいて被要請国が提供する情報交換の方法をいう。

☞ **自発的情報交換**（Spotaneous exchange of information）とは，租税条約の締約相手国からの要請に基づくものではなく，条約相手国が必要とするであろうと提供国が考える情報を，自発的に当該相手国に対して提供する方法をいう。

☞ **自動的情報交換**（Automatic exchange of information）とは，租税条約の締約相手国からの要請に基づくものではなく，特定の情報について提供国が自動的かつ定期的に提供する方法をいう。例えば，この情報交換は我が国における法定資料のうち利子，配当，使用料その他の経常的な支払等に関する情報などを相手国に送付するものである。

平成15年度税制改正において，新しい質問検査権が創設され，締約相手国から情報提供の要請があった場合に，国税当局が税務調査と同時に我が国国民を調査することができる権限が付与された（実特法9）。このような規定は，外国の租税徴収に資する資料収集のための調査受忍義務を我が国国民に課すことの憲法上の問題などがあり，これまで必ずしも積極的に議論されてこなかったところであった。

また，平成22年度税制改正において，締約相手国等への情報提供に関する基本規定が新設された（実特法8の2）。

✍ なお，平成18年度税制改正により，締約相手国から犯則事件の調査に必要な情報の提供の要請があった場合に，任意調査として質問・検査・領置を行うことができるとされ，相手国から犯則情報の文書による提供要請があった場合には，地方裁判所の裁判官が発効する許可状により，強制調査として，臨検・捜査または差押を行うことができるとされた（実特法10の2，10の3）。

(4) FATCA制度への協力・情報交換

平成24年6月12日「FATCA実施の円滑化と国際的な税務コンプライアンスの向上のための政府間協力の枠組みに関する米国及び日本による共同声明」，同年11月16日「米国のFATCA（外国口座税務コンプライアンス法）実施円滑化等のための日米当局の相互協力・理解に関する声明」が発表された（その翌年12月18日「米国のFATCA実施円滑化等のために日米当局の相互協力・理解に関する声明の一部を修正する追加的声明」が発表されている。）。

FATCAとは，米国の納税者が資産を国外に移転することによる租税逃れを

防止するため米国が定めた外国口座税務コンプライアンス法（Foreign Account Tax Compliance Act）である。同法は，各国に対し米国人の銀行口座情報等の提供を求めるものであり，我が国の金融機関も影響を受けるため，日米間においてFATCAが日本の国内法に抵触することなく円滑に実施されるよう相互協力を行う旨の上記声明が発表されたものである。これは，おおむね次のような手順で，我が国の金融機関の米国人口座情報を米国内国歳入庁（IRS）に連絡をする仕組みである。

① 金融庁等が日本の金融機関に要請文を出して，実施状況を監督する。
② 日本の金融機関は，口座を，情報提供に同意する協力米国人口座と情報提供に不同意な非協力口座に分ける。
③ 日本の金融機関は，協力米国人口座については，IRSに口座残高等を送付する。
④ IRSは，非協力口座の情報について日米租税条約の情報交換規定に基づく情報交換を国税庁に要請する。
⑤ 非協力口座については，租税条約実施特例法に規定する調査権限に基づいて情報を入手し，それをIRSに提供する。

対象となるのは特定米国人であるが，そのほかにも米国市民，米国永住権を所有する日本人，米国居住者となる日本人も含むこととされている。

このような情報交換の枠組みは，近年ますます拡充されてきている。例えば，平成22年2月2日署名の対バミューダ租税協定以降，バハマ，ケイマン諸島，マン島，ジャージー島，ガーンジー島，リヒテンシュタイン公国，サモア独立国，マカオ，バージン諸島との間に**租税情報交換協定**が締結されてきている。これらの**タックス・ヘイブン**の金融機関に預けてある預金等の情報が日本の租税行政庁に届くことになる。その情報は，前述の国外財産調書制度の記載内容と照合されることになるであろう。

¶レベルアップ1！　高額納税者公示制度の廃止と個人情報の保護

かつて租税行政においては，「高額納税者公示制度」（いわゆる「長者番付」）という税務情報の一般公開制度が存していた。これは平成18年度税制改正により廃止されたが，高額納税者公示制度の沿革や趣旨についてみておきたい。

公示制度の前身は，昭和22年に設けられた申告書の閲覧制度である。この閲

覧制度は，戦後の混乱した社会経済情勢を背景として，無申告や過少申告の事実を政府に通報すれば報奨金を出すという第三者通報制度が採用されたことに伴い，同時にこれを実効あるものとするため申告書の閲覧制度が創設され，少額の手数料を支払えば，だれでも他人の申告書を閲覧できることとされていたものである。この制度に対し，昭和24年，シャウプ勧告は，納税者からの全般的協力を得るため，「現在，申告書は秘密に伏せられていない。なぜなら少額の手数料を払えば誰でも他の納税者の申告書を調べることができるからである。この慣行は，通報者の手を借りて税務行政の執行を援助させようとしたものである。しかし，両者を比べてみれば，申告書の記載事項を秘密にする方がより多くの全般的協力をもたらすように思われる。それ故，申告事項を秘密にする方が適当であろう。」として申告書の閲覧制度の廃止を勧告した。しかし，同時に「税務行政の執行の一助として比較的大所得を有する納税者の姓名，および所得を一般に知らせることは依然として望ましい。そうすればこのような所得について情報をもっている者が相当多額な過少申告には気が付くであろう。比較的大所得を有する納税者，例えば25万円を超える所得を有する者および，その純所得に関する一覧表を各税務署に掲示し，一般の閲覧に供すれば，これを達成することができる。」として公示制度の創設を勧告していた（シャウプ勧告第4編C節第3款）。昭和29年には，社会経済情勢も正常化し，税務調査技術も向上したこと，第三者通報という行為を職業とする者が出現するなど制度の弊害が生じていることなどを理由に第三者通報制度が廃止され，公示制度のみが存続することとなった。

　高額納税者公示制度の趣旨は，高額納額者の国に対する貢献を明らかにすることにより一般国民の租税負担に対する正しい認識を助け，あわせて納税者が自ら正確な申告をする慣行を身につけることを促進し，これをもって申告納税制度の円滑な実施を図ろうとするものである。また，シャウプ勧告が述べるように，第三者通報制度としての機能を期待する見地から，それ以前にあった申告書の閲覧制度に代わって導入された制度であることから，第三者からの任意の課税情報の提供を予定した制度とみることもできる。情報公開法の施行後は，公示者名簿が開示請求に応じて開示されていた。

　ところが，公示制度については，平成17年11月付け政府税制調査会「平成18年度の税制改正に関する答申」において，「第三者の監視による牽制的効果の

発揮を目的として設けられたが，所期の目的外に利用されている面がある，犯罪や嫌がらせの誘発の原因となっている等，種々の指摘がなされている。また，これに加え，個人情報保護法の施行を契機に，国の行政機関が保有する情報について一層適正な取扱いが求められている。このような諸事情を踏まえ，公示制度は廃止すべきである」とされた。いわゆる「長者番付け」などと称して，マスコミが興味本位で取り上げたり，さまざまな営業情報として活用されたりしていたところ，高額納税者について個人情報が保護されなくてよいという理由は存在し得ないのであろう。そして，平成18年3月27日，所得税法等の一部を改正する法律案が成立し，公示制度は廃止された。このように，同制度の廃止の背景には，個人情報に対する国民意識の醸成があったのである。

¶レベルアップ2！　情報交換制度の拡充

　平成27年11月に国税庁は「平成26事務年度における租税条約等に基づく情報交換事績の概要」を発表している。そこでは，経済のグローバル化に伴い，国境を超える取引が恒常的に行われていることや，G20やOECD租税委員会の場でも国際的な脱税および租税回避行為に対処するための国際協力の機運が一層高まっていることを踏まえ，租税条約等に基づく外国税務当局との情報交換の積極的な実施に努めている旨が述べられている。

　(ア)　要請に基づく情報交換

　情報交換ネットワーク拡大の流れを受け，「要請に基づく情報交換」の件数は高水準で推移している。平成26事務年度に国税庁から外国税務当局に発した同情報交換の要請件数は526件であり，アジア・大洋州の国等向けが396件（全体の7割以上）だという。外国税務当局から国税庁に寄せられた同情報交換は125件となっている。

　(イ)　自発的情報交換

　国際協力の観点から，租税条約等ネットワークを活用し，外国税務当局に対する自発的な情報提供も積極的に実施されている。平成26事務年度に国税庁から外国税務当局に提供した同情報交換件数は317件であり，外国税務当局から国税庁に提供された同情報交換の件数は1,258件となっている。

23 共通番号制度（マイナンバー制度）

(1) 納税者番号制度
ア　納税者番号制度の概要

　納税者番号制度とは，納税者の識別や本人確認を，番号を使って効率的に行う仕組みをいう。租税行政当局は，納税者の行う事業上の取引などについて，その相手方から支払調書や給与の源泉徴収票等を提出させている。これを，納税者の申告状況を確認するための資料として活用するためには，提出された資料を納税者ごとに名寄せする必要がある。この作業をより効率的に行うためには，租税行政当局に提出された情報に記された納税者の名義が真正なもので，本人確認されたものであることと，コンピュータシステムを活用して大量の情報を効率的に名寄せし，本人の申告とマッチングをさせることが必要となる。納税者番号制度は，そのために有用な制度として，その導入の是非をめぐって長らく議論されてきた。

　🖉　平成17年8月付け政府税制調査会答申「わが国税制の現状と課題—21世紀に向けた国民の参加と選択—」は，納税者番号制度について，各種資料の名寄せ・突合（data matching）の効率化を進め，税務行政の効率化・高度化，ひいては適正・公平な課税に資するものであるとし，これまでは主として金融所得の課税方式との関係において議論されてきたと紹介している。すなわち，具体的に，「諸外国にも見られるように金融所得も含めた総合課税の下で，税務当局における納税申告書と支払調書の効率的なマッチングに納税者番号を活用するという方向」を示唆していた。さらに，同調査会は，「わが国においては，金融所得課税について，投資家のニーズを踏まえつつ，他の所得と分離し，なるべく源泉徴収によって課税関係を終了させていくとの方向で課税方式の見直しが進められてきた。こうした取組みを前提とする限り，金融所得課税そのもののために納税者番号制度を導入する必要性は大きくはない。ただ，金融所得課税一体化の一環として損益通算の範囲を拡大するにあたっては，損益通算の適用を受けようとする者には申告を行ってもらい，税務当局において申告書の内容と支払調書の内容とをマッチングする必要がある。そのため，損益通算を希望する者の選択による金融番号の導入は不可欠である。」と答申していたところである。

　🖉　**納税者番号制度検討の沿革**
　　昭和43年　「政府における電子計算機利用の今後の方策について」閣議決定
　　昭和45年　「事務処理統一個人コード設置の推進」
　　昭和60年　グリーンカード（☞グリーンカードとは）制度の廃止
　　平成11年　住民基本台帳法改正

平成14年　住民基本台帳ネットワーク（☞住基ネットとは）稼働
平成18年　「骨太2006」で社会保障番号制度（☞社会保障番号制度とは）の導入検討の提示，関係省庁連絡会議の設置
平成20年　「社会保障カードの基本的な構想に関する報告書」閣議決定
平成25年　「行政手続における特定の個人を識別するための番号の利用等に関する法律」施行（いわゆるマイナンバー制度の創設）

☞ **社会保障番号制度**とは，「社会保障番号に関する関係省庁連絡会議」の「『社会保障番号』に関する実務的な議論の整理」によると，「社会保険の保険者や行政機関が被保険者等の資格管理，給付管理等の業務に利用するため，被保険者等に各制度や保険者を通じた共通の一つの番号を付す（付番する）仕組みである」とされている。

☞ **グリーンカード**とは，少額貯蓄等利用者カードのことをいい，納税者番号により利子・配当所得といった小額資産性所得に対する総合課税制度を実現しようとした試みをいう。米国の外国人永住権証明書とは異なる。

☞ **住基ネット**とは，住民票コード（☞住民票コードとは）を付番することで，住所，氏名，性別，生年月日と，これらの変更情報を国と都道府県が行政事務に利用できるようにした全国の市町村と都道府県，国を結ぶコンピュータネットワークをいい，地方自治体共同のシステムをいう。

☞ **住民票コード**とは，住民登録されているすべての国民に11桁の番号を付したものをいう。

✍ **諸外国の状況**

フランスには納税者番号制度はないが，多くの国で導入されている。

納税者番号制度には，大別して，北米型，北欧型，オーストラリア型の3類型がある。

① 北米型…アメリカやカナダは，社会保障番号を納税者番号制度として活用している。なお，イギリスは給与源泉徴収や個人非課税貯蓄など一部の税務で利用している。

② 北欧型…デンマーク，スウェーデン，ノルウェー，韓国，シンガポールなどは，住民登録番号を納税者番号制度として活用している。

③ オーストラリア型…イタリア，オーストラリアは税務番号を納税者番号制度として活用している。なお，類似制度として，ドイツは税務分野にのみ利用できる税務識別番号を導入している。

図表　諸外国における税務面で利用されている番号制度の概要

(2014年1月現在)

		番号の種類	適用業務	付番者(数)(注2)	人口(注5)(2012年現在)	付番維持管理機関	現行の付番根拠法	税務目的利用開始年
社会保障番号を活用	イギリス	国民保険番号(9桁)	税務(一部)(注1)、社会保険、年金等	非公表	6,324万人	雇用年金省歳入関税庁	社会保障法	1961年
	アメリカ	社会保障番号(9桁)	税務、社会保険、年金、選挙等	約4億5,370万人(累計数)	3億1,391万人	社会保障庁	社会保障法	1962年
	カナダ	社会保険番号(9桁)	税務、失業保険、年金等	約4,188万人(累計数)	3,488万人	雇用・社会開発省	雇用保険法	1967年
住民登録番号を活用	スウェーデン	住民登録番号(10桁)	税務、社会保険、住民登録、選挙、兵役、諸統計、教育等	全住民	952万人	国税庁	個人登録に関する法律	1967年
	デンマーク	住民登録番号(10桁)	税務、年金、住民登録、選挙、兵役、諸統計、教育等	全住民	559万人	内務省中央個人登録局	個人登録に関する法律	1968年
	韓国	住民登録番号(13桁)(注3)	税務、社会保険、年金、住民登録、選挙、兵役、諸統計、教育等	全住民	5,035万人	行政安全部	住民登録法	1968年
	フィンランド	住民登録番号(10桁)	税務、社会保険、住民登録等	全住民	540万人	財務省住民登録局	住民情報法	1960年代
	ノルウェー	住民登録番号(11桁)	税務、社会保険、住民登録、選挙、兵役、諸統計、教育等	全住民	499万人	国税庁登録局	人口登録制度に関する法律	1971年
	シンガポール	住民登録番号(1文字+8桁)	税務、年金、住民登録、選挙、兵役、車両登録等	全住民	531万人	内務省国家登録局	国家登録法	1995年
	オランダ	市民サービス番号(9桁)	税務、社会保険、年金、住民登録等	全住民	1,673万人	内務省	市民サービス番号法	2007年(注6)
税務番号	イタリア	納税者番号(6文字+10桁)	税務、住民登録、選挙、兵役、許認可等	約6,323万人	6,085万人	経済財政省	納税者登録及び納税義務者の納税番号に関する大統領令	1977年

税務番号	オーストラリア	納税者番号（9桁）	税務，所得保障等	約3,099万人（累計数）(注4)	2,268万人	国税庁	1988年度税制改正法	1989年
	ドイツ	税務識別番号（11桁）	税務	約8,100万人	8,193万人	連邦中央税務庁	租税通則法	2009年

（参考）フランスには，納税者番号制度はない。
（注1）イギリスでは，給与源泉徴収や個人非課税貯蓄など一部の税務で国民保険番号が利用されている。
（注2）付番者数は，アメリカは2012年，ドイツは2008年，他の国は2007年の値。
（注3）韓国では，個人情報保護法の改正により，2014年8月7日より，原則としてすべての公共機関及び民間事業者により法的根拠なく住民登録番号を収集する行為が禁止される。
（注4）オーストラリアでは，個人及び法人に同一体系の納税者番号が適用されている。
（注5）人口は"Monthly Bulletin of Statistics"（国際連合）による。
（注6）オランダでは，もともと1986年に税務番号が導入され，1988年以後は，税務・社会保障番号として，税務・社会保障目的で利用されていた（財務省所管）。

（財務省HPより）

イ 付番上の問題

納税者番号制度を設計するに当たっては，いかなる番号がふさわしいかという論点を避けて通ることはできない。基本的に納税者番号制度に求められる基礎的な条件とは，次のとおりとされてきた（平成17年6月付け政府税制調査会「個人所得課税に関する論点整理」）。

① 法律上の根拠を有すること
② 全国一律の番号によって，大多数の国民を，二重付番なく生涯にわたってカバーしていること
③ 番号を付与した後の住所・氏名等の異動を管理できる体制となっていること
④ 民間利用（レベルアップ2！―244頁参照）が許容され，納税者と相手方との自己証明・本人確認の場面で活用できること
⑤ プライバシー保護を含めたシステムにおけるセキュリティが十分確保されていること
⑥ 利便性の観点から，受益を伴う行政分野をはじめ，さまざまな行政分野で活用されている番号であること

納税者番号制度として検討する場合の個人付番方式については，年金番号や，住民基本台帳を基礎として利用すべきといった議論もあったが，結果的に我が国においては，社会保障・税番号制度（以下「マイナンバー制度」という。）という共通番号制度を導入するに至った。なお，上記のとおり，納税者番号制度に求められる基礎的な条件として，民間利用やさまざまな行政分野での活用といったことも求められていたところではあるが，この点について，マイナンバー制度では一定の制限がかけられている（詳しくは後述する。）。

(2) マイナンバー制度導入までの変遷

租税分野においては，租税行政当局内には部内整理のための番号は存在していたものの，すべての国民が使用する番号は存在しなかった。そのため，前述のとおり，納税者番号制度導入の議論が長らくなされてきたが，プライバシー権侵害の懸念などから，グリーンカード制度の廃止以後は議論が長らく停滞してきた。他方で，社会保障分野においては，年金は基礎年金番号，保険は健康保険被保険者記号，介護保険被保険者番号，雇用保険被保険者番号というようにバラバラの番号が用意されていた。このような状況下において，旧社会保険庁における年金記録の喪失など行政上のデータ管理に関する大きな問題が浮上した。

そこで，行政機関でバラバラに用いられてきた番号の共通管理を目指す共通番号制度の議論が再燃することとなったのである。

共通番号制度の議論とは，この番号を利用して，国や市町村等，あるいは民間企業がもっている情報から一人ひとりの情報を特定し，名寄せし，突合し，行政機関などで共通利用することにより，国民の所得等の把握の精度を高め租税行政に活用しようとするものである。これは前述の従来から導入が検討されてきた納税者番号制度と大差のないものであるとも思われる。しかしながら，共通番号制度の特徴はこれにとどまらず，所得等に応じた社会保障費の正確な負担や，不正給付の防止といった「本来必要とされる人への的確な給付」など，社会保障行政に資することを企図したものであるところにある。むしろ，共通番号制度の議論では後者がより重点的に強調されてきたともいえよう。

こうした背景の下，マイナンバー制度の創設整備に当たっては，以下に掲げるような活用が期待されていた。

① よりきめ細かな社会保障給付の実現
② 所得把握の精度の向上等の実現
③ 災害時における活用
④ 自己の情報や必要なお知らせ情報の自宅パソコン等からの入手
⑤ 事務・手続の簡素化，負担軽減
⑥ 医療・介護等のサービスの質の向上等（ただし，これについては現行法では対象外）

(3) マイナンバー制度
ア　マイナンバー制度の創設とスケジュール

　上述のとおり，平成25年5月に施行された「行政手続における特定の個人を識別するための番号の利用等に関する法律」（以下「番号法」という。）に基づくいわゆるマイナンバー制度は，行政運営の効率化に資することを目的としたものである。すなわち，マイナンバー制度は，名寄せのための道具であり，法定調書制度等により収集した資料情報（資料情報制度については22―223頁参照）と納税者本人との間をつなぐ連結器としての意味を有する。

　番号法の公布に基づき，平成27年10月以降，各個人には12桁の「個人番号（マイナンバー）」が，各法人には13桁の「法人番号」が通知されている。個人番号については平成28年1月以降，社会保障・税金・災害対策の3つの分野の社会基盤において利用されるものであるが，今後はさらなる利用範囲の拡大が見込まれ，ますます深く国民の生活に関与する制度となっていくと思われる。これと同時に，企業等事業者に徹底した個人情報管理など多くの義務が課されることになるが，これもマイナンバー制度の特徴であるといえるであろう（制度導入により新たに事業者に課される義務については，酒井克彦「事業者が直面する情報管理に係る新たな義務―マイナンバー制度と情報管理を巡る義務―」商学論纂57巻5＝6号549頁以下も参照）。また，平成29年1月以降は，マイナポータルという情報提供システムの運用開始も予定されており，行政が管理する個人情報に国民自らアクセスすることが可能となる。

イ　利用分野

　上記のとおり，個人番号は，社会保障・税金・災害対策の3つの分野に限って利用が開始されている。個人番号の利用が許可されている大まかな内容は次

のとおりである。
　① 社会保障分野…例えば、年金の資格取得や確認その給付を受ける場合の利用、雇用保険等の各種保険制度．生活保護者など低所得者対策の事務運用に利用される。
　② 税金分野…原則として、国民が租税行政庁に提出する確定申告書や各種届出書類、法定調書等などに記載が必要となる。
　③ 災害対策分野…大規模災害が発生した場合に限り、被災者の預金等の引出しや生命保険等の支払を円滑に行うため、例外的に個人番号を顧客検索の方法等に民間利用することが認められている。

　このように、番号法では、これら3つの分野に限定された範囲でのみ個人番号を利用できるものとしており、これ以外の事項、例えば、民間企業で従業員や顧客の管理等において利用することなどは認められていない（番号法3②，9）。なお、今後の利用範囲としては、医療分野での利用や、預金口座の管理等金融分野での利用などが検討されているが、プライバシー保護の観点から根強い慎重論もあり、その範囲拡大には今後も注視していく必要があろう（平成27年9月の番号法改正案の成立に伴い、平成30年から任意で預金口座に個人番号を付けることができるようにされたが、将来的には義務付けも検討されよう。）。

　ウ　個人番号と法人番号
　個人番号は居住地の市区町村長より通知がなされ、原則として一生その番号を利用していくものである（漏洩のおそれがある場合を除く。）。なお、日本に住んでいる外国人であっても、不法滞在者でない限り外国人登録と同時に住民票登録を行っているため、個人番号が付される。一方で、住民票を除票して海外赴任等をしている場合、日本人であっても個人番号は付されない（今後の改正が検討されている。）。したがって、原則として日本に住所を有する者に個人番号が付与される形で制度が開始されたことになる。
　事業者は、必要に応じて従業員や事業関係者等の個人番号を収集することになるが、個人番号は個人のプライバシーに関わる重要な個人情報であるため、厳格な管理ルールや、違反した際の厳しい罰則が設けられている（後述）。
　他方、法人番号は設立登記を行った法人格に付されるものであるため、個人番号ほどのプライバシー上の課題は少ないと解されるため、個人番号とは異なり利用範囲の制限はなく誰でも利用することができる。

エ　個人番号に係る規制・罰則等

　番号法は個人情報保護法の特別法に位置付けられるため,「特定個人情報」（番号法2⑧）に該当する個人番号の取扱いについては,従来の個人情報保護法以上の厳しい制限が課されている。例えば,次のような規制や罰則が設けられている。

① 法に規定する場合を除き,個人番号の提供を求めることは「特定個人情報の提供の求めの制限」により禁止されるとともに,たとえ本人の同意があったとしても同法の範囲を超えての提供は認められない（番号法15, 19）。

② 「特定個人情報」については,そのファイルの作成も制限されており,個人番号の情報に関するすべてのファイルも,番号法に規定された範囲を除き作成・保管することが禁止されている（番号法28）。

③ 個人情報保護法では,「個人情報保護委員会」の設置が定められているが（個情法50）,同委員会は,個人番号利用事務等実施者（☞個人番号利用事務等実施者とは）に対し特定個人情報の取扱いに関して必要な指導および助言をすることができ（番号法36）,違反是正のための勧告および命令（番号法37）,事務所等への立入検査や質問も認められている（番号法38）など強い権限が付与されている。

④ 事務に従事する者が正当な理由なく特定個人情報ファイルを提供したとき（番号法51）や,不正な利益を図る目的で提供・盗用したとき（番号法52）,人を欺いたり脅迫行為等により個人番号を取得したとき（番号法54）などの罰則の新設や強化がなされている。

⑤ 法人等の従業員がその法人等の業務に関して上記の違反行為等をしたときは,その行為者を罰することに加え,その法人等に対しても各罰金刑を科することとされている（番号法60）。

　　☞ **個人番号利用事務等実施者**とは,個人番号利用事務実施者および個人番号関係事務実施者をいう。前者は行政機関等自らの業務で個人番号を利用する者をいい,後者は民間企業等,直接個人番号を利用するわけではないが,行政機関が個人番号を利用する際に補助的に個人番号を利用する者をいう。

オ　本人確認

　収集情報の拡充とその処理ツールたるマイナンバー制度の導入は,行政処理を飛躍的に躍進させることになると思われるが,他方で,番号法制定に当たり

常に問題視されてきた，いわゆる「なりすまし」によるリスクも見過ごすことはできない。

　番号法はこうした問題に対処するため，「本人確認」を重要視し，事業者には，原則として個人番号記載の書類の提出を受ける都度本人確認を義務付けている。なお，これは，宇賀克也教授が「アメリカや韓国で共通番号の利用に係るなりすまし犯罪が多発した要因は，番号のみによる本人確認を行ったことにあるといわれており，わが国においても，個人番号のみによる本人確認を行えば，同様の被害が頻発する恐れがある」と述べられるとおり，そうした弊害を防ぐ趣旨で設けられた措置であると解される（宇賀『番号法の逐条解説』75頁（有斐閣2014））。

　本人確認については次のように定められている。

> **番号法16条《本人確認の措置》**
> 　本人から個人番号の提供を受けるときは，当該提供をする者から個人番号カード若しくは通知カード及び当該通知カードに記載された事項がその者に係るものであることを証するものとして主務省令で定める書類の提示を受けること又はこれらに代わるべきその者が本人であることを確認するための措置として政令で定める措置をとらなければならない。

　これを受け，番号法施行令12条《本人確認の措置》では，「法第16条の政令で定める措置は，個人番号の提供を行う者から次に掲げる書類の提示を受けることその他これに準ずるものとして主務省令で定める措置とする。」として，本人確認を行うために必要な書類を定めている。

　これらの規定に従い，本人確認のためには，①そもそも番号が正しいか（「番号の真正性」の確認）という「番号確認のための書類」と，②その者が本人であるか（「本人の実在性」の確認）という「身元確認のための書類」が必要とされる（梅屋真一郎『マイナンバー制度で企業実務はこう変わる』118頁（中央経済社2014））。例えば，前者には個人番号カードや通知カード，その他個人番号記載の住民票の写しが該当し，後者には原則として顔写真付きの身分証明書である運転免許証，パスポート，個人番号カードが該当する。

　事業者にこうした複雑かつ手間のかかる本人確認を義務付け，個人番号の提供の際，上記①と②の両方を突合することで初めてその義務を履行したこととする定めは，番号法の「なりすまし」防止に対する態度を表しているといえよ

う。

カ　マイナンバー制度の課題

　上述のとおり，各種法定調書等の収集と相まって，マイナンバー制度が適切に運用されるのであれば，行政の効率化は飛躍的に向上するであろう。この両輪が上手く作用すれば，租税行政庁も大量の確定申告への対応が可能となり，例えば，従来源泉徴収と年末調整でほぼ自動的に所得税額が確定されてきた給与所得者について，確定申告制度利用の途を拓くことにも期待がかかるところである。

　効率的な行政により，無駄な行政経費が削減され，適正な給付行政の実行，適正な課税の実現が図られるのであれば，その利益は国民が享受し得るのであるから，マイナンバー制度をやみくもに否定すべきべきではないと考える。他方で，こうした行政の効率化が，事業者の多くの責務を基礎として成り立っていることも忘れてはならず，事業者が行政の一翼を担うということが国民参加という文脈でいかなる意味を持ち得るのか，マイナンバー制度の本質を十分に理解しておかなければならないであろう。

　また，現実問題として，当初の国の予想より個人番号カードの配布が大幅に遅れている等，平成28年1月の運用開始以降，すでにいくつかの問題や混乱が浮き彫りになってきている。過去，グリーンカード制度や住民基本台帳ネットワーク制度が十分に機能することなく終わっていることを踏まえれば，なおさら今後のマイナンバー制度の動向から目を離すことはできない。

¶レベルアップ1！　プライバシー保護とマイナンバー

　税務情報とプライバシー保護の問題については，多くの先行研究が示されているが，源泉徴収との関係で論じるものは必ずしも多くはない。

　いわゆる住基ネット訴訟最高裁平成20年3月6日第一小法廷判決（民集62巻3号665頁）において，プライバシー保護の問題が大きな議論となったことは周知のとおりである。

　同訴訟の原審の大阪高裁平成18年11月30日判決（民集62巻3号777頁）は，次のように論じる。

> 「個人の人格の尊厳は近代民主主義思想の根底をなすものであり、憲法13条は、そのような個人の尊重、その生命・自由及び幸福追求という個人の人格的生存に不可欠の権利を宣明し、公共の福祉の実現を任務とする国家も、これらの権利に最大の尊重を払うべきことを要求している。他人からみだりに自己の私的な事柄についての情報を取得されたり、他人に自己の私的な事柄をみだりに第三者に公表されたり利用されたりしない私生活上の自由としてのプライバシーの権利は、人の人格的自律ないし私生活上の平穏の維持に極めて重要なものというべきであるから、いわゆる人格権の一内容として、憲法13条によって保障されているものと解するのが相当である。」
>
> 「自己の私的事柄に関する情報（個人情報）が、自己の知らないうちに、他者によって勝手に収集、利用されるということが行われれば、民主主義社会における自己責任による行動の自由（人格的自律）や私生活上の平穏が脅かされることになる。他方、社会の変化に伴い個人情報の取り扱われ方は変化していく。とりわけ、情報通信技術が急速に進歩し、情報化社会が進展している今日においては、コンピュータによる膨大な量の情報の収集、保存、加工、伝達が可能となり、また、インターネット等によって多数のコンピュータのネットワーク化が可能となり、人は自己の個人情報が他者によってどのように収集、利用等されるかについて予見、認識することが極めて困難となっている。このような社会においては、プライバシーの権利の保障、それによる人格的自律と私生活上の平穏の確保を実効的なものにするためには、自己のプライバシーに属する情報の取扱い方を自分自身で決定するということが極めて重要になってきており、その必要性は社会において広く認識されてきているといえる。今日の社会にあって、自己のプライバシー情報の取扱いについて自己決定する利益（自己情報コントロール権）は、憲法上保障されているプライバシーの権利の重要な一内容となっているものと解するのが相当である。」

同高裁は、本人確認情報の漏えいや目的外利用などにより住民のプライバシーないし私生活上の平穏が侵害される具体的な危険がある場合には、自己情報コントロール権侵害に当たるとし、住民の主張を一部容認している。しかし、最高裁は、「住基ネットにより被上告人らの本人確認情報が管理、利用等されることによって、自己のプライバシーに関わる情報の取扱いについて自己決定する権利ないし利益が違法に侵害されたとする被上告人らの主張にも理由がない」とし、原審判断を破棄している（酒井克彦「判批」自治研究81巻8号120頁参照）。

📝 ここで問題となった情報とは、住基ネットによって管理、利用等される個人情報である本人確認情報である。すなわち、住民票の記載事項（住基法7）のうち、①氏名（住基法7一）、②生年月日（同二）、③性別（同三）、④住所（同七）であり（①ないし④をあわせて「基本4情報」という。）、これに住民票コード（同十三）および住民票の記載に関する事項で政令で定めるもの（以下「変更情報」という。）が住基ネットにおいて取り扱われる情報である。

¶レベルアップ２！　マイナンバーの民間利用

　マイナンバー制度導入以前から，マイナンバーの民間利用についてはその可否が議論されていたところである。

　例えば，日本経済団体連合会は，平成23年１月26日付け「『社会保障・税に関わる番号制度についての基本方針の主要論点』について」において，「『国民にとって利便性の高い社会』を実現するためには，行政のみならず，民間によるサービスも含めた社会全体での取組みが不可欠である。番号制度はそのための社会基盤であり，本人の希望やプライバシーに配慮しつつ，民間で利活用可能な制度とすることが重要である」としていた。

　マイナンバーの導入に当たっては，コストを負担することになる民間企業の支持と協力が必要になることにかんがみれば，一定の範囲内で民間利用を認めることを検討すべきとする意見もあった（平成22年11月付け金融税制・番号制度研究会「社会保障・税の共通番号制度の導入と民間利用のあり方」）。もっとも，マイナンバーの導入により固有のプライバシー問題が発生し得ることを踏まえれば，その利用範囲を制限することが必要であろう。つまり，そこでは，民間利用を一律に禁止するのではなく，利用目的に応じて利用範囲を個々に議論しつつ，法令の根拠のもとで限定的に認めるという考え方をとることが望ましいとするにとどまり，あくまでも限定的な意味での民間利用である。

　ここでいう「民間利用」とは，民間企業が特定の利用目的で顧客等に番号の告知を求めて番号を利用することと定義される。具体的には，雇用主や金融機関の法定調書の提出，取引開始時の本人確認，金融商品の勧誘・販売時の投資経験・財産状況等の確認，融資審査時等の所得・資産確認，本人情報を活用したサービス提供，複数事業者間のサービス提供といった例が考えられる。

　こうした民間利用の範囲は番号の利用目的に応じて，①義務的利用，②他の法律上の義務の遵守のための利用，③商用目的での利用の大きく３つに概念的に分けることができるが，少なくともマイナンバー制度では，原則として①の義務的利用の範囲でのみ民間利用を認めたものと解される。今後，②他の法律上の義務の遵守のための利用範囲の一部まで，マイナンバーの利用範囲が拡大していくかどうかはプライバシー保護の観点も十分に踏まえたうえで議論の余地が残されているように思われる。

図表2　民間利用の利用範囲と利用例

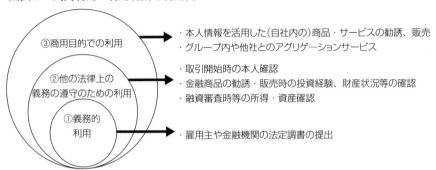

　なお以下は，上記の整理を前提とした筆者も所属する前述の金融税制・番号制度研究会の提案である。

　①義務的利用とは，番号の告知を求め，法定業務を行う際に共通番号を使うことが義務付けられる場合である。税務分野でいえば，雇用主（給与所得の源泉徴収票）や金融機関（配当所得等の支払調書）といった法定調書の提出義務者に対して法定調書への共通番号の記載が義務付けられるケースが考えられる。共通番号の導入目的からして当然義務付けられることになろう。また，社会保障分野では，企業が採用した従業員の健康保険や厚生年金保険の被保険者資格を届け出る際に，基礎年金番号の代わりに共通番号の記載が義務付けられることが考えられる。このように，共通番号の告知と利用が法律で義務付けられる業務の履行が利用目的である場合は，そもそも「民間利用」に含めて利用可否を考える必要はないとも考えられるが，いずれにしても，民間利用が認められることに異論はないだろう。問題は①以外に共通番号の民間利用が認められる利用目的があるかである。①以外の利用目的を②他の法律上の義務の遵守のための利用と③商用目的での利用に分けて考えることを提案したい。
　②他の法律上の義務の遵守のための利用とは，民間企業が法令上求められて行っている法定業務での利用である。金融機関でいえば，犯罪収益移転防止法により，取引開始時に本人確認を行うことが義務付けられている。また，税法上，株式等の譲渡益や配当受領，特定口座の開設，マル優の利用等の手続き時に本人確認が義務付けられており，住所変更時には改めて本人確認が必要とされている。金融商品取引法では，顧客の知識，経験，財産状況，商品購入目的に適合した形で勧誘・販売をすることが求められており（適合性原則），顧客情報の把握が必要となる。こうした業務は，そもそもマネロン等の犯罪の防止や反社会的勢力の排除，適正な課税の実現，消費者保護といった公益のために行われていることを考慮すれば，共通番号の利用を認めるべきである。
　現在，こうした本人確認は氏名，住所，生年月日で行われており，具体的には運転免許証や年金手帳，写真付き住民基本台帳カードを提示ないしはコピーの郵送で行われている。窓口での書面確認や（郵送による手続きの場合）書類の郵送，住所・氏名

変更による郵送物の返送等，本人確認に伴い膨大なコストがかかっている。共通番号の制度設計にもよるが，共通番号が住基ネットを通じて住民基本台帳の本人情報と連動すれば，氏名・住所の異動時にも対応できる等，従来よりも正確な本人確認が行われることが期待される。また，正確な名寄せによる本人確認の効率化やコスト削減の効果も大きい。
　③商用目的での利用は，法令の求めで行うのではなく，営業上の利用である。金融機関でいえば，グループ内あるいは他社とのアグリゲーションサービス，個人情報を名寄せしたデータベースに基づく商品・サービスの開発や販売，勧誘のために共通番号を使うケースが考えられる。こうした利用目的については，スウェーデンのように制限無く認めている国がある一方，カナダのように特定の利用目的に限って本人に告知義務を課すことを法的に認める制限的利用に転じ，番号を利用する場合に遵守すべきルールを設定した国やドイツのように禁止している国もある。我が国では，番号の導入や民間利用に慎重な意見があることを踏まえると，③商用目的での利用は基本的に認めるべきではない。

(平成22年11月付け金融税制・番号制度研究会「社会保障・税の共通番号制度の導入と民間利用のあり方」より)

¶レベルアップ３！　国家戦略とマイナンバー

　「世界最先端 IT 国家創造宣言」(平成26年6月24日閣議決定，同27年6月30日一部変更閣議決定) は，「IT 利活用の深化により未来に向けて成長する社会」として，「マイナンバー制度やパーソナルデータに関する法律の見直し等により，様々な分野において『IT 利活用基盤』が整いつつある中，これらの基盤を最大限に活用し，生活のあらゆる場面における IT 利活用をより一層加速させるため，現状の枠組みの抜本的な見直しを図り，国民生活の安全・安心・公平・豊かさの実現と産業振興を推進する。そのため，電子的処理や情報の高度な流通性の確保等を基本原則としつつ，安全・安心に情報の流通を担う代理機関 (仮称) の創設，マイナンバー制度等を活用した各ライフイベントに応じた申請等の手続の電子化・ワンストップ化，シェアリングエコノミー等の新たな市場を活性化させるための措置について検討を行い，次期通常国会から順次，必要な法制上の措置等を講ずる。加えて，データを活用した新たなビジネスモデルの創出や企業のセキュリティ経営を促進する環境を整備するため，法制上の措置を含めた検討を行い，順次必要な措置等を講ずる。」とし，例えば，効果的・効率的で高品質な医療・介護サービスの展開において，「さらに，マイナンバー制度のインフラを活用して，医療機関の窓口において，医療保険資格をオンライン

で確認できるシステムを整備することにより，個人番号カードを健康保険証として利用することを可能とする仕組みを整備する。加えて，オンライン資格確認の基盤を活用して，医療等分野に用いる番号を早期に導入する。」などとする。

　また，「個人番号カードの普及・利活用の促進」として，「2016年1月から国家公務員身分証との一体化を進め，あわせて，地方公共団体，独立行政法人，国立大学法人等の職員証や民間企業の社員証等としての利用の検討を促す。また，2017年度以降の個人番号カードのキャッシュカードやデビットカード，クレジットカードとしての利用やATM等からのマイナポータルへのアクセスの実現に向けて，個人情報の保護や金融犯罪の防止等が十分確保されることを前提に，民間事業者と検討を進める。また，2017年7月以降早期に医療保険のオンライン資格確認システムを整備し，個人番号カードを健康保険証として利用することを可能とするほか，印鑑登録者識別カードなどの行政が発行する各種カードとの一体化を図る。加えて，各種免許等における各種公的資格確認機能を個人番号カードに持たせることについて，その可否も含めて検討を進め，可能なものから順次実現する。そして，個人番号カードの公的個人認証機能について，2017年中のスマートフォンでの読み取り申請の実現や，2019年中の利用者証明機能のスマートフォンへのダウンロードを実現すべく，必要な技術開発及び関係者との協議を進める。自動車検査登録事務では，2017年度にワンストップサービスを抜本拡大し，個人番号カードの公的個人認証機能の活用や提出書類の合理化等を進める。また，個人番号カードにより提供されるサービスの多様化を図るために，個人番号カードを利用した，住民票，印鑑登録証明書，戸籍謄本等のコンビニ交付について，来年度中に実施団体の人口の合計が6千万人を超えることを目指す。更に，住民票を有しない在留邦人への個人番号カードの交付や，海外転出後の公的個人認証機能の継続利用等のサービスの2019年度中の開始を目指し，検討を進める。」としている。

　なお，平成28年5月20日閣議決定において，上記宣言は改訂されており，同宣言においては，「行政手続の簡素化等による国民生活の利便性の向上，公共サービスの給付と負担の公平化による公平・公正な社会の実現，バックオフィス連携等による行政の効率化を図る。」とされている。

24　納税相談

　租税行政庁は，納税相談という形で納税者の納税義務の確定作業を援助している。申告納税制度の運用にとって納税相談の充実は，きわめて重要である。しかしながら，納税相談について，租税法は何らの規定も設けておらず，その法的性質も必ずしも明らかではない。具体的にいかなる内容の相談に租税行政庁は応じる必要があるのか，あるいはいかなる助言をすべきであるのかといった法的指針は示されていないのである。

図表1
税務相談室における税務相談の受理件数とタックスアンサーの回答件数

（平成20年度）

	税　目	千件
税務相談件数	所得税	2,678
	法人税	272
	資産税	686
	消費税	132
	その他の間接税	149
	徴収	284
	その他	676
	小計	4,877
タックスアンサーの回答件数		32,093
合計		36,970

（国税庁HPより）

タックスアンサーの項目別順位

（平成27年度）

順位	税目	項　目	件数
1	所得税	所得税の税率	千件 2,294
2	所得税	医療費を支払ったとき（医療費控除）	2,063
3	所得税	扶養控除	1,317
4	所得税	住宅を新築又は新築住宅を取得した場合（住宅借入金等特別控除）	1,253
5	所得税	医療費控除の対象となる医療費	1,150

（「国税庁レポート2016」より）

(1)　納税相談の法的性質
ア　納税相談における発言内容の拘束力
　申告納税方式のもとにおける納税相談は，あくまでも相談者を法的に拘束したり，あるいは義務を付与したりする性質のものではないが，そうかといって，

納税相談が円滑な租税行政の遂行に重要な影響を及ぼしているのも事実であり，ことに複雑な租税制度についての説明を求める納税者の要望に応じた的確なものが求められるのも責務である。その意味では，次にみる札幌地裁昭和52年11月4日判決（訟月23巻11号1978頁）がいうように，納税相談における発言や回答の内容に，当局者自らが拘束される余地もあると解すべきであろう。

　同事案において，当事者は次のように主張していた。すなわち，行政庁側の行動を原告の主張からみると，東京国税局調査課長Uがその執務室にて行った納税相談の席上における誤った回答であり，そのため原告が被った不利益とは，正確な回答を受けていた場合には節税の処理をすることが可能であったのに，誤った回答を受けたことにより節税を図り得なかったという。他方，被告らはかかる主張に対し，納税相談においての誤った指導ないし回答については，およそ禁反言の原則の適用がないとし，その理由として，納税相談における指導は一般的，抽象的なものにとどまるのみか，その回答は相談者の主観的，恣意的事実関係を前提とした税法適用上の単なる意見もしくは意向の表明にとどまるものであって，相談者を拘束する法的効果を有するものではないという。

　この点について，札幌地裁は，次のように説示した。

> 「なるほど納税者がする法人税の申告は自らの判断と責任においてこれを行なうものであり，申告に至るまでの過程で為された税務相談における指導，回答は相談者を法的に拘束するものではないことは，いずれも被告ら所論のとおりであるが，しかし税務行政の円滑な遂行のため税務相談のはたしている重要性に鑑みれば，それが法的に拘束を与えないまでも事実上拘束あるいは大きな影響を与える場合があることが推認できるのであって，さすれば，税務相談における税務当局ないしその職員の指導，回答といえども，全く責任の埒外に置かれるとするのは妥当でなく，前述した総合的判断の下で，自らの指導ないし回答の内容に拘束される余地があると解するのが相当である。」

イ　行政庁の行うサービスとしての納税相談

　原則的に，納税相談は行政庁の行うサービスであるといえる。例えば，横浜地裁昭和62年12月23日判決（訟月34巻8号1741頁）は，次のように述べる。

> 「税務相談は，課税当局が納税者に対して税法の解釈，運用又は申告及び申請の手続に関して相談に応じこれらの知識を供与するもので，課税権を具体的に行使するものでも課税当局の公式見解を表明するものでもなく，専ら納税者の便宜を図る趣旨のものである。そして，事実関係については納税者の申述内容や提出資料を前提とする

> ものであり，相談に対する回答は自づと仮定的一般的なものにならざるを得ない。」

　このように納税相談とは，そもそも，納税者の便宜のためになされるものであり，いわば納税協力を向上させるために行われる行政庁のサービスであるといえよう（水野忠恒「税務相談と税務行政指導」日税研論集36号102頁）。

　🔖　水野教授は，「納税者の便宜という観点からあえていえば，このような税務行政庁のサービスとは，経営指導や衛生指導のような助成的指導に該当するのではないかとも考えられる。」と論じられる（同稿104頁）。

　近時の裁判例には，より端的に行政サービスと述べる判決も現出している。千葉地裁平成17年12月13日判決（訟月54巻3号806頁）は，次のように説示している。

> 　「本件回答〔筆者注：国税局税務相談室における回答〕は，税務相談室の担当職員において，その所掌事務である税務相談の一環としてされたものであることは当事者間に争いがないところ，一般に，税務相談は，税務署側で具体的な調査を行うこともなく，相談者の申立てに基づき，その範囲内で，行政サービスとして納税申告をする際の参考とするために一応の判断を示すものであって，仮に，その相談が課税に関わる個別具体的なものであったとしても，その助言どおりの納税申告をした場合には，その申告内容を是認することまでを何ら意味するものではなく，最終的にいかなる納税申告をすべきかは，納税義務者の判断と責任に任されていることを考慮すれば，税務相談における回答ないし助言は，税務署長等の権限のある者の公式の表明と解されるような特段の事情のない限り，信頼の基礎となる公的見解というには不十分というべきであると考えられる。」

　🔖　そのほか，例えば，神戸地裁平成11年12月13日判決（税資245号797頁）は，「一般に税務相談は，税務署職員が，具体的な調査を行うこともなく，相談者の申立のみに基づきその申立の範囲内で，行政サービスとして納税申告をする際の参考とするために，税務署の一応の判断を助言として示すものであって，その助言は，仮に課税にかかわる個別具体的なものであったとしても，助言内容どおりの納税申告をすれば必ずその申告内容を是認するということまで意味するものではな〔い〕」と説示する。

　納税相談の捉え方としては，このような位置付けがもっともオーソドックスなものであるといえよう。
　しかしながら，行政庁のサービスであるということを認めることが，必ずしも租税行政職員の納税相談における義務としての性質を否定する方向に議論をシフトするものではないということも確認しておきたい。例えば，東京地裁平

成元年7月26日判決（判タ732号217頁）は，次のように判示する。

> 「税務相談は納税者から依頼を受けて行われるものであり，また，相談に応じることが納税者の事務を処理することになるとはいい難いことからすると，税務署職員が税務相談に応じることが納税者に対する関係で事務管理になるとはいえない。しかしながら，いわゆる行政サービスの一環として，また，申告納税制度を適正なものにするための補完機能として，税務署職員が税務相談事務に従事していることは公知の事実であり，右事務は税務担当職員の職務行為の一つと考えられるものであるから，公正かつ適正に処理すべき義務があるものと解するのが相当である。」

ここでは，納税相談を行政サービスの一環であるとした上で，租税行政職員が，納税相談において公正かつ適正に処理すべき義務があることを明示しているのである。

図表2
相談の多い項目上位5位
〔電話相談センター〕　　　　　　（平成27年度）

順位	税目	項目	件数
			千件
1	所得税	申告義務・手続等	472
2	所得税	住宅借入金等特別控除	258
3	所得税	年末調整	235
4	所得税	医療費控除	231
5	所得税	配偶者(特別)・扶養控除	159

電話相談センターの税目別相談件数
（平成27年度）

税目	件数
	千件
所得税	2,654
資産税	1,052
法人税	274
消費税等	348
その他	1,028
合計	5,355

（「国税庁レポート2016」より）

(2) 納税相談における裁量権

ア 税務職員の公務上の職責

消費税の免税事業者である原告が，税務職員の虚偽の説明等により，震災修補に係る消費税の仕入税額控除をすることができなくなった等と主張して国家賠償を求めた事案として，神戸地裁平成11年9月28日判決（税資244号860頁）がある。

この事案は，原告が消費税の課税事業者選択届出書を提出すれば，駐車場の

賃料は課税対象となるが，この課税売上げについて仕入税額控除をすることができ，駐車場賃料に係る消費税額から補修費に係る消費税額を控除することができたが，納税相談時にそのような指導がなかったことに税務職員の義務違反があると主張して争われたものである。このケースで，原告が所轄税務署長に対し課税期間を3か月ずつに短縮する旨の届出書（課税期間特例選択届出書）を提出していれば，その提出した日の属する短縮期間の翌短縮期間以降は課税事業者となり得るので，原告は，年度途中からでも仕入税額控除を行うこともできたのである。

　原告は，税務署員らに対して，マンション等の補修に係る消費税の負担が過重であることを訴えており，平成8年に入ってからは被災建物の補修費につき仕入税額控除ができないとする法令上の根拠は何かなどという形で質問，相談していたのであるから，応対した税務署員らは，原告の真の相談意図が消費税の不必要な負担防止にあることを明確に認識できたはずである。そして，集合住宅により住宅貸付けを営んでいる者であっても，駐車場については住宅とは別個の契約としていることが多いのであるから，応対した税務署員らは，原告の事業内容等を詳細に聴取し，課税対象となり得る駐車場貸付事業があることや補修費の多くがその駐車場に係るものであることなどを把握し，原告に対し，課税事業者選択届出書および課税期間特例選択届出書の提出により速やかに仕入税額控除を受けるよう示唆すべきであり，かつ，それが可能であったのに，これを怠り，原告に何らの示唆をすることもなかったとして，国を相手どり損害賠償を訴えた。

　この事実において，神戸地裁は，次のように説示する。

> 「納税が国民の義務とされる一方，税に関する法制度は多岐にわたっており，一般の納税者にとって，必ずしも，分かりやすいものとはいえないこと（このことは，消費税においても同様である。），消費税の確定，納付について申告納税方式が採用されていることからすれば，消費税の申告方法や申告書の記載方法などの申告手続に関する事項は当然に教示すべきであろうし，また，具体的な対象事項に対する消費税支払の当否等の相談を受けた税務署員は，法の解釈，運用を示して，相談の対象事項が納税対象となるかどうかを明確に教示し，支払の当否について誤解を与えないようにする公務上の職責があるというべきである。」

　その上で，同地裁は，「右のような場合に，何ら具体的な応答をしないとか，

あるいは誤った教示をするなどした場合には，著しく裁量の範囲を超えたものとして，右応答が違法性を帯びることがあり得るといえる。」とする。

しかしながら，続けて，「相談を受けた税務署員が，相談者が明示的に示している事項を超えてまでその真意を探り，当該納税者に有利な税負担方法を探るといった応答をすべき法的義務があるとまでいうことはできない」として，原告の主張を排斥している。

イ 納税者に有利な回答の提示

上記事案において，原告は，「税務知識に乏しい納税者は相談すべき事項の真の税務上の問題点を把握しないで相談することも多いのであるから，相談を受けた税務署員らは，納税者の表面的な相談に対する回答を行うだけでは足りず，納税者の相談の真の意図を把握し，その意図に沿う救済措置ないし租税負担の予防措置のための事情を聴取し，そのための情報提供をする義務がある。特に，震災に際しては，被災者の租税負担を軽減するため，国税・地方税とも様々な救済措置が講じられたが，納税者は右救済措置についての明確な知識を有していなかったのであるから，右のことは特に強調されるべきである。」と主張したが，これが採用されなかったのである。

なお，上記判決は，この説示のすぐ後に，かっこ書きにおいてではあるが，「税務代理，税務書類の作成，税務相談等を独占的に行う民間の税務専門家としての税理士（税理士法1・2条）が制度化されていることも考慮されるべきである。」とする。

ウ 応答すべき法的義務としての納税相談

納税相談に係る内容の程度問題は，租税行政庁の裁量に委ねられていると考えるべきであろうか。この点について，横浜地裁平成10年2月25日判決（税資230号754頁）は，次のように判示している。

> 「申告相談において，担当の係官は，相談に応じた回答をすることができるといえるし，また，原告の持参した資料から本件特例の適用がないと判断した場合には，特段の事情のない限り，その旨を説明すれば足り，それ以上に，本件特例の適用を受けるための手続まで説明する必要はないというべきである。けだし，申告相談はあくまで行政サービスの一環として行われるものであり，確定申告をどのようにして行うかは，最終的に申告する者の判断に委ねられているのであるから，税務署の係官は，特段の事情がない限り，相談者が求める真意まで探索して，それについての税務手続等までを説明，教示しなければならない義務があるとはいえないからである。」

このように，納税相談における具体的教示内容等については，そもそも税務職員の裁量権の範囲内であると考えれば，上記判断は妥当であるということになろう。なお，この判断は，控訴審東京高裁平成10年10月15日判決（税資238号707頁）においても維持されている。

前述の神戸地裁平成11年9月28日判決は，「税務相談については，その内容，程度を規律し，税務職員の教示義務を定めた明文の規定は存在しない。そうすると，納税者の相談に対してどの程度の内容を教示するかは，基本的には，当該税務職員の裁量に委ねられているものといわざるを得ない。」とする。

前述のとおり，同地裁は，「具体的な対象事項に対する消費税支払の当否等の相談を受けた税務署員は，法の解釈，運用を示して，相談の対象事項が納税対象となるかどうかを明確に教示し，支払の当否について誤解を与えないようにする公務上の職責があるというべきである。」と説示する。ところで，このように考えた場合には，何ら具体的な応答をしないとか，あるいは誤った教示をするなどした場合には，応答をしないことや誤った応答が違法性を帯びることがあり得るということになろう。その際の判断基準が「著しく裁量の範囲を超えたもの」かどうかにあるとするのが，上記判決の立場である。すなわち，「何ら具体的な応答をしないとか，あるいは誤った教示をするなどした場合には，著しく裁量の範囲を超えたものとして，右応答が違法性を帯びることがあり得るといえる」とするのである。

そのような応答に求められるのは，あくまでも裁量を前提とした回答範囲であるから，「相談を受けた税務署員が，相談者が明示的に示している事項を超えてまでその真意を探り，当該納税者に有利な税負担方法を探るといった応答をすべき法的義務があるとまでいうことはできない」とするのである。

このように，納税相談には申告納税制度の円滑な運用を図るための補助的役割が期待されており，かような意味では行政庁のサービスであるというべきであろう。したがって，相談にいかに応じるか，どのような説明をするかは税務職員の裁量権にゆだねられているということになるわけである。もっとも，そうであるからといって，納税相談が行政サービスであるという性格付けは税務職員の職務上の責務や，回答に対する責任を問わないという意味で作用するものでは決してなく，総合的な判断の上で，拘束力をもたせる必要のある公的な見解と認定されれば，その発言内容が違法性を帯びることは十分にあり得ると

いえよう。
　まして，納税相談は，更正処分という本来は権力的になされる作用と類似の効果を，納税相談の場を利用して，非権力的に行われる意味をもあわせもつものである。納税相談で示された内容に従わないかたちで申告がなされない場合には，税務調査による更正処分もその後に待っているとみることも，あながちうがったものではなかろう。かような意味では，非権力的な行為によって相手方の同調を求めて，行政の意図する秩序を維持することに役立つとの観測もあり得るのである。

¶レベルアップ！　納税相談と信義則

　納税相談における税務職員による誤った説明を信頼した納税者につき信義則の適用があるか否かはしばしば争点となる（🔍**15**—159頁参照）。
　東京地裁平成23年5月11日判決（税資261号順号11683）は，「一般に，いわゆる税務相談は，税務官庁側で調査等をすることなく，相談者の一方的な説明に基づき，そのような前提の下に，納税者が申告をする際の参考に供するために，税務官庁の職員において一応の助言等をするものであって，仮に，その相談が課税に関わる個別具体的なものであったとしても，その際にされた助言等に沿って納税者が申告をした場合にはその申告内容を是認することまでを想定するものではなく，既に述べたような前提の下での相談という事柄の性質上，上記のような事情は，通常は相談者においても認識しているものと推認することができ，また，最終的にいかなる申告をすべきかは納税者の判断と責任に任されていることを考慮すれば，税務相談における助言等は，それを受けた者において税務署長等の権限のある者のいわゆる公式の見解の表明であると受け取るであろうと認めるべき特段の事情のない限り，…信頼の対象となる公的見解の表示には当たらないというべきである。」と説示している。なお，信義則の適用によって課税処分の取消しがあり得るとしても，租税法律主義の下では，特段の事情の認められる場合に限られるのであって，慎重なる判断が要請されるところ，最高裁昭和62年10月30日第三小法廷判決（訟月34巻4号853頁。🔍159頁参照）は，適用についての考慮要素の1つに「公的見解の表明」があったといえるか否かを掲げている。

25 行政情報環境整備

(1) 広報活動の二面性
ア 広報・広聴活動

広報活動には，情報を対象に向けて発信するという具体的行為のイメージが強いが，このような対外的情報発信活動とは，同時に，行政の正確な判断と，軌道修正，適切な再発信に役立つように外部の環境変化や社会の要請を聴き取るなど広く行政外部から情報を集める活動も重要である（岩井義和「行政広報の意義」外山公美編『行政学』189頁（弘文堂2011））。広い意味では，広報活動にはこのように外部への情報発信活動のほか，外部の意見に耳を傾けたり調査をするという意味での広聴活動も包摂される。

イ 広報活動

国税庁は，「平成27事務年度国税庁が達成すべき目標に対する実績の評価に関する実施計画」において，「我が国は，納税者が自ら所得金額や税額を計算し，それに基づいて申告し，納税するという申告納税制度を採用しています。この申告納税制度が適正かつ円滑に機能するためには，納税者に高い納税意識を持っていただくとともに，法律に定められた納税義務を自発的かつ適正に履行していただくことが必要であることから，租税の意義や税法の知識，手続などについて正しく理解していただくよう納税者の視点に立った広報・広聴，相談等を行い，申告・納税の際の納税者の負担の軽減を図るなど，納税者サービスを充実します。また申告納税制度の下において，適正な申告と納税が確保されるためには，納税者の間で課税が適正・公平に行われているとの信頼が確保され，正しい申告と納税を行う意欲が堅持されていくことが不可欠である。」とした上で，自ら申告書を作成するいわゆる「自書申告」の推奨を述べている。

> なお，「平成15事務年度国税庁が達成すべき目標に対する実績の評価に関する実施計画」では，「自書申告の定着」として，「申告納税制度の下においては，納税者の皆様が自発的に所得税や贈与税の申告書を作成できるような環境を整備し，自ら申告書を作成することによって税の仕組み等の理解を深めていただくことが重要であると考えられることから，『自書申告』の定着に向け取り組みます。具体的には，納税者の皆様がそれぞれ正しく申告・納税していただけるよう，国税局…や税務署の実情に即した特色ある施

策を効果的に実施するよう努めます。また，更なる自書申告の定着に向けて，納税者の皆様のニーズにあった様々な情報を提供して，一層円滑に申告・納税ができるよう支援体制を充実します。」と目標をうたっていた。

🖉 神野直彦教授は，租税とは，反対給付への請求権がないという点，すなわち無償性を強調される。そこでは，公共サービスへの請求権は国民にあり，納税者にあるわけではない。すなわち，「納税者に対する説明責任が声高に叫ばれているけれども，説明責任は納税者に対してではなく国民に対して生じることを忘れてはならない。納税をしても，公共サービスへの請求権は生じない。つまり，租税には無償性があるがゆえに，納税しても，反対給付の請求権はないのである。」と論じられる（神野『財政学〔改訂版〕』151頁（有斐閣2007））。

　国税庁は，国税庁ホームページを中心にテレビ（Web-TAX-TV も含む。），新聞などのマスメディア，税務署や市区町村に用意したパンフレットなど各種広報媒体や各種の説明会を通じて，租税の意義や役割，税の仕組みなどのさまざまな情報を提供している。平成27年度の国税庁ホームページへのアクセス件数は1億7,757万件とされ，平成22年度のアクセス数1億2,545万件と比較しても増加傾向にあることがわかる（「国税庁レポート2016」11頁，「同レポート2011」13頁）。また，平成26事業年度の各種説明会の回数は2万7,016回，参加人数は1,179千人とされている（「国税庁レポート2016」14頁）。

　また，広報活動のみならず，税の作文募集や，当局職員のほか学校の先生や税理士の協力を得ながら小学校，中学校，高等学校において租税教育を実施し

Tax Lounge　租税広報活動と騒音問題

　税金の重要性を広く国民に啓蒙することには大きな社会的意義がある。すなわち，租税が国の財政にとってどのような意義を有しているか，租税が国民生活にどのように還元されているか，国民の各階層がどのように租税を負担しているかなど，現代民主主義国家における租税の意義，福祉国家における租税の重要性などに対する国民一般の理解を深めることは，国民の納税義務に対する自覚を高め，もって国民が社会に対して自主的な参画意識をもつことにつながるからである。

　そのため，租税行政当局は各種の広報活動を展開しているが，商店街でのスピーカーを利用してのそれもなされている。しかし，これが紛争の元になることもある。東京高裁平成3年3月14日判決（税資182号616頁）の事件では，K税務署がスピーカーを利用して納税に関する放送を行ったことにより，騒音被害に苦しんでいるとする住民が，スピーカーが道路法，有線ラジオ放送業務の運用の規正に関する法律等に違反して設置された違法なものであるなどとして，金100万円の慰謝料の支払を国側に求めて争われた。判決では，音量が受忍限度を超える違法なものではないとして請求を排斥している。広報活動にもさまざまな障壁があるようだ。

ている。納税教育の一環として，埼玉県和光市の税務大学校には「租税史料館」があり，東京上野税務署内には租税教育用施設「タックス☆スペースUENO」が開設されている。

ウ　広聴活動

租税行政当局には，職員の対応や調査の仕方など租税行政全般についての納税者からの不平や不満，困りごとなどの相談が寄せられることが多いが，国税庁ではそのような納税者の苦情などに対して正面から対応することが，納税者の理解と信頼を得るために不可欠であるとの発想から，納税者の視点に立った迅速かつ的確な対応を行うとしている（「国税庁レポート2016」44頁）。平成13年7月から納税者支援調整官を配置し，納税者の権利利益に影響を及ぼす処分に係る苦情について，権利救済手続を説明するなどの対応をしている。

> 🖉　韓国においては納税者保護担当官制度がある。もともと，1994年から，行政一般に対する苦情処理機関として首相のもとに韓国版オンブズマンともいうべき「国民苦衷処理委員会」が設置されており，税務署には民願室が設けられていた。その後1999年9月から税務署内部に納税者保護担当官が設置されている（長谷川博「韓国の納税者権利憲章の動向」租税訴訟3号182頁）。我が国の納税者支援調整官制度は韓国の制度を参考にしたといわれている。

(2)　文書管理規範

ア　文書管理規程

行政における文書管理は，各省の権限に基づき各省の定める訓令等による文書管理規程などで行われてきた。文書管理規程には，通例，行政文書の受付から決裁，施行にいたる手続，文書管理台帳の整備，文書の分類，保存期間などに関する基準等が定められている。

平成11年の情報公開法の制定を機に，各省バラバラであった行政文書の分類，保存期間などについての統一化が図られた。すなわち，各行政機関の長は，「行政文書の管理に関する定め」（訓令）を定めることとされたのである。なお，その後，公文書等管理法の制定とともに，行政文書の管理に関する定めは同法に移管されている。

> 🖉　公文書等管理法10条《行政文書管理規則》は，行政機関の長は，行政文書の管理が第4条から前条までの規定に基づき適正に行われることを確保するため，行政文書の管理に関する定め（以下「行政文書管理規則」という。）を設けなければならない旨定め（1

項），行政文書管理規則には，行政文書に関する事項として，①作成，②整理，③保存，④行政文書ファイル管理簿，⑤移管または廃棄，⑥管理状況の報告に関する事項，および⑦その他政令で定める事項を定めなければならないこととしている（2項）。また，行政機関の長は，行政文書管理規則を設けようとするときは，あらかじめ，内閣総理大臣に協議し，その同意を得なければならず（3項），行政文書管理規則を設けたときは，遅滞なく，これを公表しなければならない（4項）とされている。

イ 公文書等管理法

情報公開法が制定され現用文書の管理法制が整備された平成11年に，国立公文書館法が制定された。その後，平成21年7月1日に現用文書（☞現用文書とは）および非現用文書（☞非現用文書とは）の双方を含む歴史文書の各省から国立公文書館への移管を促進する観点から「公文書等の管理に関する法律」，いわゆる公文書等管理法が制定された。

> ☞ **現用文書**とは，業務で使用中の文書のことをいう。
> ☞ **非現用文書**とは，業務での使用が終わった文書のことをいう。

公文書等管理法とは，国および独立行政法人等の諸活動や歴史的事実の記録である公文書等が，健全な民主主義の根幹を支える国民共有の知的資源として，主権者である国民が主体的に利用し得るものであることにかんがみ，国民主権の理念にのっとり，公文書等の管理に関する基本的事項を定めること等により，行政文書等の適正な管理，歴史公文書等の適切な保存および利用等を図り，もって行政が適正かつ効率的に運営されるようにするとともに，国および独立行政法人等の有するその諸活動を現在および将来の国民に説明する責務が全うされるようにすることを目的として定められた法律である（公管法1）。

公文書等管理法8条《移管又は廃棄》1項は，「行政機関の長は，保存期間が満了した行政文書ファイル等について，…国立公文書館等に移管し，又は廃棄しなければならない。」と規定し，歴史文書を政令で定める基準に基づき国立公文書館に移管し，その他のものは廃棄するという義務を課したのである。

> ✐ 「公用物」から「公共用物」
>   我が国においては公文書は，公務員の執務の便宜のためのものとする考え方が一般的であったため，庁舎と同じく国や公共団体の使用に供される「公用物」として観念されていた。したがって，国や公共団体の内部使用にとどまるのが原則であると考えられていたから，国民の権利義務と直接関わるものではなく，文書管理も訓令の形式で定めればたりると考えられてきた。その後，情報公開制度の創設がこの考え方に画期的な変革をもたらした。すなわち，国は国民に対して，地方団体は住民に対して，説明責任を負

っており，その説明責任（アカウンタビリティ）を履行するために，公文書の開示請求を国民・住民に付与し，開示を原則として義務付けるという制度理念に従えば，公文書は単に公務員の執務の便宜のための公用物ではなく，道路や公園のように誰もが自由に利用できる「公共用物」としての性格も併有することになったといわれている（宇賀克也『情報公開と公文書管理』1頁以下（有斐閣2010））。

(3) 情報公開法

情報公開制度は，主権者たる国民に行政情報の開示請求権を与える仕組みを中心とする制度であり，国民主権・民主主義の実現と深く関わる制度であるといわれることがある。地方団体の条例レベルでは昭和50年代からあったが，国レベルの制度となったのは，平成11年の「行政機関の保有する情報の公開に関する法律」いわゆる情報公開法の制定を待たねばならなかった。この法律に従い，平成13年4月から実施された情報公開法は，国民に対する説明責任の観点から，国民が政府の意思決定を監視するために重要な役割を担うものであって，国民が行政活動に参加するための有効な手段であると説明されている（櫻井＝橋本・行政法218頁）。

行政機関の長は，情報公開法の対象である行政文書（☞行政文書とは）について，開示請求があったときは，これを開示請求者に対して開示しなければならない。情報公開法は，行政情報を原則公開としつつも，例外的に不開示となる情報を次のように6項目に類型化して列挙している（情公法5）。

① 個人情報（情公法5一）（🔍個人情報保護法については263頁参照）
② 法人情報（情公法5二）…権利，競争上の地位その他正当な利益を害するおそれがあるものは不開示
③ 国の安全等に関する情報（情公法5三）
④ 公共の安全等に関する情報（情公法5四）
⑤ 審議・検討・協議に関する情報（情公法5五）
⑥ 事務・事業に関する情報（情公法5六）

☞ **行政文書**とは，行政機関の職員が職務上作成または取得した文書・図画・電磁的記録で，組織的に用いるものとして，行政機関が保有しているものをいう（情公法2②）。

🔖 シャウプは，官庁の資料として，①税法，②省令および規則，③判例，④統計資料のほか，⑤解釈および判定に関する資料を提示すべきと勧告している（シャウプ勧告第四巻D）。すなわち，「国税庁の解釈および判定は現在一般に公開されていない。これらは今日，国税局および税務署に発する通牒に統合されている。これらの解釈および判定は

通牒から分離し，適当な索引を附して一般民衆の用に供するべきである。これらは明らかな同一視し得る様式で定期的に発行され，常に最新のものにしておくべきである。」とする。また，行政手続について，「国税庁は所得税および法人税の下における行政手続，すなわち，行政機構の各構成部分の機能，各種の手続段階に関する規定およびその他の関係事項全部に関する完全な解説書を出版すべきである。」とする。

注目すべきは，解説にとどまらず啓蒙書についても勧告している点である。すなわち，「一般国民に対する啓蒙」として，「前記の資料は大部分弁護士，会計士，税務代理士およびこれに類する者の如き国民中の専門家向きのものである。国税庁は同時に一般納税者でも容易に理解できる，簡単な読み易い形の税法の解説書を出版すべきである。これらの解説書は税法の実体規定の内容についてばかりでなく，行政上の手続段階についてもなされるべきである。解説書は，『農民の税』，『被傭者の税』，『小企業者の税』等の如き各種の納税者向きのものにし，啓蒙宣伝技術の訓練を受けた者の協力を得て作成さるべきである。」とする。

そして，官庁以外の資料についても，「租税に関する文献」，「税に関する討議」，「税法の講座」，「外国の文献および情報」に分けて付言している。とりわけ，「租税に関する文献」については，「税の経済的および財政的問題以外に税の技術的問題についての文献が増えることもまた望ましい。各種の専門的および技術的雑誌には税に関する技術的問題をとり上げた権利ある論説を掲載する余地を作るべきである。税法の実体規定および税の法律的並びに経理的問題について適当な参考書を利用し得るよう保証する措置を講ずべきである。」とする。

租税関係資料は税務官庁の独占物であるべきではなく，納税者は，税制および税務行政一般についても，自己の利害に関係のある租税問題についても，十分な資料と情報を与えられるべきであるという考え方の表明であろう（金子宏「シャウプ勧告と所得税」同『所得課税の法と政策』79頁（有斐閣1996））。

✎ 東日本大震災に伴う福島第一原子力発電所の事故を受けて，一部の国・地域に食品等を輸出する際には，我が国の所管当局が発行する証明書の添付が必要となったため，酒類に係る証明書については国税局で対応している。

¶レベルアップ１！　本人による自己情報の開示請求に対する不開示決定

本人による自己情報の開示請求のように，個人のプライバシーを侵害するおそれを想定し難い場合であっても，それが個人識別情報に該当する以上，原則として不開示と解するのが相当であるとした事例として，大阪高裁平成17年7月28日判決（裁判所HP）がある。これは，情報公開法に基づいてした自己の刑の執行停止申立てに関し，検察庁が医療刑務所その他関係官公署，病院に対して発した照会書，同照会書に対する回答書等の開示請求に対し，請求に係る行政文書の存否を答えるだけで特定個人の刑の執行の有無という個人情報を開示することになるとの理由によって不開示決定がなされたことに対して，同決定の取消しを求めた事案である。

大阪高裁は，次のように説示した。

> 「憲法21条は，国民の表現の自由を保障するところ，その実効性を担保するためには，国民の知る権利も保障する必要がある。しかしながら，憲法上認められる知る権利は，それ自体では抽象的な権利であり，特定の情報ないし文書の開示を請求するためには，これに具体的権利性を与える実定法上の根拠が必要であると解される。してみれば，開示請求権の内容や範囲も，当該実定法の目的や趣旨を参考として，当該実定法の文言に即して判断すべきこととなる。
>   イ　そこで情報公開法の規定についてみるに，同法1条は，行政機関の保有する情報の一層の公開を図り，もって政府の有するその諸活動を国民に説明する責務が全うされるようにするとともに，国民の的確な理解と批判の下にある公正で民主的な行政の推進に資することを目的とする旨規定している。また，同法3条は，何人も，同法の定めるところにより，行政機関の長に対して当該行政機関の保有する行政文書の開示を請求することができる旨規定しており，開示請求者について，何らの制約を加えていない。さらに，同法5条1号本文前段は，個人に関する情報であって，当該情報に含まれる氏名，生年月日その他の記述等により特定の個人を識別することができるものを不開示情報としており，不開示の根拠として，個人のプライバシー保護の必要性を直接の判断基準とする立場に立たず，特定の個人を識別することができる情報（個人識別情報）は原則として不開示とする立場に立っているものと解される。このほか，同法や同法施行令には，開示請求がされた情報が開示請求者自身の情報に該当するか否かを明らかにするための手続が何ら規定されていない。
>   ウ　以上のような情報公開法の規定に照らすと，同法は，本人による自己情報の開示請求のように，個人のプライバシーを侵害するおそれを想定し難い場合であっても，それが個人識別情報に該当する以上，原則として不開示とする立場に立っていると解するのが相当である。」

上記判決は，抽象的な権利であるとしながらも，国民の知る権利を憲法上の権利として認めている。このような説示は他の裁判例においても看取できる。例えば，東京地裁平成17年12月9日判決（裁判所HP）は，「憲法21条は，国民の表現の自由を保障しているが，その実効性を担保するためには，その基礎となるべき『知る権利』が保障されなくてはならないと考えられる。この権利は，憲法13条の定める幸福追求権や憲法19条の定める思想及び良心の自由を確保する上でも，重要なものであることは言をまたない。」とし，「しかしながら，憲法上の『知る権利』は，それ自体では抽象的な権利にすぎず，特定の情報ないし文書の開示を請求するためには，これに具体的権利性を付与する実定法上の根拠が必要であると考えられる。このように，具体的な情報開示請求権が実定法によって創設されると解する以上，その内容や範囲については，当該実定法の目的・趣旨を参考にした上で，その文言に即して判断される必要がある。不

開示事由の解釈についても，基本的にはこのような見解が妥当するというべきである。」とするのである。

(4) 個人情報保護法

1980年（昭和55年）に OECD が「プライバシー保護と個人データの国際流通についてのガイドラインに関する理事会勧告」(OECD Guidelines on the Protection of Privacy and Transborder Flows of Personal Data) を採択した。

その後，日本では，昭和63年には「行政機関の保有する電子計算機処理に係る個人情報の保護に関する法律」が成立し，平成2年から全面的に施行された。しかし，同法の対象は電子計算機処理に係る個人情報に限られており，いわゆる手書き情報（マニュアル情報）には適用がないとか，あるいは罰則規定がないなどの問題が早くから指摘されていた。平成元年には，民間部門に対して通産省（当時）により「民間部門における電子計算機処理に係る個人情報の保護に関するガイドライン」が策定されたが，かかるガイドラインには法的拘束力がないなど，必ずしも個人情報の保護という観点からはその機能は十分なものとはいえないものであった。

そこで，平成15年に「個人情報の保護に関する法律」，「行政機関の保有する個人情報の保護に関する法律」（以下「行政機関個人情報保護法」という。）「独立行政法人等の保有する個人情報の保護に関する法律」等の一連の個人情報保護制度が整備されることとなった。なお，個人情報保護法については，近年，膨大なパーソナルデータが収集分析されるビッグデータ時代の到来等を背景として，個人情報の定義を明確化することによりその範囲の曖昧さを解決し個人情報の保護を図りつつ，かかるデータの活用促進による新産業の創出等，経済活性化を目的とする改正もなされている（平成27年9月3日成立）。加えて，かかる個人情報保護法改正の影響を受け，平成28年3月8日，行政機関個人情報保護法改正案が閣議決定されるなど，情報通信技術の進展に伴い個人情報保護関連の法改正が進んでいる。

以下では，行政機関個人情報保護法に焦点をあてて確認してみたい。

> **行政機関個人情報保護法1条《目的》**
> この法律は，行政機関において個人情報の利用が拡大していることにかんがみ，行政機関における個人情報の取扱いに関する基本的事項を定めることにより，行政の適正かつ円滑な運営を図りつつ，個人の権利利益を保護することを目的とする。

この法律の対象となる行政機関とは，会計検査院を含む国のすべての行政機関をいい（行個情2①)，対象となる保有個人情報は，情報公開法の定める「行政文書」に記録された「個人情報」（ 260頁参照）となる。

行政機関個人情報保護法は，次のように行政機関の長に対して個人情報の保有に係る義務を課している。

① 行政機関は，個人情報を保有するに当たっては，法令の定める所掌事務を遂行するため必要な場合に限り，かつ，その利用の目的をできる限り特定しなければならない（行個情3)。

② あらかじめ，本人に対し，その利用目的を明示しなければならない（行個情4)。

③ 利用目的の達成に必要な範囲内で，保有個人情報が過去または現在の事実と合致するよう努めなければならない（行個情5)。

④ 保有個人情報の漏えい，滅失またはき損の防止その他の保有個人情報の適切な管理のために必要な措置を講じなければならない（行個情6)。

⑤ 利用目的以外の目的のために保有個人情報を自ら利用し，または提供してはならない（行個情8)。

なお，行政機関個人情報保護法は，本人の関与の機会を設け，具体的に関与権を与えている。すなわち，①開示請求権（☞開示請求権とは），②訂正請求権（☞訂正請求権とは），③利用停止請求権（☞利用停止請求権とは）が法定されている。

- ☞ **開示請求権**とは，行政機関の長に対し，当該行政機関の保有する自己を本人とする保有個人情報の開示を請求することができる権利である（行個情12)。
- ☞ **訂正請求権**とは，自己を本人とする保有個人情報の内容が事実でないと思料するときに，当該保有個人情報を保有する行政機関の長に対し，当該保有個人情報の訂正（追加または削除を含む。）を請求することができる権利である（行個情27)。
- ☞ **利用停止請求権**とは，自己を本人とする保有個人情報が，例えば，利用目的以外の目的のために保有個人情報を自ら利用し，または提供されていると思料するときに，当該保有個人情報を保有する行政機関の長に対し，当該各号に定める措置を請求することができる権利をいう（行個情36)。

また，行政機関個人情報保護法は，行政機関の長に対して個人情報ファイル（☞個人情報ファイルとは）の管理についての一定の義務を課している。例えば，行政機関が個人情報ファイルを保有しようとするときは，当該行政機関の長は，あらかじめ，総務大臣に対し，個人情報ファイルの名称，利用目的，個人情報ファイルに記録される項目，個人情報の収集方法などを通知しなければならず，通知した事項を変更しようとするときも通知が義務付けられている（行個情10）。
　また，行政機関の長は個人情報ファイル簿を作成・公表しなければならないのである（行個情11）。

> ☞ **個人情報ファイル**とは，保有個人情報を含む情報の集合物であって，次に掲げるものをいう（行個情2④）。
> ① 一定の事務の目的を達成するために特定の保有個人情報を電子計算機を用いて検索することができるように体系的に構成したもの
> ② ①に掲げるもののほか，一定の事務の目的を達成するために氏名，生年月日，その他の記述等により特定の保有個人情報を容易に検索することができるように体系的に構成したもの

(5) 意見募集制度（パブリック・コメント）

　平成5年に制定された行政手続法には，行政立法手続規定は置かれなかったが，平成11年の閣議決定「規制の設定又は改廃に係る意見提出手続」により行政運営上の措置として導入された。その後，運営実績をみて，平成17年に改正された行政手続法では，命令等（☞命令等とは）に関する一般原則とともに，命令等の制定手続として意見公募手続が新設された。これがいわゆるパブリック・コメントである。これにより，命令等の制定機関は，命令等を定めようとする場合には，当該命令等の案および関連する資料をあらかじめ公示し，広く一般の意見を求めなければならないこととされたのである。

> ☞ **命令等**とは，内閣または行政機関が定める，①法令に基づく命令または規則，②審査基準，③処分基準，④行政指導指針をいう（行手法2八）。

　国税庁では，行政手続法39条におけるパブリック・コメントの規定に基づき，広く一般から意見を募集している。

> **行政手続法39条（意見募集手続）**
> 　命令等制定機関は，命令等を定めようとする場合には，当該命令等の案（命令等で定めようとする内容を示すものをいう。以下同じ。）及びこれに関連する資料をあらかじめ公示し，意見（情報を含む。以下同じ。）の提出先及び意見の提出のため

の期間（以下「意見提出期間」という。）を定めて広く一般の意見を求めなければならない。
2 　前項の規定により公示する命令等の案は，具体的かつ明確な内容のものであって，かつ，当該命令等の題名及び当該命令等を定める根拠となる法令の条項が明示されたものでなければならない。
3 　第１項の規定により定める意見提出期間は，同項の公示の日から起算して30日以上でなければならない。

¶レベルアップ２！　パブリック・コメントの具体例

パブリック・コメントの例として，電子政府の総合窓口（e-Gov）に掲載されているがん保険の保険料に係る法人税法上の取扱いに関する事例をみてみよう（平成28年６月28日訪問）。

(ア)　意見公募手続の実施（表紙）

「法人契約の『がん保険（終身保障タイプ）・医療保険（終身保障タイプ）』の保険料の取扱いについて」（法令解釈通達）の一部改正（案）等に対する意見公募手続の実施について

　国税庁では，「法人契約の『がん保険（終身保障タイプ）・医療保険（終身保障タイプ）』の保険料の取扱いについて」（法令解釈通達）の一部改正及び「法人が支払う『がん保険』（終身保障タイプ）の保険料の取扱いについて」（法令解釈通達）の新規発遣を予定しています。
　これらの改正等につき御意見等（日本語に限ります。）がありましたら，電子政府の総合窓口（e-Gov）の意見提出フォーム，FAX又は郵便等により○○までお寄せください。
　御意見等には，氏名又は名称，連絡先及び理由を付記してください。寄せられた御意見につきましては，氏名又は名称及び連絡先を除き公表させていただく場合があります。
　なお，電話では御意見をお受けできませんのであらかじめ御了承願います。
　また，御意見等に対しましては，個別には回答いたしませんので，あらかじめ御了承願います。

・概括的内容説明

「法人契約の『がん保険（終身保障タイプ）・医療保険（終身保障タイプ）』の保険料の取扱いについて」の一部改正案等の概要
1 　改正等の背景
　（省略）
2 　改正案等の概要
　(1) 上記法令解釈通達の対象とする保険契約の範囲の改正

(省略)
(2) がん保険に対する新たな取扱いの発遣
　　がん保険の保険料に対する新たな取扱いである「法人が支払う『がん保険』（終身保障タイプ）の保険料の取扱いについて」（法令解釈通達）を新たに発遣します（別紙）。
　　この新たな法令解釈通達による取扱いは，平成○年○月○日以後の契約に係る「がん保険」の保険料について適用します。

・具体的通達の変更（案）の内容

（別紙）
法人が支払う「がん保険」（終身保障タイプ）の保険料の取扱いについて（案）
1　対象とする「がん保険」の範囲（省略）
2　保険料の税務上の取扱い
　法人が「がん保険」に加入してその保険料を支払った場合には，次に掲げる保険料の払込期間の区分等に応じ，それぞれ次のとおり取り扱う。
(1) **終身払込の場合**
　イ　前払期間
　　加入時の年齢から105歳までの期間を計算上の保険期間（以下「保険期間」という。）とし，当該保険期間開始の時から当該保険期間の50％に相当する期間（以下「前払期間」という。）を経過するまでの期間にあっては，各年の支払保険料の額のうち2分の1に相当する金額を前払金等として資産に計上し，残額については損金の額に算入する。
　　（注）前払期間に1年未満の端数がある場合には，その端数を切り捨てた期間を前払期間とする。
　ロ　前払期間経過後の期間
　　保険期間のうち前払期間を経過した後の期間にあっては，各年の支払保険料の額を損金の額に算入するとともに，次の算式により計算した金額を，イによる資産計上額の累計額（既にこのロの処理により取り崩した金額を除く。）から取り崩して損金の額に算入する。
［算　式］

$$\text{資産計上額の累計額} \times \frac{1}{105 - \text{前払期間経過年齢}} = \text{損金算入額（年　額）}$$

　　（注）前払期間経過年齢とは，被保険者の加入時年齢に前払期間の年数を加算した年齢をいう。
(2) **有期払込（一時払を含む。）の場合**
（省略）
(3) **例外的取扱い**
（省略）

(イ) 結果発表

> 「法人契約の『がん保険（終身保障タイプ）・医療保険（終身保障タイプ）』の保険料の取扱いについて」（法令解釈通達）の一部改正（案）等に対する意見公募の結果について
>
> 　「法人契約の『がん保険（終身保障タイプ）・医療保険（終身保障タイプ）』の保険料の取扱いについて」（法令解釈通達）の一部改正（案）等については，平成24年2月29日から平成24年3月29日までホームページ等を通じて意見公募を行ったところ，75通の御意見をいただきました。
>
> 　お寄せいただいた御意見の概要及び御意見に対する国税庁の考え方は別紙のとおりです。
>
> 　御意見をお寄せいただきました方々の御協力に厚く御礼申し上げます。
>
> 1　御意見の提出状況
> ○　郵便等によるもの　　　　　0　通
> ○　FAXによるもの　　　　　　2　通
> ○　インターネットによるもの　73　通
> 　　　　　　　　　合　計　　　75　通
> 2　御意見の概要及び御意見に対する国税庁の考え方
> （別紙参照）

（別紙）　一部のみ掲載

区分	御意見の概要	御意見に対する国税庁の考え方
改正の必要性	がん保険は企業の福利厚生として必要であり，また，全額損金扱いとすることにより企業の資産（内部留保）形成に資することから，今までどおりの取扱いでよいのではないか。	平成13年の通達の発遣後10年余が経過し，保険会社各社のがん保険の商品設計の多様化等により，がん保険の保険料に含まれる前払保険料の割合及び解約返戻金の割合にも変化が見られることから，現在のがん保険の商品全体の実態を踏まえた取扱いの適正化を図る必要が生じていました。 なお，今般の改正は，現在のがん保険の商品全体の実態を踏まえて支払保険料の損金算入時期の適正化を図ったものであり，支払保険料の損金性を認めないものではありません。
適用時期	通達改正自体をもう少し先送りし，また，改正後の取扱いの適用時期は，公表から半年間など一定程度の期間を取るべきである。	今般の改正は，現行の取扱いが現在のがん保険の商品全体の実態と乖離している状況にあると認められたことから，その実態を踏まえた取扱いの適正化を図ることとしたものであり，具体的取扱いが決定次第，適用することとしたものです。

適用時期	既契約については従前どおりの取扱いとすべきである。	改正通達の適用時期については，平成24年4月27日以後に新たに契約するものに適用することとしており，既契約分については，改正前の通達の取扱いの例によることとしています。
個別の取扱い	保険期間における毎年の付保利益が一定ではない場合，保険料の取扱いはどのようになるのか。	本通達に明確に定めのない取扱いについては個々の契約の内容によって判断することになりますので，具体的にそのような事例が生じた場合には，最寄りの税務署等へお尋ねください。

(参考) 1 今回の意見公募手続に付した「法人契約の『がん保険（終身保障タイプ）・医療保健（終身保障タイプ）』の保険料の取扱いについて」（法令解釈通達）の改正内容に関する御意見のみ掲載しております。
2 「御意見の概要」欄は，重複した御意見を取りまとめた上で，要約したものを掲載しております。

✍ **米国における告知コメント手続**
　APA（Administrative Procedure Act：連邦行政手続法）は，行政機関が，行政解釈の一形態である「規則（rules）」を制定する場合には，原則として，連邦公示録に掲載することによって告知コメント手続の実施を求めている。APAは，行政機関の行為が専断的・恣意的，裁量の濫用，その他法に従っていない場合または法が要請する手続を遵守していない場合など一定の場合には，裁判所はかかる行為によって発行される規則を違法なものとして取り消さなければならない旨を定めている（APA §706 (2) (A) (D)）。連邦最高裁判決（Mayo v. U. S. 131 S. Ct. 704（2011））は，一般的授権規則についての告知コメント手続の実施を要請しているものの，米国財務省または米国内国歳入庁（IRS）は，財務省規則は実施が求められていないと説明する（この点については，泉絢也「米国財務省による告知コメント手続の遂行状況とMayo判決の影響」中央大学論究47巻1号1頁参照）。

(6) 文書回答制度

　申告納税制度のもとで，納税者が適正に申告を行うには，納税者自身が税務上の取扱いについての十分な理解をしておく必要がある。そのため，国税庁は，納税者に税務上の取扱いについての理解をしてもらうことを目的に，従前から「納税者サービスの一環」として事前照会（☞事前照会とは）に応じていた。

　✍ 東京地裁平成12年8月28日判決（判タ1063号124頁）は，税務署長には，文書回答の義務がない旨判示している。
　☞ **事前照会**とは，申告前における照会あるいは取引前における照会のことをいう。

一方，かねてより「行政の透明性確保」，「納税者の便宜」といった手続的観点から，事前照会に対する文書による回答手続（以下「文書回答手続」という。）の整備が要請されてきた。例えば，昭和43年の政府税制調査会答申においては，国税庁において慣行として行われている照会回答制度の育成が指摘され，平成12年の総務省「税務行政監察結果に基づく勧告」においても，事前確認制度の整備への検討が勧告された。このような中，国税庁では，申告納税制度のもとにおける適正・公平な課税の実現に資する手続として，平成13年6月に文書回答手続を整備した。

その後も，文書回答手続については，さらに利用しやすい制度設計を要請する拡張論が議論され，対日投資会議や総合規制改革会議などによる「投資環境の整備」という観点からの要請などに応じて，平成16年には従来受け付けてこなかった特定の納税者の個別の事情に係る照会をも文書回答手続の対象とするなど，抜本的な見直しが図られた（酒井克彦「事前照会に対する文書回答手続の在り方」税大論叢44号474頁）。

税務署や国税局で応じた事前照会は，平成26年度131件，平成27年度125件となっており，質疑応答事例のホームページへの掲載件数については，平成27年度末時点において1,811件となっている（「国税庁レポート2016」14頁）。

📝 文書回答手続の概要

1　文書回答手続の対象となる事前照会の範囲
　　事前照会者が，自ら実際に行った取引等または将来行う予定の取引等で個別具体的な資料の提出が可能なものについての国税に関する事前照会であって，これまでに法令解釈通達などによりその取扱いが明らかにされていないもので，次に該当することが必要である。
　① 　国税の申告期限前（源泉徴収等の場合は納期限前）の事前照会であること
　② 　次のことに同意すること
　　・審査に必要な資料の提出をすること
　　・照会内容および回答内容が公表されること（関係者の同意を得ることも含む。）
　　・公表等に伴い発生した問題は，事前照会者の責任において関係者間で解決すること
　　（注1）事前照会者から申出がない限り，事前照会者名は公表されない。
　　（注2）事前照会を代理人を通じて行う場合は，その代理人は税理士法2条に規定する「税理士業務」を行うことができる者であることが必要となる。
2　文書回答手続の対象にならない事前照会の範囲
　① 　仮定の事実関係や複数の選択肢がある事実関係に基づくもの
　② 　調査手続，徴収手続，酒類等の製造免許・販売業免許または酒類行政に関係する

もの
③　財産評価や取引等価額の算定・妥当性の判断に関するもの（例えば，法人税法上の役員の過大報酬等の判定や個々の相続財産の評価に関するものなど）
④　取引等の主要な目的が国税の軽減等であるものや通常の経済取引等としては不合理であると認められるもの
⑤　提出された資料だけでは事実関係の判断ができず，実地確認や関係者への照会等による事実関係の認定を必要とするもの
⑥　その他適切でないと認められるもの

🖉　金子宏教授は，制度が分かりやすくて使いやすいことも，ルール・オブ・ローの1つの内容だとした上で，「最近は円高で，投資した外国系の企業が逃げていくこともありますが，それを少しでも防止するためには，租税制度を分かりやすくすることが必要で，投資環境の改善がたいへん重要だと思います。税制も投資環境の一つですから，アドバンス・ルーリングのような制度がいっそう整備されて，短期間のうちに公定解釈を示し，いったん示したものは取り消せないということを，制度として導入していくことによって，投資環境が良くなるのではないか」と，投資環境のインフラという面からの重要性も論じられている（座談会・法時84巻4号74頁）。

¶レベルアップ3！　関税法上の申告納税制度と事前教示制度
(ア)　申告納税制度の円滑運営のための教示制度

　関税法は，申告納税方式を採用した場合の事前教示制度を法律上の制度として確立している（関法7③）。昭和41年10月からの申告納税制度の開始とともに，税関は即日通関を目途として各種の施策を実施した。

🖉　申告納税制度はすべての貨物に対して導入されるのではなく，入国者の携帯品の通関，外国郵便物の通関など「いわば一見の客が相手で，申告納税を実施する基盤がない」ものについては（植松守雄「申告納税制度の導入」貿易実務ダイジェスト1996年6月号2頁），賦課課税方式によることになる。

　適正な申告は貿易関係者の協力にまつところが大きく，新規商品等については，輸入申告者が直ちに関税率表の適用税番の索引を行うことが困難な場合もある。そこで，「税関側としても正しい申告が容易に行えるような体制を整備することとし，申告納税制度の実施に伴い，各種の通関合理化施策とともに積極的な事前教示を制度化することとした。」とされている（中西康雄＝塩沢昭一「新輸入通関体制に伴い検査鑑定事務を整備」貿易実務ダイジェスト1966年10月号20頁）。すなわち，事前教示制度は，申告納税制度における輸入者の適正な申告を助長し，申告納税制度の円滑な運用を図るために設けられている制度であるといえよう。

(イ) 事前教示制度の手続

申告納税方式が適用される貨物を輸入しようとする者は、税関長に対し、当該貨物に係る関税の納付に関する申告をしなければならないとされており（関法7①）、この申告納税方式の申告について必要な輸入貨物に係る関税定率法別表（関税率表）の適用上の所属、税率、課税標準等の教示を求められたときは、その適切な教示に努めることとされている（関法7③）。教示事項としては、導入当初、輸入通関に関する全般的事項に及ぶこととされていたが、その後の見直しにより、①税関率表上の所属番号、②税関率、③統計品目番号、④内国消費税の適用区分およびその税率、⑤関税法70条《証明又は確認》に規定する「他の法令」の適用の有無について教示することとされている。

(ウ) 裁判例の検討

X（原告・被控訴人）は、ブラジルからひき割り小麦を輸入して国内で販売し、利益を上げようと計画し、関税法7条3項に規定する事前教示制度を利用して東京税関に照会したところ、関税率等および他の法令として食料衛生法のみを教示され、小麦3トンを輸入した。Xはさらに8トンの輸入を計画し、着荷後、輸入申告したところ、食糧庁の係官から、ひき割り小麦は、食糧管理法上、輸入統制対象品であって輸入することはできないと言われ、輸入を断念し、これら全量を減却処分にした。XはY国（被告・控訴人）に対し、税関の係官の回答が誤っていたこと、ひき割り小麦3トンの輸入許可が誤っていたことを理由に908万円余の損害賠償を求める訴訟を提起した。

東京地裁平成8年1月23日判決（判時1583号94頁）は、「本件のように実際に輸入許可が下された場合に、当該輸入業者が当該輸入貨物がその後も輸入可能であると考えることは通常あり得ることであり、また、輸入に際しての適用法令の全てを把握できない業者にとって、試験的に輸入申告をしてみたところ、現実に輸入が許可されたとなると当該輸入貨物が輸入統制対象品ではないと解するのが常識であろう。」とした上で、Xの信頼を法的に保護すべきとして次のように説示した。

> 「輸入許可によって、Xに何ら義務を課するものではないにしても、輸入許可という行政行為によって、違法な外観を作出したのであるから、違法な外観を信頼したのが全くの第三者の輸入業者である場合はともかく、本件における原告の信頼は法的に保護されてしかるべきである。」

また，事前教示制度を利用して回答を得たことについて，同地裁は次のように判示した。

> 「事前に事前教示制度を利用し，一度は『IQ』に指定されたため，製法をかえて，再度事前教示制度を利用して本件回答を得，それに他法令欄に『食品衛生法』とのみ記載されていたため，他の法令には抵触しないと思って，当初の3トンのひき割り小麦の輸入申告をしたのであって，故意に税関を欺いて輸入しようとして関税法70条1項に定められた他法令の規定により輸入に関して許可，承認等を要する貨物についての税関に対する証明義務をことさら懈怠したのではないのであるから…，Xの信頼は法的に保護されてしかるべきである。」

これに対し，控訴審東京高裁平成9年7月17日判決（訟月45巻3号457頁）は，関税法7条3項の「規定の文言に加え，同項が同法第2章（関税の確定，納付，徴収及び還付），第2節（申告納税方式による関税の確定）のうち，申告納税方式が適用される貨物を輸入しようとする者の関税の納付に関する申告の義務及びその申告の手続等を定める7条中の一項として置かれていることからすれば，同項は，納税申告の適正，円滑な実施を期するため，納税義務者への便宜供与を目的として，納税義務者の求めにより，貨物の関税率表適用上の所属，関税率，課税標準等，関税額の算定に必要な事項についての税関の適切な見解をできる限り明らかにするように努めるべきものとする趣旨の訓示規定であると解するのが相当である。」と判示した。

このような説示に加えて，事前教示の法的性格付けを次のように示している。

> 「事前教示制度の実施の細目を定める関税基本通達7-16は，貨物の関税率表適用上の所属区分，関税率，統計品目番号等のほか，他法令についても，納税義務者等からの教示の求めに応ずるものとしているが，(1)右に判示した関税法7条3項の規定の趣旨・目的，(2)関税法は，他法令の規定により輸入に関して許可，承認等を必要とする貨物について，輸入申告の差異，これを輸入しようとする者が，許可，承認等を受けている旨を税関に証明すべきものと定め（関法70条1項），これを輸入しようとする者にその証明義務を課していることからすれば，貨物の輸入に関して，許可，承認等を必要としている他法令の存在についても，これを輸入しようとする者の責任においてその調査をすべきものとの立場を採っているものと解されること，(3)他法令の規定に基づき貨物の輸入に関して，許可，承認等の権限を付与されているのは，税関以外の他の行政機関であるが，ある貨物が輸入に関して許可，承認等を必要とするか否かについて税関が納税義務者の教示の求めに応じてする見解の表明は，右行政機関による当該許可，承認等の権限の行使に影響を及ぼすものではないことを併せ考えると，税関が納税義務者等からの求めに応じてする他法令についての教示は，それ

> 自体としては何らの法的効果を有しないもので、税関の参考意見としての性格を持つにとどまるものというべきである。したがって、税関のした教示の内容に、他法令の指摘が網羅的でないなどの不十分な点があった場合にも、そのような参考意見としての性格を有するにすぎないその教示が、国家賠償法1条1項の損害賠償責任を基礎付けるに足りる違法性を帯びることはないというべきである。」

　この事前教示制度の法的性格については、次のように考える見解がある。
　すなわち、「具体的に実存する貨物についての税関側の意思表示は、輸入者〔筆者注：納税義務者〕の輸入〔筆者注：納税申告〕によって初めて判定し、その特定された貨物について、課税標準・税番・税率税額が確定され輸入許可という行政行為がなされ〔る〕のである。これに対して事前教示に対する回答は、教示依頼等被教示者が申し出た内容について抽象的に判断するもので、特定された貨物との結び付きがなされていないといえることから、単に教示依頼があり、その内容について税関側の意見を表示したものに過ぎず、回答行為そのものによって、行為の客体が存在しないため、何らの法的効果を発生することなく、税関側も被教示者側にあってもその内容に拘束されることがないのである。」と考えられる（藪原功一「税法における信義則の適用について―納税申告に係る事前教示の性格―」税関研究所論集13号224頁）。
　このような考え方によると、事前教示制度は、法定化されているものの、一般人が各行政機関に、許認可等を受ける前に、いかなる手続等をするかを問い合わせ、その回答を得て、適正な手続をして許認可を得る事前の相談制度と何ら変わるところがないと帰結されよう。こう考えると、上記規定は難解で専門技術化した法規への適用のために行政サービス的な意味において相談制度を設けるということに趣旨があるのであり、一般人に相談をさせこれを指導していくことは行政として不可欠の活動であると考えられているようである。
　関税実務においても、「訓示規定の性格上、税関は適切な教示に努めなければならないことはもちろんであるが、教示をした後その内容と異なる更正をせざるを得なかったような場合に、その更正を無効ならしめるほどの法律的効果を持つものではない。」とされているが（大蔵省関税研究会『関税法精解』126頁（日本税関協会1992））、議論のあるところであろう。

¶ レベルアップ4！　文書回答手続の具体例

具体的な事例として，国税庁HPに掲載されている「特定のNPO法人等へ助成することを希望して支出する寄附金にかかる税務上の取扱いについて」を素材として（平成28年6月28日訪問），概観してみたい。

(ア)　事前照会者の照会

> 事前照会者：①氏名・名称：S県
> 　　　　　　②総代又は法人の代表者：S県知事
> 照会の内容：③事前照会の趣旨（法令解釈・適用上の疑義の要約及び事前照会者の求める見解の内容）
> 　　　　　　　別紙1のとおり
> 　　　　　　④事前照会に係る取引等の事実関係（取引等関係者の名称，取引等における権利・義務関係等）
> 　　　　　　　別紙2のとおり
> 　　　　　　⑤④の事実関係に対して事前照会者の求める見解となることの理由
> 　　　　　　⑥関係する法令条項等　法人税法第37条第3項，所得税法第78条第2項
> 　　　　　　⑦添付書類：NPO活動助成事業の概要（省略）
>
> 別紙1　事前照会の趣旨
> 　本県においては，ボランティア活動をはじめとする市民が行う自由な社会貢献活動としての特定非営利活動（特定非営利活動促進法第2条第1項に規定する特定非営利活動をいいます。）その他の社会貢献活動を促進するため，S県社会貢献活動促進基金条例による静岡県社会貢献活動促進基金（以下「F活動基金」といいます。）を創設し，S県内外の住民，法人及び団体（以下「県民等」といいます。）からの寄附を広く募集することとしました。
> 　本県としては，このF活動基金を活用したNPO法人等への支援を促進する観点から，県民等が特定のNPO法人等へ助成することを希望して支出する寄附金及び特定の支援内容を希望して支出する寄附金についての取扱いを明らかにすることにより県民等が寄附しやすい環境を整備したいと考えております。
> 　つきましては，この募集に応じて県民等が支出する団体支援寄附及びテーマ希望寄附が，法人税法第37条第3項第1号又は所得税法第78条第2項第1号の「国又は地方公共団体に対する寄附金」に該当するものと解して差し支えないか照会申し上げます。
>
> 別紙2　事前照会に係る取引等の事実関係
> 　F活動基金事業の概要
> 　(1)　事業目的
> 　　　ボランティア活動をはじめとする市民が行う自由な社会貢献活動としての特定非営利活動その他の社会貢献活動を促進するための事業を行うことを目的とする。
> 　(2)　事業内容
> 　　　F活動基金事業とは，次に掲げる事業等から成り立っている。
> 　　　（以下省略）

(3) 基金の造成
F活動基金事業を行うため，次の資金により基金を造成する。これらの資金のうち○及び○は，県の歳入（一般会計）として受け入れ，F活動基金として管理する。
（以下省略）
(4) 基金の処分（助成・支出）
以下のとおり，造成された基金ごとに，これらの資金を財源としてそれぞれ助成事業を行うとともに，県が行う事業管理運営事務及び○に係る経費に使用するものとする。
（以下省略）
(5) 基金事業の流れ（省略）
(6) 基金事業の開始時期（省略）

別紙3　事前照会者の求める見解となることの理由
F活動基金事業は，…からすれば，本県の事業として実施するものであり，また，本県は導管（トンネル）となることなく自ら助成金の支給先を決定しているものと認められることから，県民等が支出する団体支援寄附及びテーマ希望寄附については，「特定の団体に交付されることが明らかである等最終的に国等に帰属しないと認められるもの」には該当しないものと考えられます。
したがって，県民等が支出する団体支援寄附及びテーマ希望寄附については，法人税法第37条第3項第1号又は所得税法第78条第2項第1号の「国又は地方公共団体に対する寄附金」に該当するものとして取り扱って差し支えないものと考えられます。

(イ)　国税庁の回答

標題のことについては，ご照会に係る事実関係を前提とする限り，貴見のとおりで差し支えありません。
ただし，次のことを申し添えます。
(1) ご照会に係る事実関係が異なる場合又は新たな事実が生じた場合は，この回答内容と異なる課税関係が生ずることがあります。
(2) この回答内容はN国税局としての見解であり，事前照会者の申告内容等を拘束するものではありません。

> **Tax Lounge** 　**行政の透明性**
>
> 　行政の透明性が重要であることは改めて指摘するまでもない。
> 　この点は，例えば，中央省庁等改革基本法4条（中央省庁等改革の基本方針）7号は，「行政運営の透明性の向上を図るとともに，政府の諸活動を国民に説明する責務が全うされるものとすること。」とする規定など法律においても明定されているところである。
> 　しかしながら，この透明性は誰に向けられたものであろうか。反論もあるとは思われるが，国民に対する説明責任が同一文に示されていることからすれば，およそ国民に向けられた透明性が前提とされているようにも読める。
> 　やや古い話になるが，昭和58年に日米財界人会議の報告書「行動指針（Agenda for Action）」は，日本企業の行動原理に対する米国からの圧力が背景とされたものであるが，「米国には，行政指導が，日本市場で競争している米国企業や米国製品に対して日本企業や日本製品を優遇するよう行使されているのではないかとの相当の猜疑心がみられる。米国内には，行政指導がその性格上，競争制限的で，反輸入的であるとの意見が強い。これらの意見は，ある程度，行政指導の利用に透明性が欠けていることからくるものであろう。」とかなり厳しい。当時の日米経営者の一致する見解として，「日本政府による行政指導は，米国からの輸入にせよ，日本からの輸出にせよ貿易を制限するものは，好ましくない。」と記述されているのである。
> 　思えば，平成16年に実施された文書回答手続の見直しには，アドバンス・ルーリングの日本への導入を求める諸外国側の要求も強かったのである（酒井克彦「事前照会に対する文書回答手続の在り方」税大論叢44号463頁以下）。そこでも，同様の強い主張があったのであるが，透明性の意味内容については開かれた日本の行政という見地からの充実した議論が必要であることは多言を要しない。

26 税理士制度

(1) 税理士という租税専門家
ア 税理士の使命
税理士は，納税者の求めに応じて租税に関する代理その他の行為を業として行う。税理士は，「独立した公正な立場」に立って納税義務の適正な実現を図ることを使命とする。

> **税理士法 1 条《税理士の使命》**
> 　税理士は，税務に関する専門家として，独立した公正な立場において，申告納税制度の理念にそって，納税義務者の信頼にこたえ，租税に関する法令に規定された納税義務の適正な実現を図ることを使命とする。

　🖋 税理士と顧客との間の法律関係は，委任契約と解されている。もっとも，コンサルタント業務という面も考えれば，委任契約類似のものであることも多い。

なお，平成13年の税理士法改正により，税理士法人（☞税理士法人とは）を設立して業務を行うことが認められたが，その使命は同法 1 条の示すところと変わりがない。

　☞ **税理士法人**とは，税理士業務を組織的に行うことを目的として税理士が共同で設立する法人をいう（税理士48の 2）。税理士法人には，2 名以上の社員が必要であるが（税理士48の18②），かかる社員は税理士でなければならない（税理士48の 4 ①）。

イ 税理士の業務
税理士業務は，税務代理（☞税務代理とは），税務書類の作成（☞税務書類の作成とは），税務相談（☞税務相談とは）の 3 つからなる（税理士 2 ①）。これを税理士の基本的業務ともいう。

　☞ **税務代理**とは，申告・申請・不服申立て等について代理や代行をすることをいう。
　☞ **税務書類の作成**とは，申告書その他税務官公署に提出する書類を作成することをいう。なお，このような場面での電磁的記録の作成も含む。
　☞ **税務相談**とは，税務代理の事項について，相談に応じることをいう。

その他，これらの税理士業務のほか税理士付随業務（☞税理士付随業務とは）や，補助税理士業務（☞補助税理士業務とは）を行うこと，裁判所において出廷陳述（☞出廷陳述とは）を行うこと，会計参与（☞会計参与とは）となることもできる。

☞ **税理士付随業務**とは，財務諸表の作成，会計帳簿の作成など財務に関する事務として税理士業務に付随して行われる業務をいう（税理士2②）。

☞ **補助税理士業務**とは，他の税理士や税理士法人の補助者として税理士の行う業務に従事することをいう（税理士2③）。かかる業務者を補助税理士という。

☞ **出廷陳述**とは，租税訴訟において，補佐人として弁護士である訴訟代理人とともに出廷し，陳述をすることをいう。平成13年税理士法改正により出廷陳述権が認められた。

☞ **会計参与**とは，取締役等と共同して計算書類等を作成する会社の機関をいう。株式会社（ただし特例有限会社を除く。），保険相互会社および特定目的会社における内部機関である（会333，334）。平成18年の会社法施行に伴って税理士がこれに就くことができるとされた（酒井克彦「中小会社における会計参与制度の意義と展望」税弘53巻1号65頁も参照）。

(2) 税理士の資格・登録

税理士となるためには，次のいずれかを満たさなければならない（税理士3）。

① 税理士試験（☞税理士試験とは）に合格した者
② 試験科目（☞試験科目とは）の全部について，税理士試験を免除された者
③ 23年以上税務署に勤務し指定研修を修了するなどした国税職員
④ 弁護士（弁護士となる資格を有する者を含む。）
⑤ 公認会計士（公認会計士となる資格を有する者を含む。）

☞ **税理士試験**とは，税理士となるのに必要な学識およびその応用能力を有するかどうかを判定することを目的として国税審議会（☞国税審議会とは）が行う試験である。受験のためには一定の受験資格を満たすことが必要となる。

☞ **試験科目**とは，選択可能性によって，必修科目（簿記論，財務諸表論），選択必修科目（法人税法，所得税法），選択科目（相続税法，消費税法または酒税法，国税徴収法，地方税法（事業税または住民税，固定資産税に関する部分）に分類される。

☞ **国税審議会**とは，国税庁内に置かれ，財務大臣の任命による20名以内の委員で組織される審議会をいう（国審令2①）。ここには，①国税通則法の規定により審議会の権限に属させられた事項を処理する「国税審査分科会」，②税理士法の規定により審議会の権限に属させられた事項を処理する「税理士分科会」，③酒税の保全及び酒類業組合等に関する法律の規定により審議会の権限に属させられた事項等を処理する「酒類分科会」がある（国審令6）。

税理士となるには，原則として，税理士となる資格を有する者が日本税理士会連合会に備える税理士名簿に，財務省令で定めるところにより，氏名，生年

月日,事務所の名称および所在地その他の事項の登録を受ける必要がある(税理士18)。

なお,平成26年度税制改正により,公認会計士については,公認会計士法16条(実務補習)1項に規定する実務補習団体等が実施する研修のうち,財務省令で定める一定の税法に関する研修を修了した公認会計士とすることとされた(改正税理士法3③。当該規定は平成29年4月1日以後に公認会計士試験に合格した者について適用される。)。

(3) 税理士の義務

税理士および税理士法人は,例えば,以下のようなさまざまな義務を負う(金子・租税法165頁による分類)。

① 代理権限を明示する義務(税理士30)
② 税理士証票を呈示する義務(税理士32)
③ 脱税相談の禁止(税理士36)
④ 信用失墜行為の禁止(税理士37)   〕専門職業人としての義務
⑤ 研修を受ける義務(税理士39の2)
⑥ 事務所設置義務(税理士40)
⑦ 助言義務(税理士41の3)
⑧ 業務の制限・停止(税理士42,43)
⑨ 特別委任義務(税理士31)   〕納税者の代理人としての義務
⑩ 守秘義務(税理士38)

なお,書面添付制度を採用する税理士については次のような規定がある。

① 税務官公署の当該職員は税理士に対しその調査の日時場所を通知しなければならない(税理士34)。
② 税務官公署の当該職員は,あらかじめ納税者に日時場所を通知してその帳簿書類を調査する場合において,当該通知をする前に,税理士に対し,当該添付書面に記載された事項に関し意見を述べる機会を与えなければならない(税理士35)。

> **✎ 税理士に課される節税義務**
> 東京地裁平成13年2月27日判決(税資250号順号8847)が,「国が資格を付与し,税法に違反する行為を法律で禁止され,懲戒をも課される我が国の税理士制度の下では,納

税者は，税理士に対し，税務申告手続の煩わしさから解放されると共に，法律に違反しない方法と範囲で必要最小限の税負担となるように専門的知識と経験を発揮していわゆる節税をすることをも期待して委任する」とするように，通常は節税することが期待された委任契約が締結されていると理解されているようである。そうであれば，一般的にそのような期待の上に顧客と税理士との信頼関係が形成されていると考える。

また，東京地裁平成9年10月24日判決（判タ884号198頁）は，「税理士は，税務に関する専門家として，独立した公正な立場において，申告納税制度の理念にそって，納税義務者の信頼にこたえ，租税に関する法令に規定された納税義務の適正な実現を図ることを使命としている（税理士1条）。したがって，税理士は，税務の専門家として，納税義務者から税理士業務を依頼された場合には，税理士業務を特定の方法で遂行することを指定されたとき，特定の税理士業務のみを独立に指定して依頼されたとき，又は納税義務者にとってより有利な途を選択することに何らかの困難，弊害が伴うときなど，特別の事情があるときでない限り，租税関係法令に適合した範囲内で依頼者にとってより有利な税理士業務の方法を選択すべき義務があるというべきである。」として，節税義務を肯定する。

課税要件の充足に従って適法に租税負担を軽減することは何ら問題となるはずのないものであり，法律家である税理士にはこの点について意を尽くすことも求められている。このことは，税理士が適正な納税義務の実現を使命とする専門家であるべきであるとする立場に何らの陰りも与えるところではない。

(4) 懲戒処分

税理士がその職責に反する行為をした場合には，財務大臣は，懲戒処分をすることができることとされている。懲戒処分の要件は税理士法に規定されており，かかる要件を満たさない場合になされた懲戒処分は違法であるが，他方，要件を充足している場合であっても，懲戒処分は財務大臣の自由裁量事項であると解されているため（金子・租税法166頁），処分を行わないこともできる。

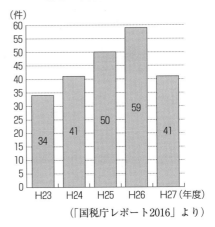

図表　税理士・税理士法人に対する懲戒処分等件数

（「国税庁レポート2016」より）

¶レベルアップ1！　税理士の公正な立場

税理士法は税理士に中立を求めてはいない。それは同法1条が「独立した公正な立場」としており，「中立な立場」と規定しているわけではないことから

も分かる。中立といえば，税務当局と納税者との間に立って，その対立軸の中でいずれからみてもほぼ中位に位置するということになるが，法はそのような立場を税理士に求めているわけではない。では税理士の軸足はどこに置くべきであろうか。税務当局寄りの立場を求めているのであろうか。あるいは納税者寄りの立場を求めているのであろうか。

この点，シャウプ勧告が，「税務官吏をして法律に従って行動することを助ける積極的で見聞の広い職業群が存在すれば適正な税務行政はより容易に生まれるであろう」として（付録D, E4），税理士制度を提唱したことや，監督権限が当局にあることなどからすれば，あくまでも税理士は，税務当局が行うべき適正・公平な課税の実現の補助者と位置付けられているようにも思われる。税理士が税務当局の下請け的な立場にあると揶揄されることもある。そうすると，税務当局寄りにあるという見方は必ずしも的外れな意見ではないのかもしれない。

　　納税者が税理士に対して隠蔽・仮装行為を行ったことが重加算税の賦課要件を充足するとされた事例として，最高裁平成7年4月28日第二小法廷判決（民集49巻4号1193頁）がある。

他方，シャウプ勧告が，「税務署と納税者との交渉が重要性を増してきた」際に，「主として，納税者の代理としての税専門家」が求められるとして租税

Tax Lounge　税理士自治

弁護士の反正義的行動に対するサンクションについて，我が国の弁護士制度では，弁護士自治の原則に基づき弁護士会の判断にゆだねられるかたちでなされる。弁護士法58条は，同法56条に規定する懲戒事由該当性について，①「何人も」弁護士会に懲戒請求することができることとされ，②弁護士会の綱紀委員会がその調査により弁護士の懲戒相当性について調査することとなっているのである。

最近では，ある事件を担当する弁護士について，全国から懲戒請求が寄せられるという事例もあったので，弁護士法58条の「何人も」請求できるという点について随分と広く一般にも知られるところとなった。もっとも，弁護士自治そのものが危ういとして，刑事事件公判暫定特例法案（いわゆる「弁護士ぬき裁判」特例法案）が国会に上程されたこともあるが，依然として弁護士自治は固く守られている。

税理士の懲戒についても，税理士自治により税理士会が主導する事例もあるが，会費未納事例などを除けば，その多くは財務大臣による懲戒処分が中心である（税理士45，46）。同僚を懲戒することの困難性や，手加減が加えられているのではないかとの憶測に対する煩わしさなどを考えると，この点についての自治がすべて税理士会に委ねられるべきということになるのかは，意見の分かれるところであろう。

専門家制度に言及していたことや，「税務官吏に対抗するのに税務官吏と同じ程度の精通度」が必要であるとしてこの制度を考えていたことからすれば（付録D, E4），むしろ税理士には納税者寄りの立場が求められているのかもしれない。

✍ 税理士が行った隠蔽・仮装行為が納税者に対する重加算税の賦課要件を充足するとされた事例として，東京高裁平成15年12月9日判決（民集60巻4号1823頁）がある。

しかしながら，これらの視角には，その根底において大きな2つの誤りがあるといわざるを得ない。まず，第一に，このような観察の基礎には，知らず知らずのうちに，適正な課税の実現は税務当局の作業であり，理解ある納税者があくまでもこれに協力をするという見地に出た考え方が背景にあると思われる。しかし，納税義務の履行はあくまでも納税者が主体的に行うものであって，誰々のために納税者が協力するというような性質のものではないはずである。ましていわんや，適正な納税義務の履行とは税務当局に協力をすることというようなものではないのである。王制に基づく強制徴税を前提とするのであれば格別，現代の近代民主国家の主権者たる国民は，自らの国家運営のための経費の負担割当てを自らの意思に基づいて（自己同意）民主的に決定しているのである（租税法律主義）。すなわち，納税義務は，自らの社会運営のために自らが自己同意したかたちに沿って負担をすることを宣明したところに由来するものである。

第二に，税理士は公正な立場から「納税義務の適正な実現を図ることを使命とする」専門家であるということである（税理士1）。税務職員と納税者の意見に沿わないところに公正な課税が所在することもあろう。すなわち，時として，税務職員と納税者が手を結ぶことがあるかもしれない。「中立な立場」であれば，同じ方向を向いている税務当局と納税者との間に入って，当然ながら，それらの意向に沿った結論を導くことになろうが，その結論が適正でない場合には，税理士は公正な見地から結論を示す役割を担っていると考えるべきである。より具体的にいえば，租税法律主義からみて疑義のある税務当局の指導があった場合に，納税者がそれに従う意向をみせたときに，税理士には，かかる指導を「適正」というスクリーンにかけた上で助言する公正さが要請されているはずである。

このような見地からすれば，およそ税理士が税務当局の下請けであろうはずはないのである。むしろ，税務職員が誤った指導をしている場合にはそれを指

摘し，納税者にも説明をした上で，本来，租税法が求めている適正な課税の実現を目指すことこそが，「独立した公正な立場」に立つ専門家の役割であると思われるのである。同様に，納税者の下請けでないのも当然である。

　上記の見解に対しては，顧客から報酬を得ていることを捨象した青臭い議論だとの批判が聞こえてきそうである。しかし，非の打ちどころのない申告書を作成することがいかに納税者にとって心強い支えとなるか。税務当局から法律に反するような指摘を受けた際に，納税者を法に従って守ることがいかに大きな意味をもつか。適正な申告書を作成することが，納税者にとって大きなメリットである点を納税者に伝えることもまた税理士の役割なのではあるまいか（酒井克彦「税理士制度を取り巻く今日的問題と税理士のあり方―確固たる租税専門家としての税理士像を模索して―」税理士会1290号12頁参照）。

¶レベルアップ2！　TPP問題あるいは業際問題

　かねてより参加問題が大きく議論されていたTPP（Trans-Pacific Strategic Economic Partnership Agreement: 環太平洋戦略的経済連携協定）も，平成27年10月の閣僚会合における大筋合意の後，平成28年2月には署名式も執り行われ，国内の法整備等が本格化しつつある。現在もその可否についてはさまざまな議論がなされているところではあるが，21の分野のうち，「越境サービス分野」として専門家資格の問題が惹起されている。具体的にいえば，諸外国の類似制度に基づく資格者あるいはそれと同等の能力があるとみられる者が，我が国の税理士制度に基づく資格を有せずに参入してくる可能性を排除できないことになるのではないかという懸念がある。通貨危機後成長軌道へ復帰した隣国の韓国は，EU韓FTA協議および米韓FTA協議の交渉と軌を一にして，税務士法を改正したところである。

> 　韓国における2011年6月30日税務士法改正（法律第10805号）の改正理由は，「『大韓民国とユーロ連合及びその会員国との自由貿易協定』が締結されるにつれ，税務士業務の一部を協定締結国に開放することによって，国内で活動される外国の税務諮問士と法人外国税務諮問事務所に対する登録及び管理制度を設ける」ことにあった。その主な改正内容は，①外国税務諮問士の資格承認および登録（同法19の3～19の6），②外国税務諮問士の業務範囲および遂行方式（同法19の7，19の8），③法人外国税務諮問事務所の登録（同法19の9），④外国税務諮問士などの業務（同法19の12，19の13）である。

　そこでは，他国の租税専門家としての資格者の一定の参入を許容しているの

であるが，さらにいくつかのハードルを設けて国内税務士業務へのなだれ込みを防止している。

> 韓国では，2011年10月17日にさらなる税務士法改正法案が国会に提出された。これは公認会計士試験合格者に付与された税務士自動資格制度を廃止するという提案である。これに対して，公認会計士協会は改正案について，国会企画財政委員会などにかかる資格制度の現状維持の請願を提出したり，韓国税務学会による会計税務関連専門資格者先進化法案というシンポジウムを開催するなどしたが，同法案は同年12月29日に国会を通過した（韓国税務士新聞571号参照）。もっとも，改正法は，公認会計士が公認会計士法に伴う職務として税務代理業務を遂行することまでをも禁止するものではないので，公認会計士の職務範囲を侵害するものではないとされている。

我が国の税理士制度の将来についても，すでにTPPへの予防戦を張る議論も始まっている。しかし，ここでは，なぜ予防戦を張らなければならないのかということが深慮されなければならない。単に参入障壁をいかに設けるかという我田引水的な議論であってはならない。我が国に独自の税理士制度を維持することの有用性―これは国民に共通した有益性―が広く確認されなければ，それは単なる既得権益の確保というものに陥ってしまうからである。

また，先に述べたとおり，平成26年度税制改正により，公認会計士の税理士業務参入については一定の決着がついたところであるが，この点は，かねてよりなされてきた弁護士や公認会計士の税理士業務参入規制の議論の延長線上にあるものである。これは他の専門業種における試験制度の見直しや思惑が大きく関わる問題であるが，この点についても，税理士が独自の利益のための議論を展開しているようでは説得的な見解にはつながり得ず，上記のTPP参加に伴う我が国の税理士制度を考えるに当たって類似する問題を包含しているようにも思われる。

結局においてこのあたりの議論は，そもそも，税理士制度とはいかなるものか，いかなる倫理観に基づいて税理士の使命が果たされているかという点の帰結として結論が導出されるのではなかろうか。単に，業務近接性のみで片づけられる問題ではないように思われる。すなわち，税理士について，高い倫理観に基づく「租税法のコンプライアンスを維持するに唯一無二の専門家」であり，社会的に欠くことのできないインフラとして位置付けるようなコンセンサスを得られるかどうかが問題となるのではなかろうか。

すなわち，その際，問われるべきは税理士法1条の意味するところである。

税理士法がわざわざ「公正」という用語を使用していることに積極的な意味合いを見出し，単に納税者にも税務当局にもいずれにも偏しないというような消極的なものにとどまるものではないとして，およそ税理士にしかできない領域のものであると訴えることができるかどうかが重要である。他の専門職にはない独自の立場で税務を行うという立ち位置や，その業務の公器としての性質からこれらの論点を慎重かつ丁寧に検討しなければならないと考えるのである。

> かつて米通商代表部（USTR）日本担当のカトラー代表補は東京都内で講演し，「TPPは他国の専門資格を認めるよう要求するものではない」と述べたと報道されている。資格の相互認証を迫られ，医師や弁護士など外国人専門家が大量流入するという日本国内の懸念を打ち消す狙いがあったものとみられる。

事項索引

アルファベット

e-Japan 重点計画 …………………………218
eLTax ………………………………………221
e-Tax ………………………………………220
FATCA ……………………………………229
OECD 租税委員会 …………………139, 212
OECD モデル租税条約 …………………228
TPP …………………………………………284

あ 行

青色申告 …………………………71, 78, 79
青色申告承認取消し ………………………82
青色申告制度 ………………………………74
青色申告特別控除 …………………………81
青色申告の承認 ……………………………74
青色申告の特典 ……………………………81
旭川市国民健康保険条例事件 ……………18
荒川民商事件 …………………120, 130, 134, 175
意見募集制度 ……………………………265
意思表示説 …………………………41, 164
一部差押 …………………………………198
一般の差押禁止財産 ……………………196
移転価格課税の状況 ………………………17
移転価格税制に係る事前確認の状況 ……17
インカメラ手続 …………………………172
印紙納付 …………………………………186
隠蔽・仮装行為 …………………108, 282
延滞税 ………………………………100, 111
延納 ………………………………………187
オーストラリア型納税者番号制度 ……234
お尋ね ……………………………………226
親会社 ……………………………………162

か 行

海外取引の把握状況 ………………………17
外観調査 …………………………………123
会計参与 …………………………………279
開示請求権 ………………………………264
加算税 ………………………………………99
加算税の免除 ……………………………101
過剰規制の禁止 ……………………………20
過少申告 …………………………………109
過少申告加算税 …………………………100
簡易調査 …………………………………122
簡易簿記 ………………………………79, 80
換価 …………………………………195, 197
勧奨 ………………………………………158
官制大権 ……………………………………3
間接強制説 ………………………………130
還付加算金 ………………………………112
期限後申告 …………………………………40
期限内申告 …………………………………39
羈束行為 …………………………………118
羈束裁量 …………………………………119
北村事件 …………………………142, 170
記帳義務 ………………………………78, 79
記帳義務制度 ………………………………33
記帳補助者 ………………………176, 178
基本4情報 ………………………………243
義務付け訴訟 ………………………………63
逆吸収説 ………………………………48, 53
客観的確実性説 …………………………115
吸収説 ………………………………………47
共益費優先の原則 ………………………198
狭義の滞納処分 …………………………195
共助関係 …………………………………227
強制換価手続 ……………………………192
行政機関 ……………………………………2
行政機関個人情報保護法 ………………264
行政指針説 …………………………………94
行政指導 ……………………………29, 137
行政組織 ……………………………………2
行政組織編成権 ……………………………3
行政組織法 …………………………………2
行政組織法律主義 …………………………3
行政庁 …………………………………2, 55

強制調査	120	交付送達	185
行政調査	130	公物法	2
行政手続オンライン化法	218	交付要求	195
行政手続法	29	交付要求先着手主義	198
行政手続法の適用除外	32	公文書等管理法	258
行政文書	260, 264	広報活動	256
行政法の一般原則	20	合法性の原則	151
共通番号	237	公務員の守秘義務	166
居住者	228	公務秘密文書	172
金銭納付	186	公用物	259
金融機関調査	123	効率性の原則	20
具体的納期限	183	合理的裁量権	175
繰上請求	192	効力要件説	94
繰上保全差押	192	酷	103
グリーンカード	234	国外財産調書	228
クリーンハンドの原則	102	国外財産調書提出制度	228
形式秘説	168	国外送金等調書	228
結果の合理性説	92	国外送金等調書制度	227
決定	46	国外転出特例対象財産	226
決定通知書	51	国税関係業務の業務・システム最適化計画	13
現況確認調査	123	国税局	4
現金式簡易帳簿	79	国税局調査	124
現金式簡易簿記	80	国税審議会	279
源泉徴収	189	国税組織の機構	5
現用文書	259	国税庁	4, 10
権利説	81	国税庁の組織	4
権力分立主義	18	国税庁の定員	13
権力留保説	19	国税通則法23条順次適用説	62
高額納税者公示制度	230	国税通則法23条独自適用説	62
公共用物	259	国税通則法の制定に関する答申	43, 108, 118
抗告訴訟	55	国税のクレジットカード納付制度	14
公示制度	231	国税の消滅原因	197
公示送達	185	国税の納付	184
更正	46	国税不服審判所	4
更正通知書	51	誤指導	156, 159
更正の請求	57	個人情報	264
更正の請求順序	62	個人情報ファイル	265
更正の請求手続	60	個人情報保護法	263
更正の請求の原則的排他性	57, 63, 155	個人所得課税に関する論点整理	44, 84, 217
更正の予知	103	個人番号	239
広聴活動	256, 258	個人番号利用事務等実施者	240
公定力	193	個別救済説	52
高度情報通信ネットワーク社会	218	個別的情報交換	229
公売	197		
後発的事由による更正の請求	58		

さ　行

債権……………………………………197
再更正……………………………………46
財産債務調書…………………………224
財産の差押……………………………195
再調査………………………66, 138, 158
裁量行為………………………………119
先取特権………………………………198
錯誤……………………………………155
差置送達………………………………185
差押……………………………………195
差押禁止財産…………………………196
差押先着手主義………………………198
サモンズ………………………………86
参加差押………………………………196
シークレット・コンパラブル………172
仕入税額控除の適用要件………………85
試験科目………………………………279
自己決定権侵害………………………161
自己情報コントロール権……………243
事実上推定説……………………………89
自主納付………………………………182
自書申告………………………………256
事前教示制度…………………………272
事前照会………………………………269
事前照会の範囲………………………270
事前手続…………………………………29
自治事務…………………………………6
実額課税…………………………………87
実額反証…………………………………89
執行機関…………………………………2
実質秘説………………………………168
実地調査………………………………122
質問検査権……………………………126
質問検査権規定………………………133
指定代理納付者による納付…………186
自動確定の国税の納付………………185
自動確定の租税………………………193
自動確定方式……………………………36
自動車税事務所…………………………8
自動的情報交換………………………229
自発的情報交換………………………229
諮問機関…………………………………2

シャウプ勧告………37, 66, 74, 121, 124, 260
社会保障・税番号制度………………237
社会保障番号制度……………………234
重加算税…………………………100, 107
重加算税の賦課要件…………………108
住基ネット……………………………234
住基ネット訴訟………………………242
自由裁量………………………………119
修正申告…………………………41, 57, 150
修正申告と更正…………………………48
修正申告の勧奨………………………150
修正申告の錯誤無効…………………156
修正申告のデメリット………………151
修正申告の不勧奨……………………156
修正申告のメリット…………………151
周知徹底義務……………………………22
充当……………………………………195
住民自治…………………………………6
住民票コード…………………………234
重要事項留保説…………………………20
主張立証責任…………………………148
出廷陳述………………………………279
守秘義務………………………………167
守秘義務違反のおそれ………………175
純粋な任意調査……………………128, 226
証言義務………………………………172
条件付差押禁止財産…………………196
証紙徴収………………………………186
情報公開制度…………………………259
情報公開法……………………………260
情報交換制度…………………………232
消滅時効の中断………………………191
懲戒……………………………………158
昭和36年政府税制調査会…………42, 118
職務上知ることのできた秘密………167
職務上の秘密…………………………167
処分……………………………………191
処分適正化機能…………………………66
書面添付制度…………………………280
自力執行権……………………………195
資料情報制度…………………………223
資料調査課……………………………124
資料提出の依頼………………………226
知る権利……………………………73, 262
白色申告………………………72, 78, 79

侵害留保説	19
信義誠実の原則	156, 159
信義則	159
申告行為	164
申告納税制度	36, 271
申告納税制度確保説	81
申告納税方式の国税の納付	184
推計課税	85, 87
推計課税の合理性	92
推計の必要性	90
推計方法	91
推計方法の合理性説	92
スコッチライト事件	28
ストック・オプション訴訟	162
正規の簿記の原則	78, 79
税制適格証券	186
正当な理由	24, 101
税務署	4
税務職員の守秘義務	172
税務署調査	124
税務署長の裁量権	118
税務書類の作成	278
税務相談	278
税務大学校	4, 258
税務代理	278
税務調査	118, 128
税務調査における立会排除	174
税理士	152, 278
税理士試験	279
税理士事務所職員	153
税理士制度	278
税理士の義務	280
税理士の業務	278
税理士の資格	279
税理士の使命	278
税理士付随業務	279
税理士法違反	179
税理士法人	278
世界最先端IT国家創造宣言	246
節税義務	280
説明義務	73
説明責任	26
説明責任の原則	22
全部差押	198
全部留保説	19
相互協議事案の発生件数	17
捜索	121
送達	185, 191
争点明確化機能	66
即時	130
即時強制説	130
租税	256
租税教育	257, 258
租税行政主体	2
租税行政職員の守秘義務	169
租税債権債務関係	36
租税債権の脆弱性	198
租税情報交換協定	230
租税条約ネットワーク	16
租税条約の目的	228
租税史料館	258
租税犯則調査	120
租税法上の守秘義務	169
租税法律主義	283
租税優先の原則	197

た 行

第三者納付	182
第三者の調査立会い	179
第二次納税義務	188
第二次納税義務者	189
滞納処分	195
代物弁済	186
代理	152
代理人	152
立会排除	174
タックスアンサー	248
タックス・ヘイブン	230
端緒把握説	105
団体自治	6
地方公共団体	6
地方自治体	8
地方法人税	7
地方法人特別税	7
着眼調査	122
懲戒処分	281
調査	46, 137
調査課所管法人	124
調査忌避罪	86

調査査察部	124
調査受忍義務	131, 147
調査立会い	170
調査担当者の合理的裁量権	175
調査着手説	105
調査における立会排除	173
調査の終了	157
長者番付	230
徴収	182
徴収手続の流れ	183
徴収納付	189
徴収納付の法律関係	190
徴収の繰上	192
調整関係	227
徴税トラの巻事件	168
帳簿	79
帳簿の保存	80
通常の更正の請求	57
通知行為説	42
訂正請求権	264
適正手続の原則	20, 29
デュープロセス	20
電子申告	217
電子申請	221
電子政府構築計画	218
電子政府推進計画	218
電子納税	220
電話相談センター	251
東京都主税局	8
到達主義	221
特前所得率	92
督促	191
督促状	191
特定個人情報	240
特定受領	228
特定送金	228
特典説	81
特別徴収	189
都税支所	8
都税事務所	8
都税総合事務センター	8
取消訴訟	55

な 行

内観調査	123
内部事務の一元化	14
内部調査	123
永井事件	22
中野民商事件	139
馴合い訴訟	60
二重処罰の禁止	107
二重の守秘義務	177
二重の承諾	147
任意調査	120
任官大権	3
納期限	182
納期限の延長	187
納税管理人	152
納税義務	182
納税義務の成立の時期	38
納税教育	258
納税告知書	185, 191
納税者権利憲章	208
納税者支援調整官	258
納税者による申告行為	164
納税者の権利と義務	212
納税者番号制度	233
納税者番号制度検討の沿革	233
納税申告書の提出	152
納税相談	248
納税相談における具体的教示内容	254
納税相談における裁量権	251
納税の告知	182, 191
納税の猶予	192
納付	182
納付委託	186
納付催告書	191
納付すべき税額	182

は 行

配当	197
パブリック・コメント	265, 266
判決	58, 60
犯罪構成要件規定	133
犯則情報	229

反面調査	123	法定申告期限	40
非永住者	228	法定納期限	183
非現用文書	259	法律による行政の原理	18
必要性の原則	20	法律の法規創造力	19
秘密事項	168	法律の優位	19
平等原則	27	法律の留保	19
比例原則	20	補完性の原則	20
賦課課税方式	36	北欧型納税者番号制度	234
賦課課税方式の国税の納付	185	補充的代替手段説	89
賦課決定通知書	185	補助機関	2
附帯税	99	補助税理士業務	279
物納	186	保全差押	192
物納許可	187	保存の意義	85
物納財産	187	本人確認	240, 241
不適正事項発見説	105		
不当	102	**ま　行**	
不答弁罪	86		
不納付加算税	100	マイナポータル	238
プライバシー	139	マイナンバー制度	238
プライバシー侵害	143, 144, 170	マイナンバーの民間利用	244
プライバシーの権利	139	まからずや事件	53
プライバシー保護	139, 242	マルサ	124
プライベート	140	民間利用	236
振替納付	186	無申告加算税	100
文書回答制度	269	明白かつ重大な錯誤	156
文書回答手続	275	命令等	265
文書管理規程	258		
文書提出義務	171	**や　行**	
文書提出命令	171		
分担管理原則	4	やむを得ない理由	58
併合説	168	予定納税	191
米国型納税者番号制度	234		
平成12年政府税制調査会答申	44	**ら　行**	
平成17年政府税制調査会答申	233		
併存説	47	ラストロボフ事件	168
併存的吸収説	48, 53	利子税	110
便宜裁量	119	理由附記	32, 65
法規裁量	119	理由附記の機能	66
法人税法57条適用説	62	理由附記の程度	67, 70
法人番号	239	リョウチョウ	124
法治主義	18	利用停止請求権	264
法治主義の原則	118	臨検	121
法定外資料	226	臨場調査	123
法定受託事務	6	ルノアール事件	137
法定資料	223		

わ　行

和解 …………………………………… 61
ワンストップサービス ………………… 14

判例・裁決索引

■昭和21～30年
- 24. 6. 8 鳥取地裁　税資1・10……………7
- 27. 3.28 最高裁　刑集6・3・546…………132
- 29.11.16 千葉地裁　行裁例集5・11・2794……65
- 29.12.24 大阪地裁　行裁例集5・12・2992……104

■昭和31～40年
- 31. 8.25 東京地裁　判時85・8……………168
- 32. 8. 8 広島地裁　行裁例集8・8・1449……164
- 32. 9. 5 東京高裁　高刑集10・7・569………168
- 32. 9.19 最高裁　民集11・9・1608…………52
- 33. 4.30 最高裁　民集12・6・938……………107
- 35. 4. 6 大阪地裁　判時233・6……………168
- 35.11.30 最高裁　刑集14・13・1766………168
- 37. 2.21 最高裁　刑集16・2・107……………189
- 37.10.19 神戸地裁　訟月8・11・1701……43, 164
- 37.12.26 最高裁　民集16・12・2557………70
- 38. 5.31 最高裁　民集17・4・617………66, 72
- 38.10.30 東京地裁　行裁例集14・10・1766……92
- 38.11. 8 大阪地裁　訟月10・1・222………164
- 38.12.27 最高裁　民集17・12・1871…………67
- 39.10.22 最高裁　民集18・8・1762……42, 64, 155
- 39.11.13 最高裁　訟月11・2・312……………88
- 40. 5.26 東京地裁　行裁例集16・6・1033……160
- 40. 7. 6 最高裁　税資41・855…………………90
- 40. 9.30 東京高裁　訟月12・2・275……………36

■昭和41～50年
- 42. 5. 2 最高裁　訟月21・4・811……………187
- 42. 9.12 最高裁　訟月13・11・1418……………72
- 42. 9.19 最高裁　民集21・7・1828……………53
- 43. 1.31 東京地裁　訟月14・2・146…………139
- 43. 3.28 仙台高裁　税資55・161………………111
- 43. 4.22 大阪地裁　行裁例集19・4・691……103
- 43. 5.24 東京高裁　刑集24・13・1805………147
- 43. 6.27 東京地裁　行裁例集19・6・1103……47
- 43.11.12 最高裁　税資58・316…………………112
- 44. 6.16 名古屋高裁　税資57・1…………………49
- 44. 6.25 東京地裁　刑集27・7・1303…………134
- 44. 9.30 大阪高裁　判時606・19………………28
- 45. 4. 1 京都地裁　行裁例集21・4・641……155
- 45. 4.30 東京高裁　訟月16・7・712…………198
- 45. 8.27 横浜地裁　訟月16・12・1521…………56
- 45. 9.22 大阪地裁　行裁例集21・9・1148
  ……………………………………46, 137
- 45.10.13 静岡地裁　行裁例集22・10・1704……53
- 45.10.29 東京高裁　刑集27・7・1308………135
- 45.12.24 最高裁　民集24・13・2243…………193
- 46. 4.27 東京高裁　訟月17・9・1438…………56
- 46.10.29 東京高裁　行裁例集22・10・1692……54
- 47. 6.30 静岡地裁　訟月18・10・1560………114
- 47. 7.10 広島高裁　民集30・2・75……………70
- 48. 3.22 東京地裁　行裁例集24・3・177……50
- 48. 7.10 最高裁　刑集27・7・1205
  ………………………………120, 130, 135, 175
- 48.11. 8 大阪高裁　行裁例集24・11＝12・1227
  ……………………………………………188
- 48.12.14 最高裁　訟月20・6・146……………55
- 49. 7.11 最高裁　税資76・36……………………50
- 50. 4. 1 東京地裁　税資81・1…………………97
- 50. 6.23 和歌山地裁　税資82・70………104, 109
- 50. 9.11 最高裁　訟月21・10・2130……………56
- 50.11. 6 東京高裁　訟月21・12・2460………200

■昭和51～60年
- 51. 4.22 水戸地裁　税資88・377………………49
- 51.10.18 仙台地裁　訟月22・12・2870…………61
- 51.11. 4 最高裁　訟月22・13・2919…………187
- 52. 3.29 神戸地裁　訟月23・3・617…………114
- 52. 7.26 大阪地裁　行裁例集28・6＝7・727
  ………………………………………………91
- 52. 8.30 大阪高裁　税資95・412………………114
- 52.11. 4 札幌地裁　訟月23・11・1978………249
- 52.12.23 最高裁　租税徴収関係裁判例集604
  ……………………………………………200
- 53. 1.23 名古屋地裁　税資97・17………………46
- 53. 1.31 東京高裁　行裁例集29・1・71………47
- 53. 7.17 最高裁　訟月24・11・2401…………114
- 53. 7.31 新潟地裁　行裁例集29・7・1383……88
- 54. 4.19 最高裁　民集33・3・379………………71

判例・裁決索引　295

55. 3.12　東京高裁　税資124・180 ……………226
55. 9.22　東京地裁　行裁例集31・9・1928 ……95
55.11.20　最高裁　訟月27・3・597 ………………47
56. 7.16　東京地裁　行裁例集32・7・1056 ……106
57. 1.28　最高裁　刑集36・1・1 …………………56
57. 3. 4　宇都宮地裁　税資122・478 ……………60
57. 5.27　東京高裁　訟月28・12・2377 …………91
57. 9. 8　和歌山地裁　税資127・754 ……………132
57.10. 7　山口地裁　税資128・13 …………………131
57.12.15　熊本地裁　税資128・596 ………………107
58. 1.21　浦和地裁　行裁例集34・1・32 ………82
58. 4.27　横浜地裁　行裁例集34・9・1573
　　　　　…………………………………………48, 162
59. 4.26　京都地裁　税資136・388 ………………131
59. 5.30　福岡高裁　税資136・638 ………………108
59.10.17　広島高裁　税資140・110 ………………131
59.11.20　東京地裁　行裁例集35・11・1821 ……83
60. 1.22　最高裁　民集39・1・1 …………………71
60. 3.26　東京地裁　行裁例集36・3・362 ………93
60. 4.23　最高裁　民集39・3・850 ………………69

■昭和61～63年
61. 5.28　東京高裁　判タ639・148 …………48, 163
61.11.21　広島高裁　税資154・606 ………………71
62. 5. 8　最高裁　税資158・592 …………………108
62. 9.30　大阪高裁　行裁例集38・8＝9・1067
　　　　　…………………………………………………89
62.10.30　最高裁　訟月34・4・853 …74, 159, 255
62.12.23　横浜地裁　訟月34・8・1741 …………249
63. 6.17　最高裁　訟月35・3・504 ………………55

■平成１～10年
 1. 7.26　東京地裁　判タ732・217 ………………250
 2. 2.28　大阪高裁　税資175・976 ………………99
 2. 4.11　大阪高裁　判タ730・90 …………………94
 2. 8.31　東京地裁　判タ751・148 ………………150
 2.11. 8　福岡高裁　判時1394・58 …………………96
 3. 1.24　東京高裁　税資182・55 …………………62
 3. 2. 5　京都地裁　判時1387・43 …………………22
 3. 3.14　東京地裁　税資182・616 ………………257
 3. 3.15　大阪地裁　税資182・627 …………………73
 3. 9.27　最高裁　税資186・693 ……………………63
 3.10.15　大阪地裁　訟月38・6・1117 ……………94
 4. 7. 1　最高裁　民集46・5・437 …………………21
 4.10.14　松江地裁　税資193・36 …………………98

 5. 2. 9　東京高裁　訟月39・10・2070 ………180
 5. 2.18　最高裁　民集47・2・574 ………………29
 5. 5.11　広島高裁岡山支部　税資195・291 …140
 5. 8.10　仙台地裁　税資198・482 ………………109
 5.10. 5　大阪高裁　訟月40・8・1927 …………23
 6. 5.23　京都地裁　判タ868・166 ………………90
 6.12.16　東京地裁　訟月41・12・2956 ………173
 7. 4.28　最高裁　民集49・4・1193 ……………282
 7. 6. 8　山口地裁　訟月46・8・3431 …………206
 7. 6.26　東京高裁　税資209・1148 ……………97
 7. 7.19　東京地裁　税資213・193 ………………173
 7.11.28　札幌地裁　税資214・514 ………153, 156
 8. 1.23　東京地裁　判時1583・94 ………………272
 8. 1.31　広島地裁　訟月46・8・3446 …………206
 8. 9.30　東京地裁　税資43・9・2453 …………180
 8.12.26　札幌地裁　税資221・1038 ……………153
 9. 4.25　最高裁　税資223・566 …………………173
 9. 7.16　京都地裁　税資228・74 …………………153
 9. 7.17　東京地裁　訟月45・3・457 ……………273
 9.10.24　東京地裁　判タ884・198 ………………281

■平成11～20年
10. 2.25　横浜地裁　税資230・754 ………………253
10. 3.19　宇都宮地裁　税資231・50 ………………98
10. 5.25　宮崎地裁　税資232・163 ………………154
10.10.15　東京地裁　税資238・707 ………………254
11. 4.22　最高裁　訟月46・8・3418 ……………204
11. 8.24　大阪地裁　税資244・378 ………………64
11. 9.28　東京地裁　判時1740・28 ………………91
11. 9.28　神戸地裁　税資244・860 ………………251
11.12.13　神戸地裁　税資245・797 ………………250
12. 2.25　京都地裁　訟月46・9・3724 ……142, 170
12. 3.22　熊本地裁　税資246・1333 ………………60
12. 3.30　東京地裁　判時1715・156 ………………26
12. 8.28　東京地裁　判タ1063・124 ……………269
12.11.20　名古屋地裁　税資249・673 ……………178
13. 2.27　東京地裁　税資250・順・8847 ………280
13. 4.12　福岡高裁　訟月50・7・2228 …………61
14. 3.22　松山地裁　判タ1139・114 ……………176
14. 4.25　最高裁　訟月50・7・2221 ……………61
14. 5.10　名古屋地裁　裁判所HP ………………73
14. 9.17　東京地裁　訟月50・6・1791 …………137
15. 1.10　高松地裁　訟月51・1・153 ……………174
15. 9.19　東京地裁　判時1836・46 ………………28
15.12. 9　東京高裁　民集60・4・1823 …………283

16. 1.30 東京地裁　税資254・順・9541 ……… 162	18.11.16 最高裁　判時1955・37 ……………… 101
16. 9.15 審判所　裁決事例集68・276 ………… 25	18.11.30 大阪高裁　民集62・3・777 ………… 242
16.12. 1 さいたま地裁　税資254・順・9846 ……………………………………………… 141	18.12. 4 名古屋地裁　訟月54・5・1087 …… 199
16.12.20 最高裁　判時1889・42 ……………… 81	19. 3.23 福岡地裁　税資257・順・10666 … 157
16.12.20 最高裁　民集58・9・2458 …………… 85	19. 6.27 東京高裁　民集62・9・2488 ……… 112
17. 1.25 最高裁　民集59・1・64 ……………… 24	19.11.14 大阪地裁　判タ1282・111 ………… 24
17. 3.10 最高裁　民集59・2・379 ……………… 80	20. 1.30 福岡高裁　税資258・順・10875 … 157
17. 7.28 大阪高裁　裁判所HP …………… 261	20. 3. 6 最高裁　民集62・3・665 ………… 242
17.12. 9 東京地裁　裁判所HP …………… 262	20.10.24 最高裁　民集62・9・2424 ………… 113
17.12.13 千葉地裁　訟月54・3・806 ……… 250	21. 5.20 東京高裁　裁判所HP …………… 113
18. 3. 1 最高裁　民集60・2・587 …………… 18	21. 7.15 東京高裁　裁判所HP …………… 113
18. 4.25 最高裁　民集60・4・1278 ………… 102	23. 5.11 東京地裁　税資261・順・11683 … 255
18. 7.14 東京地裁　民集62・9・2458 ……… 112	24. 9.25 東京地裁　判時2181・77 ………… 115
18.10.24 最高裁　民集60・8・3128 …………… 24	27.12.14 東京地裁　判例集未登載 ………… 33

あとがき

　これまでの拙稿『スタートアップ租税法』から『ブラッシュアップ租税法』までの「租税法の道しるべ」シリーズ4部作とは異なり，本書は「クローズアップ」として，特に「租税行政法」に焦点を当てた学習参考書であります。
　行政組織法や手続法というと一見すると無味乾燥の領域だと思われるかも知れませんが，そんなことはありません。むしろ，その反対に，まさに活きた学習領域であるというべきでしょう。そのことは，税務調査や徴収の場面での納税者と当局との間のコンフリクトを想定してもそうですし，行政経費の削減が叫ばれている現下における電子申告制度や共通番号制度への取組みなどを見てもわかります。
　学習参考書という形を通してではありますが，読者のみなさんに対して，今日，日々議論検討されている租税行政法をここにお示しするという役回りも，本書は果たしたわけであります。そのような意味では，ここに掲載した内容は現在議論の途上のものもあるわけです。

　以前参加した，環太平洋の国際会議の場で，我が国の租税行政の納税サービスのレベルが高いという評価を直接受けたことがありますが，納税者が保護されるためには，租税行政の質的レベルはより高次のものとなるべきであり，IRS長官チャールズ・O・ロソッティ（Charles O. Rossotti）がいうように，租税行政庁は「良質なサービス」を国民に提供できなければなりません。そのためにも国民の多く租税行政について関心を持つことが大切であると考えます。また，我が国においては徴税費が非常に低く抑えられており（100円の徴収費が1.43円（2006年））, 効率的な租税行政だといわれることはありますが，現下の厳しい財政事情の下では，更なる行政改革を求めなければなりません。
　租税行政当局には，行政が使える資源の制限という厳しい状況下にあって「正直者が馬鹿をみる」ということのないように，しっかりとした税務調査や徴収が行われることを期待するところですが，以前，ニューヨークタイムズ紙

に「おぞましい暴力を振るう」と指摘された米国 IRS のようになってもらっても困ります。やはり，GHQ 経済科学局歳入課長のハロルド・モス（Harold Moss）が，「正直者には尊敬の的，悪徳者には畏怖の的」と昭和24年国税庁の開庁式に述べた言葉の実践に尽きるのでしょう。

　いずれにしても，国民の英知を結集してよりよい税環境を創造するために，国民は租税行政についてより関心を寄せるべきでしょう。本書がそのほんのわずかの一助になれば筆者としてこれ以上の喜びはありません。

　平成24年5月

酒井　克彦

《著者紹介》

酒井　克彦（さかい　かつひこ）

1963年2月東京都生まれ。
中央大学大学院法学研究科博士課程修了。法学博士（中央大学）。
中央大学商学部教授。租税法及び税務会計論担当。(社）アコード租税総合研究所（At-I）所長。(社）ファルクラム代表理事。
著書に，『プログレッシブ税務会計』(2016)，『プログレッシブ法人税法』(2016)（以上，中央経済社），『レクチャー租税法解釈入門』(弘文堂2015)，『「正当な理由」をめぐる認定判断と税務解釈』(2015)，『「相当性」をめぐる認定判断と税務解釈』(2013)（以上，清文社），『スタートアップ租税法〔第3版〕』(2015)，『クローズアップ課税要件事実論〔第4版〕』(2015)，『ブラッシュアップ租税法』(2011)，『所得税法の論点研究』(2011)，『ステップアップ租税法』(2010)，『フォローアップ租税法』(2010)（以上，財経詳報社），『附帯税の理論と実務』(ぎょうせい2011)，『裁判例からみる所得税法』(2016)，『裁判例からみる法人税法』(2012)，『行政事件訴訟法と租税争訟』(2010)，『裁判例からみる相続税・贈与税〔3訂版〕』(2013〔共著〕)（以上，大蔵財務協会）などがある。その他，論文多数。

クローズアップ租税行政法　第2版　―税務調査・税務手続を理解する―

平成24年6月5日　初版発行
平成28年8月19日　第2版発行

著　者　酒　井　克　彦
発行者　宮　本　弘　明
発行所　株式会社　財経詳報社
　　　　〒103-0013　東京都中央区日本橋人形町1-7-10
　　　　電　話　03（3661）5266（代）
　　　　ＦＡＸ　03（3661）5268
　　　　http://www.zaik.jp
　　　　振替口座　00170-8-26500

落丁・乱丁はお取り替えいたします。　　　　　印刷・製本　創栄図書印刷
©2016　Katsuhiko Sakai　　　　　　　　　　　　　　　　Printed in Japan
ISBN 978-4-88177-430-4